高职高专国家示范性学校经管类系列教材

# 市场营销实务

**主　编**　尹冬梅　张明韬
**副主编**　柯　戈　卢秋欣

西安电子科技大学出版社

# 内 容 简 介

本书以项目教学为导向,以任务驱动为手段,紧密围绕高职高专人才培养目标及企业营销岗位的需求编写。全书共分 11 个项目,主要包括走进市场和认识市场营销、树立市场营销观念、认知市场营销环境、分析市场购买行为、选择目标市场、制定市场营销战略、设计满足需求的产品、制定价格策略、设计销售产品的渠道、设计促销策略、了解国际市场营销。

本书内容前沿、案例丰富、体系完整,并设有知识链接、案例赏析等模块。通过学习,读者可更为具体、全面、科学有效地提高自己的营销能力。

本书可作为高职高专院校、本科院校经管类专业的教学用书,也可作为社会从业人士的业务参考书及培训用书。

**图书在版编目(CIP)数据**

市场营销实务/尹冬梅,张明韬主编. —西安:西安电子科技大学出版社, 2019.6(2021.10 重印)

ISBN 978-7-5606-5342-6

Ⅰ. ①市… Ⅱ. ①尹… ②张… Ⅲ. ①市场营销学 Ⅳ. ①F713.50

中国版本图书馆 CIP 数据核字(2019)第 096421 号

策划编辑 李惠萍
责任编辑 孙雅菲 李惠萍
出版发行 西安电子科技大学出版社(西安市太白南路 2 号)
电 话 (029)88202421 88201467 邮 编 710071
网 址 www.xduph.com 电子邮箱 xdupfxb001@163.com
经 销 新华书店
印刷单位 咸阳华盛印务有限责任公司
版 次 2019 年 6 月第 1 版 2021 年 10 月第 3 次印刷
开 本 787 毫米×1092 毫米 1/16 印张 15
字 数 356 千字
印 数 5001~8000 册
定 价 38.00 元

ISBN 978-7-5606-5342-6 / F

XDUP 5644001-3

**＊＊＊如有印装问题可调换＊＊＊**

# 前　言

企业赢利水平的高低通常取决于其市场营销能力。生活中的各行各业，包括个人，都离不开市场营销。因此，学习市场营销、掌握市场营销技能是现代商务人士最重要、最必不可少的技能之一。同时，市场营销也是经济类学生必须掌握的一门基本技能。为了提高学生解决实际问题的能力，方便师生进行以工作任务为驱动、侧重技能培养的项目化教学，我们编写了这本市场营销实务项目化教材。

➤ 本书的编写意图

2019 年 2 月 13 日《国家职业教育改革实施方案》正式公布，高等职业教育又迎来了一个春天。《国家职业教育改革实施方案》指出：职业教育是深化教育改革的重要突破口，职业教育肩负着传承技术技能、培养多样化人才的职能。编者在教学过程中也感到培养人才单靠传统的理论讲授而没有相关的实训活动的话，很难提升学生的技术技能，造成学生技术技能缺乏。同时在单纯的理论教学中，很难调动学生学习的积极性。为适应社会对应用型、技能型人才的需求，提升学生的实际操作能力，必须建立以就业为导向、工作任务驱动的教学模式。这种教学方法将以往以传授知识为主的传统教学理念改变为以解决问题、完成工作任务为主的多维互动式的教学理念，使学生处于积极的学习状态中，从而能积极运用知识和经验提出方案、解决问题。我们编写本书，既能满足项目化教学、注重能力培养的需要，又根据典型工作任务，安插了知识链接的内容，希望能够为提升学生的实际技能和综合素质起到良好的推动作用。

➤ 本书的特色

**1. 案例丰富、与时俱进**

每个项目设计了导入案例，同时为每个任务的相关知识点设计了案例赏析。案例赏析紧随相关知识点之后，便于师生阅读并理解理论知识。案例丰富、贴近时代且通俗易懂，有利于师生掌握市场营销实务的技巧和方法。

**2. 任务驱动、侧重实操**

本书采用任务驱动法，为学生提供实训项目并布置了任务，让学生围绕任务开展实践，解决市场营销实际问题，提高营销能力。

**3. 内容全面、教学方便**

本书内容非常全面，不仅涵盖了市场营销实务知识体系的内容，即以市场为中心，研究市场营销环境、营销观念、消费者行为分析、STP 战略、开展 4P's 策略以及开拓国际市场营销策略等内容，还在每个项目中加入了学习目标、案例赏析、知识链接、项目小结、巩固与提高等内容，条理清晰、结构合理。其中，知识链接内容丰富，可拓宽老师及学生的视野；巩固与提高中有判断题、单选题及多选题、案例分析题、简答题、实训题等多种题型，且题量较多，方便老师授课以及学生实践练习，为学生巩固知识提供了途径。

▶ 本书编写分工情况

本书由广东生态工程职业学院尹冬梅副教授总体设计，并由尹冬梅和张明韬担任主编，由柯戈和卢秋欣担任副主编。四位编者都是多年主讲"市场营销基础"及"市场营销实务"课程的一线骨干教师。本书的内容是我们在长期教学和专业实践中的积累。本书具体编写分工为：项目一、项目二、项目七及项目九由尹冬梅负责编写；项目三、项目四及项目五由张明韬负责编写；项目六及项目八由柯戈负责编写；项目十及项目十一由卢秋欣负责编写。全书由尹冬梅统稿、定稿。

▶ 本书的读者对象

本书可作为应用型本科、高职高专院校市场营销专业、电子商务专业、企业管理专业、国际经济与贸易专业、国际商务等专业的教材，也可作为企业在职人员的培训教材或自学辅导书。

在本书的出版过程中，西安电子科技大学出版社的李惠萍编辑及相关人员做了很多耐心细致的工作，在此表示衷心的感谢！

由于当今知识更新速度非常快，加之编者水平有限，书中可能还存在一些不足之处，恳请读者批评指正，我们将在今后的修订中加以完善。

编　者

2019 年 3 月

# 目　　录

# 项目一　走进市场和认识市场营销

**【知识目标】**

1. 正确理解市场、市场营销及相关概念的内涵
2. 掌握市场的概念、市场构成的三个要素
3. 了解市场营销学的形成及发展

**【技能目标】**

1. 能够对消费者的需求开展分析活动
2. 能够对市场营销活动过程做出说明

**【导入案例】**

### 老太太的李子需求

对话1：李老太到集市买李子，她走到第一家水果店门口，问店员：这个李子怎么卖？

店员回答说：1.8元每斤。这李子又大又甜，很好吃的……

李老太没等她话说完，转身就走了

对话2：李老太走到第二家水果店门口，问：李子怎么卖？

店员回答说：1.8元每斤。您要什么样的李子呢？

李老太说：我要酸的李子。

店员说：正好我这李子又大又酸，您尝尝……

李老太选了一个尝了尝，有一点酸，于是买了两斤。

对话3：李老太提着李子回家时路过第三家店，她想验证下她的李子是不是买贵了，于是她便问：你这李子多少钱一斤？

店员回答说：1.8元每斤。您要什么李子呢？

李老太说：我要酸的。

店员奇怪：您为什么要酸的呢？这年头大家都要甜的。

李老太说：我儿媳妇怀孕四个月了，想吃酸的。

店员说："老太太，您对儿媳妇真体贴，她想吃酸的，一定给您生个大胖小子，您要多少斤？"

老太太一高兴又买了一斤李子。店员一边称一边说："您知道孕妇最需要什么营养吗？"老太太说："不知道。""是维生素，猕猴桃有多种维生素，特别适合孕妇。您要天天给儿媳妇吃猕猴桃，说不定给您生下一对双胞胎呢！"

李老太觉得有理，于是又买了两斤猕猴桃。

（资料来源：根据《东方烟草报》"老太太买李子"一文整理）

**【思考】**

从案例中可领悟到什么？销售产品的目的是什么？

# 任务一　认识市场与市场营销

## 一、市场的含义

市场是企业营销活动的出发点和归宿点，正确分析市场是正确制定企业营销策略的前提。市场是一个既古老又现代的概念，它有丰富、多层次的内涵，我们可以从传统、政治经济学和营销学三个角度去理解和分析。

### （一）传统角度的市场

市场是商品交换的场所。这是古老、狭义的市场概念，较多地强调市场的空间、地理的含义，只有具备了具体的地点、空间，才会有市场。我国古老的"赶集"就十分形象地说明了这种市场的含义。这种市场实质就是买者与卖者聚集在一起进行商品交换的地点和场所。

### （二）政治经济学角度的市场

市场是商品交换关系的总和。这是广义的市场概念，市场包含着全部商品所有者之间错综复杂的交换关系，形成了许多并行发生和彼此连接的商品交换过程，这样就构成了商品流通，市场就是由这一系列交换关系组成的。随着互联网经济的发展，网上交易已经没有地点、空间的概念了。

### （三）营销学角度的市场

市场是消费者的需求，这是从营销学角度给出的市场的概念。由于商品及服务的需求要通过消费者体现出来，因此市场是产品及服务的现实与潜在的消费者所构成的群体，不是地理的概念，也不是单纯的交换关系的概念。我们可以用下列公式表示市场：

$$市场＝人口数量×购买力×购买欲望$$

在上述公式中，市场由人口数量、购买力和购买欲望三个因素构成，这三个因素是相互联系、相互影响的，缺一不可。只有当三个因素结合起来才能构成现实的市场，才能决定市场的规模与容量，由此，市场分为现实市场、潜在市场和未来市场三种类型。

现实市场是指对企业经营的某种商品有需求、有购买能力及购买欲望的现实顾客。潜在市场是指由于构成市场的三个要素中的购买能力和购买欲望出现问题而导致未来可能转化为现实的市场。未来市场是指暂时尚未形成或只处于萌芽状态，但是在一定条件下必将发展为现实的市场。

【案例赏析】

### 制鞋公司开拓市场

中国某制鞋公司意欲开拓太平洋赤道附近的岛国市场。总经理决定先派遣一名销售员去该国进行市场调研以收集信息。不久，总经理接到这位销售员的信息："此地人皆赤脚，无穿鞋的习惯，鞋子无销路，我将立即返回。"

总经理不甘心，又派遣第二位销售员去该国核实情况，几天后，总经理接到信息："此地赤脚成习惯，当地人缺鞋，故市场潜力巨大。"

　　两种不同的调查结果，使总经理不踏实，于是决定派遣第三位销售员去考察。几周后，总经理接到信息："此地居民皆赤脚，由于气候炎热多雨，此地人脚板较宽且患有脚疾，急需穿鞋保护，但市场上现有的鞋不能适合他们，因为鞋子太窄了。因此，应特制尺码较大的鞋子投放市场。考虑到这里的官员思想很封闭，反对外国人来此地做生意，因此应该先树立公司的形象，比如捐资为他们兴办学校，估计费用约需要 2 万元。据预测，若鞋型合适，每年可销售 3 万双，投资利率可达 15%，望速决策。"

　　看完信息，总经理宽慰地笑了，于是果断地接受了第三名销售员的建议，迅速设计、制造了尺寸适当的鞋子投放到该市场，赚取了一笔可观的利润。

　　　　　　　　　　　　（资料来源：孙晓燕. 市场营销. 北京：高等教育出版社，2015）

**【思考】**

如果你是该公司的营销员，将如何评价岛国的市场？

## 二、市场营销的含义

### （一）美国市场营销协会的定义

　　1985 年美国市场营销协会提出，市场营销是关于构思、货物和劳务的设计、定价、促销和分销的规划与实施过程，目的是创造能实现个人和组织目标的交换。

**【知识链接】**

### 美国市场营销协会

　　美国市场营销协会（American Marketing Association，AMA）于 1937 年由市场营销企业界及学术界具有远见卓识的人士发起成立。如今，该协会已发展成为世界上规模最大的市场营销协会之一，拥有 30 000 多名正式会员，他们在世界各地从事着市场营销方面的工作以及营销领域的教学与研究。

　　捕捉最新市场营销动态，发布最新市场营销研究成果是协会的宗旨。该协会陆续出版了《营销学杂志》《营销研究杂志》以及一份每月两期的《新闻快报》，以帮助营销人员掌握最新的营销学知识。作为面向营销人员的领先机构，美国市场营销协会被视为市场营销从业者和学术研究人员可信赖的主要资源平台，可提供最值得信赖的市场营销资源，帮助协会的会员了解市场营销领域的相关知识以及各种实用工具，并获得受益终身的经验及有价值的市场信息和业务联系。

　　美国市场营销协会在美国营销界占有举足轻重的地位，无论是营销思想的革新，还是营销人员的培训方面，它都走在营销学界或业界的前列。协会为营销行业所树立的道德规范，更是成为美国营销从业人员约定俗成的行业行为准则。

　　（资料来源：http://www.amachina.org.cn/美国市场营销协会中国办公室官方首页，有修改。）

### （二）菲利普·科特勒的定义

　　菲利普·科特勒于 1983 年提出，市场营销是致力于交换过程以满足人类需要的活动。在交换过程中，卖者要寻找买者并识别其需要，设计适当的产品，进行产品的促销、储存、运送、产品定价等。基本的营销活动包含产品开发、调研、信息沟通、分销、定价和服务活动。

**【知识链接】**

### 菲利普·科特勒

菲利普·科特勒(1931—)是现代营销集大成者，被誉为"现代营销学之父"，任美国西北大学凯洛格管理学院终身教授，是美国西北大学凯洛格管理学院国际市场学 S.C. 强生荣誉教授；同时兼任美国管理科学联合市场营销学主席、美国市场营销协会理事、营销科学学会托管人、杨克洛维奇咨询委员会成员、哥白尼咨询委员会成员、中国 GMC 制造商联盟国际营销专家顾问。

(资料来源：孙晓燕．市场营销．北京：高等教育出版社，2015)

综上所述，市场营销是企业以顾客需求为出发点，综合运用各种战略与策略，把商品和服务整体地销售给顾客，尽可能满足顾客的需求，并最终实现企业自身目标的经营活动。

从以上含义可以清楚地看到市场营销包含的三个要点：

(1)出发点：顾客需求。

(2)手段：各种战略与策略，包括 STP 战略及 4P 策略。其中，STP 战略指的是市场细分、目标市场及市场定位；4P 策略指产品、价格、分销渠道及促销策略。

(3)目标：满足顾客需求和实现自身目标。

社会上许多人将营销与推销混为一谈，因此，我们需要辨析营销与推销的区别。营销不同于推销，现代企业营销活动包括需求预测、新产品开发、定价、分销、物流、广告、人员推销、销售促进、售后服务等众多内容，是一种有组织的、系统化的市场行为。推销仅是现代企业营销活动的一部分。美国管理学家彼得·德鲁克曾指出："我们的确需要一些销售行为，但营销工作的目标就是要使得销售行为变成多余。"比如，联想集团每年要销售数千万台电脑，仅靠个人的力量进行推销是无法实现这个目标的，只有依靠一个完整的市场营销体系进行有组织的营销活动，才能实现这一宏伟目标。

**【案例赏析】**

### 上海通用：以顾客为中心

上海通用是目前我国国内销量最大的轿车生产企业。2012 年它刚刚过了 15 岁生日，累计汽车销量超过了 600 万辆。上海通用在中国汽车市场上取得今日辉煌成绩的原因正是因为企业坚持以消费者为中心的市场营销观念。

15 年来，"以顾客为中心，以市场为导向"是上海通用一直秉承的经营理念，这与同行相比没什么特别之处，但没有谁像它那样把这种理念贯穿得如此彻底。不论对用户反馈，还是对媒体的负面报道，它的反应也是同行中最为敏锐的，有时甚至到了"过敏"的地步。发布会、技术设计讲座、赏车和专访，总经理通常都会在场，做主角之外还要花更多时间为下属撑腰捧场。新君威在进行媒体试驾时，负责销售的副总经理不仅全程陪同记者，认真听取记者们的反馈和建议，而且在技术设计讲座上直接给德国专家当起了正式译员。迈瑞宝发布会后，陪同记者试驾的都是高级别的研发和销售人员，为的是听取记者的反馈，与记者进行直接沟通。这种对市场和媒体反馈的极度重视或"过敏"，在业界被认为是上海通用在相当一段时间内产品实力不如对手，却能盘踞销量冠军宝座的主要原因之一。此外，在上海通用成立之初，就建立了研发中心，把外资品牌当成自己的品牌来做，结合本土市场的实际发展情况以及中国消费者的汽车消费观念和喜好，从一开始就走上了本土自主开发之路，进行了一系列整车核心能力的研发。

（资料来源：上海通用，值得称道的"另类"。中国新华网 http：//www.news.cn）

【思考】

市场营销等同于销售吗？

## 三、市场营销的核心概念

市场营销的核心概念是交换，并包含一组相关的概念，即需要、需求和欲望，价值、成本和满意，交换与交易。只有准确把握市场营销的核心概念及其相互之间的关系，才能深刻认识市场营销的本质。

### （一）需要、需求和欲望

**1. 需要**

需要是指没有得到某些基本满足的感受状态，是人类与生俱来的，它不能被营销者所创造。如人们为了生存对食物、衣服、住房、安全、归属、尊重等有需要，这些需要存在于人类生理和心理需要之中，营销者只能试图提供特定的产品满足人们在这方面的需要。

**2. 需求**

需求是指人们对某种产品有购买能力且有购买意愿的欲望。当人们具备了购买能力，欲望便成了需求。比如许多人想要房子，但只有一部分人有能力并愿意购买。因此，企业不仅要估量有多少人想要本企业的商品，更重要的是了解有多少人真正愿意并有能力购买。只有在人们愿意并有购买能力的情况下，才能形成现实的需求。

**3. 欲望**

欲望是指得到这些具体满足品的愿望，是个人受不同文化及人类社会环境影响表现出来的对基本需要的特定追求。如为满足解渴的生理需要，人们可以选择喝开水、茶、可乐、果汁等。市场营销者无法创造需要，但可以影响欲望，通过开发及销售特定的产品和服务来满足人们的欲望。

【知识链接】

#### 马斯洛需要理论

马斯洛需要理论是由美国心理学家亚伯拉罕·马斯洛1943年在《人类激励理论》一书中提出的。书中将人类需求像阶梯一样从低到高按层次分为五种，分别是生理需求、安全需求、社会需求、尊重的需求和自我实现的需求。马斯洛需要层次理论如图1-1所示。

（资料来源：http://baike.baidu.com）

图1-1　马斯洛需要层次理论

### （二）价值、成本和满意

**1. 价值**

产品价值是指由产品的功能、特性、品质、品种与款式等所产生的价值，是顾客选购产品的首要因素。产品价值并不是指产品本身所拥有的客观价值的大小，而是消费者的一种主观感受，是由顾客需要来决定的。

**2. 成本**

成本是指消费者在购买产品时所考虑的购买和使用产品过程中可能花费的各种资金、时间、体力和精力的总和。人们收集信息，通过比较，最后做出对某产品的判断，即为取得某产品的价值而愿意付出的代价。

**3. 满意**

满意是指意愿和感情得到满足。一个消费者通常根据某种产品价值的主观效用评价和所需支付的费用来进行评判，尽可能达到以一定的费用购买到尽可能高的产品效用之间的满足。

### （三）交换与交易

**1. 交换**

交换指从他人处取得所需之物，并以某种东西作为回报的行为。交换的发生，必须具备五个条件：① 至少有交换关系；② 每一方都有对方需要的有价值的东西；③ 每一方都有沟通和运送货物的能力；④ 每一方都可以自由地接受或拒绝；⑤ 每一方都认为与对方交易是适合或称心的。

**2. 交易**

交易是买卖双方等价值之间的交换，包括货币交易和实物交易。交易发生的基本条件有三个方面：① 双方互为满意的有价值的物品（事物）；② 双方满意的交换条件（价格、地点、时间、结算方式等）；③ 有法律制度维护和迫使交易双方执行承诺。

## 任务二 探索市场营销学的形成和发展

市场营销学是在西方发达国家首先发展起来的一门新兴学科，最早出现于美国，后来传播到西欧和日本等地。市场营销学在国外也只有近百年的历史，还处于迅速发展的阶段，在我国则是一门刚刚兴起的新学科。

## 一、市场营销学及其发展

市场营销学是在西方发达国家诞生，在商品经济高速发展中形成、发展并日趋成熟的。理论界公认的有组织地研究市场营销是从 20 世纪初的美国开始的。

19 世纪末 20 世纪初，一些主要的西方国家先后完成了工业革命，由自由竞争走向垄断。西方国家进入垄断阶段后，一方面随着科学技术的进步，社会生产力迅速发展，市场上商品空前丰富；另一方面，生产社会化与生产资料资本主义私人占有制之间的矛盾也越来越尖锐，竞争趋向激烈，生产的无政府状态不断加剧，商业危机日趋严重。如果说过去企业间的竞争主要限于生产领域，表现在如何提高劳动生产率、降低生产成本、增加产量以获取最大利润的话，那么，这时竞争的焦点已逐渐转移到流通领域，体现在如何使产品适应市场需要、占据更大市场份额以获取更大利润上。过去主要是解决能不能生产的问题，而这时主要是解决能不能销售的问题。市场形势的变化，使得西方国家的企业，尤其是那些拥有巨额资本、实力雄厚的垄断企业组织，力图通过对市场的研究和分析，来窥测市场需求和变化趋势，以摆脱生产经营的盲目状况，并依据市场状况的变化来调整自身的营销计划与行动，争取在激烈的市场竞争中占据有利位置。西方国家中代表垄断资本集团利益的政府也开始试图借助市场研究，对社会经济生活进行干预。同时，经济学理论的发展和科学技术的进步所提供的现代化手段，也为研究市场活动的变化规律、了解和预测市场需求发展趋势以解决流通过程中的一些具体问题提供了可能。市场营销学作为一门研究市场营销问题的专门学科，在商品经济高度发展的历史条件下应运而生。

市场营销学的形成与发展，大致可分为以下四个阶段。

**1. 起源阶段**

19世纪末至20世纪30年代，是市场营销学的初创形成时期，也是它的起源阶段。在此期间，经过工业革命的西方国家的劳动生产率大幅提高，生产迅速发展，经济增长很快。管理理论的发展，特别是美国工程师泰勒撰写的《科学管理原理》出版后，很多企业接受了书中提出的生产管理的科学理论和方法，大大提高了生产效率，增加了市场商品的供应。这样，原来以求大于供为特征的"卖方市场"发生了变化，出现了商品的增长速度超过对商品需求增长速度的状况。此时，商业广告的运用和销售技术的研究逐步受到社会各界的重视。许多高校财经院系都开设了广告学和销售技术等课程。大约在1902—1905年，美国的部分大学经济系，先后开设了市场营销学课程，并把市场营销当作一门学科来研究。1912年，美国哈佛大学教授赫杰特齐编写的第一本市场营销学的教科书出版。学术界通常以这本教科书的问世作为市场营销学诞生的标志。早期市场营销理论的研究具有较大的实用性，内容主要涉及商业销售实务方面的问题，虽有实用价值，但在理论上尚未形成完整的体系，这时的市场营销学并没有引起企业家的重视而产生广泛的社会影响。

**2. 应用阶段**

20世纪30年代至第二次世界大战结束，是市场营销理论的应用阶段。1929—1933年，资本主义世界爆发经济危机，这次危机持续的时间和波及的范围是空前的，它给西方发达国家的经济带来了极大的破坏。危机期间，市场上商品堆积如山，销售困难，商店纷纷倒闭，生产企业停工减产，劳动者大量失业，幸存企业都面临十分严重的销售问题。在这一形势下，市场营销学受到社会公众的广泛重视，各种市场营销学理论相继进入应用领域，被工商企业用来指导实践，以帮助解决产品的销售问题，由此逐步建立了市场营销学的理论体系。所以，客观的市场经济形势，从宏观与微观两个方面迫使西方发达国家加强对市场及企业行为的研究，这无疑推动了市场营销研究的进程。

在这一时期，随着市场营销研究的深入以及它的研究成果被一些企业成功地采用，市场营销的研究范围扩大，它对社会的影响也逐渐扩展。1937年，全美的各种市场营销研究组织机构联合组成了"美国市场营销协会"（AMA）。美国市场营销协会的成立，形成了一个全国范围的市场营销学研究中心，学术界许多著名的理论家和大批的企业家加入该协会。营销协会的成立，成为市场营销学发展史上一个重要的里程碑，它标志着市场营销学已经跨出了大学讲坛，引起了整个社会的兴趣和关注，成为一门实用的经济科学。

这一时期的市场营销学开始走出美国，走向世界。1935年，德国成立了"消费者调查协会"，它的构成和活动方式基本上与美国的市场营销协会相同，其他一些西方国家也先后开始研究市场营销学。市场营销学研究也影响到中国，1933年，丁馨伯先生以美国的《市场学原理》为蓝本，编写了我国第一本市场营销学教材——《市场学》。

**3. 发展阶段**

20世纪50年代初到60年代末，是市场营销学的发展阶段。第二次世界大战以后，对市场营销学的研究，特别是美国对市场营销理论的研究进入了一个蓬勃发展的新阶段。这个时期不仅市场营销方面的专著、论文层出不穷，市场营销的理论内容也有了新的发展，并提出了许多有价值的新概念。被誉为"营销学之父"的美国学者菲利普·科特勒教授将这一时期形容为市场营销理论发展"金色的50年代"和"高能的60年代"。

市场营销学在这一阶段的发展与第二次世界大战后的美国社会经济和政治形势的变化密切相关。战争期间，美国的生产能力主要转向军事工业，而且战时物资匮乏，人们的消费需求受到压抑。战争结束后，军工生产纷纷转向民用，工业生产潜力迅速在市场上显现出来。同时，战时受压抑的购买力被释放出来，市场需求剧增，又刺激了生产的发展，再加上科学技术的进步，各项物资的生产有了较大的增长，市场一时出现了繁荣的景象。一方面，商品供应数量空前增加，新产品、新品种不断涌现，买方市场已经形成；另一方面，美国政府吸取了20世纪30年代大危机的教训，推行了一整套高工资、高消费和高福利的社会经济政策，以刺激和提高居民的购买力，使消费者对于商品的购买选择性日益增强。在这种情况下，企业间的市场竞争也更加激烈。竞争越激烈，企业家们就越要研究怎样在市场上获取有利的位置。这种趋势推进了市场营销学的研究进程。在这一阶段，市场营销研究的一个突出特点是人们将营销理论和企业管理的实践密切地结合起来。"以消费者为中心"的现代市场营销观念也在这一时期产生。

**4. 成熟阶段**

20世纪70年代至今，市场营销的研究进入一个新的发展阶段。20世纪70年代，市场营销学与社会学、经济学、统计学、心理学等学科紧密结合，发展成为一门新兴的、综合性的应用科学，先后传入日本、西欧、东欧、苏联等国家，并被世界各国所接受。同时，市场营销学的研究内容也更为广泛，并且向纵深发展，一些原来是综合性的内容，现在逐渐形成一个个分支，如市场调研、市场预测、广告学、消费者心理学等。进入20世纪80年代，市场营销学在理论研究的深度和学科体系的完善方面得到了极大的发展，提出了许多新观点和新思想，如"战略营销"思想、"全球营销"概念，以及1986年以后提出和重点强调的"大市场营销""网络营销""关系营销"和"服务营销"等理念，还有近年来关于营销"大规模定制""体验营销"等理念。这些新概念引起了争论，刺激了研究，指导了实践。可以说，这一阶段是现代市场营销学走向成熟的阶段。

目前，市场营销学不仅在欧美、日本等发达国家继续保持着旺盛发展的势头，在我国也在迅速地普及。市场营销学不仅是高等院校工商管理专业的主修课程，而且于1988年被列入原国家教委颁布的大学本科专业目录，并作为一个独立的专业招生。不仅高等院校、经济管理理论研究机构在开展这方面的研究，许多工商企业都在对它进行理论研究和实践探索。

## 二、市场营销学的性质和研究对象

### (一) 市场营销学的性质

#### 1. 市场营销学是一门科学

市场营销学是不是一门科学？对此，国内外学术界持有不同的见解。概括起来，大致分为三种观点：一种观点认为，市场营销学不是一门科学，而是一门艺术。他们认为，工商管理(包括市场营销学在内)不是科学而是一种教会人们如何作营销决策的艺术。第二种观点认为，市场营销学既是一种科学，又是一种行为和一种艺术。这种观点认为，管理(包括市场营销学)不完全是科学，也不完全是艺术，有时偏向科学，有时偏向艺术。当收集资料时，尽量用科学方法收集和分析，这时科学成分比较大，当资料取得以后，要作最后决定时，这时艺术成分就大一点，由于主要是依据企业领导者的经验和主观判断，这时便是艺术。这种双重性观点，主要问题在于将市场营销同市场营销学混同起来了。市场营销是一种活动过程、一种策略，因而是一种艺术。市场营销学是对市场营销活动规律的概括，因而是一门科学。第三种观点认为市场营销学是一门科学。这是因为，市场营销学是对现代化大生产及商品经济条件下工商企业营销活动经验的总结和概括，它阐明了一系列概念、原理和方法。市场营销理论与方法一直指导着国内外企业营销活动的发展。

#### 2. 市场营销学是一门应用科学

市场营销学是一门经济科学还是一门应用科学，学术界对此存在两种观点：一种是少数学者认为市场营销学是一门经济科学，是研究商品流通、供求关系及价值规律的科学。另一种观点认为市场营销学是一门应用科学。无疑地，市场营销学是于 20 世纪初从经济学"母体"中脱胎出来的，但经过几十年的演变，它已不是经济科学，而是建立在多种学科基础上的应用科学。菲利普·科特勒指出，"市场营销学是一门建立在经济科学、行为科学、现代管理理论之上的应用科学。"因为"经济科学提醒我们，市场营销是用有限的资源通过仔细分配来满足竞争的需要；行为科学提醒我们，市场营销学涉及谁购买、谁组织，因此，必须了解消费者的需求、动机、态度和行为；管理理论提醒我们，如何组织才能更好地管理其营销活动，以便为顾客、社会及自己创造效用。"

#### 3. 市场营销学既包括宏观营销学又包括微观营销学

麦卡锡在其代表作《基础市场学》中明确指出，任何商品经济社会的市场营销均存在两个方面：一个是宏观市场营销；另一个是微观市场营销。宏观市场营销是把市场营销活动与社会联系起来，着重阐述市场营销与满足社会需要、提高社会经济福利的关系，它是一种重要的社会过程。宏观市场营销的存在是由于社会化大生产及商品经济社会要求某种宏观市场营销机构及营销系统来组织整个社会所有的生产者与中间商的活动，组织整个社会的生产与流通，以实现社会总供需的平衡及提高社会的福利。微观市场营销是指企业活动或企业职能，是研究如何从顾客需求出发，将产品或劳务从生产者转到消费者手中，实现企业赢利的目标。它是一种企业经济活动的过程。

由于西方国家受资本主义私有制的局限，其学术界主要研究企业的微观营销，对宏观营销研究不十分重视，即使对宏观营销进行研究，也不是从实现社会总供需平衡的角度来研究，而只从宏观角度来研究企业营销的总体作用。我国实行的是以社会主义公有制为主体、多种经济成分并存的社会主义市场经济体制，国家实行宏观计划调控，因而从微观及宏观两个角度来研究市场营销就非常重要了。

### （二）市场营销学的研究对象

"Marketing"一词在英文中既作市场营销解释，也作市场营销学解释，但这是两个既有联系又有区别的不同概念。市场营销是企业的经营、销售活动，它的研究对象是企业在动态市场上如何有效地管理其市场营销活动，提高企业的经济效益，求得生存和发展，实现企业的目标。市场营销学则是研究市场营销活动及其规律的科学。它的全部研究都是以消费者为中心，通过运用产品策略、定价策略、渠道策略、促销策略等方法，以生产经营适销对路的产品、扩大市场销售为手段而展开的，并为此提供理论、思路和方法。它的研究对象是市场营销活动及其规律，即研究企业如何识别、分析、评价、选择和利用市场机会，从满足目标市场顾客需求出发，有计划地组织企业的整体活动，通过交换，将产品从生产者手中转向消费者手中，以实现企业营销目标。

【案例赏析】

#### 仿真大理石浴盆的营销

一家化学公司的研发部发现了一种能凝结成仿真大理石的新物质。在寻找其用途时，市场营销部门认为，这种物质可生产雅致好看的浴盆。于是，他们抢先制造了数种浴盆模型，在卫浴用品展览会上展出，并打算说服浴盆制造商用这种新材料来生产浴盆。虽然制造商认为这种浴盆很有吸引力，但却没人签约购买。理由很简单，浴盆卖价高达 2000 美元（市场上普通浴盆卖价为 500 美元），相当于用真大理石制成的浴盆价格。另外，这种浴盆特别重，安装时须加固浴盆地板，又额外增加了费用。

（资料来源：孙天福.市场营销基础（教师版）.上海：华东师范大学出版社，2012）

【思考】

1. 这家公司成功开发了一项新产品，却不能获得营销的成功，为什么？
2. 结合实际谈谈从该案例的失败中可得到哪些启示。

## 项 目 小 结

（1）本项目阐述了市场营销的中心任务是围绕消费者的需求开展 4P 策略（产品、价格、渠道、促销）。

（2）分析了市场构成的三要素：人口、购买力、购买欲望。三大要素是构成市场缺一不可的因素，只有三者结合起来才能形式市场的规模及容量。

（3）市场营销学经历了四个发展阶段：起源阶段、应用阶段、发展阶段及成熟阶段。

# 巩 固 与 提 高

## 一、单项选择题

1. 关于消费者的需求，以下说法不正确的是（ ）。

A. 企业只需满足消费者的现实需求

B. 需求是指人们有能力并且愿意购买自己需要的产品的要求

C. 是企业开展市场营销活动的出发点

D. 企业要诱发消费者各种潜在的需求

2. 市场＝人口×（ ）×购买欲望

A. 购买力　　　　B. 购买时间　　　C. 购买倾向　　　D. 购买方式

3. 被称为"市场营销之父"的是（ ）。

A. 亚当·斯密　　B. 菲利普·科特勒　C. 韦尔德　　　　D. 科普兰

4. 市场营销学的研究对象是（ ）。

A. 企业的外部环境　　　　　　　B. 企业的内部环境

C. 企业的战略　　　　　　　　　D. 企业的市场营销活动及其发展规律

## 二、判断题

1. 需求与需要的差异主要在于有没有购买力。　　　　　　　　　（ ）

2. 现代市场上对于大多数商品和服务而言，消费者的需求是不相同的。（ ）

3. 产品、价格、地点与服务是市场营销学研究的4P策略。　　　　（ ）

4. 市场营销的中心任务是把商品卖出去。　　　　　　　　　　　（ ）

5. 消费者的市场购买力受到收入水平、储蓄和信贷的影响。　　　（ ）

6. 市场营销学是一门新兴学科，最早出现在美国。　　　　　　　（ ）

## 三、案例分析题

### 第三季《中国好声音》营销策略分析

自2012年7月13日首播爆红以来，《中国好声音》一直话题不断，宛如上演了一部电视大片，在中国电视界掀起一场关于创新的自省和反思。从制播分离背景下的生产线构建，到媒介融合背景下的整合营销，再到文化振兴规划下的产业链打造和主流价值引领下的电视精品创作，某种意义上，《中国好声音》不仅是一档成功的音乐选秀节目，更是中国综艺节目发展史上的一个新坐标。

1. 重磅出击——发布推广曲《为梦而来》

2014年，浙江卫视在第三季《中国好声音》筹备之际，首次用"声"说话，正式宣布由第一季选秀歌手张玮演唱的《为梦而来》成为今年节目的主题曲。充满正能量的歌词和热情洋溢的旋律让第三季好声音未播先火，用声音的力量引爆正能量，召集更多热爱音乐的人士走上这个舞台。

2. 联合推广——与多家企业合作

第三季《中国好声音》在宣传推广中，不仅与先前的加多宝合作，而且与雪佛莱、凡客诚品、苏宁易购、百雀羚、TCL、天天动听、中国最大的互联网平台腾讯等多家品牌企业成为战略合作伙伴，从多方面让观众增加与《中国好声音》的接触机会。

3. 从舞台走进校园——校园推介会

为了拉近与年轻观众的距离，选出更多的"中国好声音"，2014年4月，《中国好声音》与统一企业集团合作，走进校园，选取"好声音"，推介"好声音"，让更多的年轻人喜欢上《中国好声音》这个舞台。

从2012年起，"好声音"无处不在，打开电脑、手机，在各类综艺新闻里都可以看到关于"好声音"的歌手、导师、音乐等方面的宣传，特别是第三季《中国好声音》，可谓重磅出击。

**【思考】**

1. 第三季《中国好声音》在播出之前与播放期间分别采用了哪些营销策略对其进行宣传推广？宣传目的是什么？

2. 什么是"市场"？"市场"应具备的条件包括哪些方面？

**四、课堂实训**

如何向和尚成功推销1把梳子？如何卖出10把梳子？如何卖出1000把？10 000把？分组撰写营销策略。

# 项目二　树立市场营销观念

## 【知识目标】

1. 掌握市场营销观念经历的各个阶段，掌握每个阶段的指导思想
2. 掌握新旧营销观念的对比分析
3. 了解市场营销观念的发展
4. 了解市场营销观念的创新

## 【能力目标】

1. 能运用营销观念分析企业案例
2. 在营销实践中能充分运用创新的营销观念开展营销策划活动
3. 能策划创新营销活动

## 【导入案例】

### 尤伯罗斯：奥运商业策划之父

自从 1932 年洛杉矶奥运会以来，奥运会越办越大，越办越豪华，这样就使每一个举办奥运会的城市面临一场财政上的"灾难"。1976 年蒙特利尔奥运会亏损高达 10 亿美元，1980 年莫斯科奥运会更是耗资 90 亿美元，然而 1984 年的洛杉矶奥运会却出现了重大转机，它不仅没有亏损，而且盈利 2.5 亿美元。这一奇迹是怎样创造的呢？

尤伯罗斯采用了一种新的策划思路与策略：经营洛杉矶奥运会。其步骤如下：

1. 不再大搞新建筑

尤伯罗斯查阅了 1932 年的洛杉矶奥运会以来所有奥运会举办情况的材料，他从浩瀚的资料中找到了奥运会不赔钱的途径：充分利用现有的设施，不再大搞建筑，各个项目直接由赞助者提供最优秀的设施。

2. 电视转播搞招标

在电视转播权的出售中，尤伯罗斯首度采用了招标的办法。当时，洛杉矶奥组委规定，每个有意转播奥运会的电视公司须支付 75 万美元的指标定金，很快，包括美国三大电视网在内的 5 家电视机构带来了定金，将这些定金存进银行后，组委会每天的利息收入为 1000 美元。最终，美国广播公司以 2.25 亿元获胜。之后尤伯罗斯还将转播权卖给欧洲和澳洲，总进账 2.87 亿美元，是以往转播权卖价的 3 倍。尽管组委会把定金返还给其他 4 家公司，但此时这些定金产生的利息已经相当可观。

3. 提高门槛选赞助

尤伯罗斯总结了前几届奥运会的教训，发现过去并没有规定赞助资金的最低限额，所以尽管赞助企业很多，但总金额并不高。于是，尤伯罗斯别出心裁地规定，洛杉矶奥运会只接受 35 家赞助商，每一个行业只接受一个公司的独家赞助，赞助金额最少 400 万美元，

赞助商可以取得奥运会商品的专卖权。对可口可乐和百事可乐这两家因生产运动型饮料而闻名的公司来说，尤伯罗斯的新规矩不免有些残酷，因为没有获得独家赞助权的商家，就不能在这届奥运会上推广自己的产品了。所以，这两家可乐公司之间的竞争异常激烈。结果，志在必得的可口可乐以1300万美元的竞价击败了百事可乐，同时也成为这届奥运会最大的赞助商。同样激烈的竞争还出现在柯达和富士、美国商用机器公司和日本电器公司之间。到奥运会开幕前，奥组委一共筹集到8亿美元的资金，负担各项赛事和活动已绰绰有余。美国《时代周刊》评论说，"比赛还没开始，第一枚金牌就已经诞生，尤伯罗斯当之无愧。"

4. 门票和火炬接力出奇招

尤伯罗斯首次开创了分销奥运会比赛门票先例，以方便观众通过邮购、上门等各种方式购买。他还严格控制赠票，甚至放出话来：即使总统来也得自掏腰包买门票。尤伯罗斯了解美国体育迷的心理，大幅度提高奥运会门票价格，结果反而导致了门庭若市的抢购局面。

尤伯罗斯标新立异，以3000美元为价码销售火炬接力的公里权，一改往日圣火只能在优秀运动员之间接力的做法。只要愿意出钱，所有的美国人都可以参加接力活动。结果仅这一项，奥运会就获得了4000万美元的额外收入。

140个国家和地区的7960名运动员，使这届奥运会的规模超过了以往任何一届。整个奥运会期间，观众踊跃，场面激烈，门票畅销。同时，几乎全世界都收看了奥运会的电视转播，令人眼花缭乱的闭幕式至今还留存在人们的脑海之中。

1984年奥运会结束后，洛杉矶奥运会资委会最后节余2.5亿美元。这2.5亿美元使此届奥运会成为现代奥运会恢复以来真正盈利的第一届奥运会。

在奥运会壮观的闭幕式上，尤伯罗斯佩戴着象征奥林匹克最高荣誉的金质勋章，聆听国际奥委会主席萨马兰奇对他的赞誉之词，卫星电视的直播使他成为全世界家喻户晓的经营策划大师。

（资料来源：改编自《人物杂志》，尤伯罗斯. 奥运史上第一位经营大师，洛杉矶奥运会与商业完美结合）

【思考】

1. 请说说尤伯罗斯的成功有没有秘诀？他的成功得益于什么？

2. 从这一案例可以看出策划对于项目成功或企业经营摆脱困境有何重要的意义？

# 任务一　分析市场营销观念及其演进

市场营销观念是企业经营的基本指导思想，它是企业进行经营决策、管理营销活动的依据，是企业经营的一门哲学，更是一种态度，是决策的思维方式。企业的市场营销观念决定了企业如何协调买方、卖方和社会三者的利益关系。西方企业的市场营销观念经历了一个漫长的演变过程，总结起来可以分为以下几种：生产观念、产品观念、推销观念、市场营销观念、社会市场营销观念。

## 一、市场营销的观念及演变、发展

### (一) 传统营销观念——以企业为中心、以盈利为根本取向和最高目标来处理营销问题的观念

**1. 生产观念**

生产观念盛行于 19 世纪末 20 世纪初，当时的西方处于垄断经济时期，也就是第二次工业革命时期，市场物资短缺，产品供不应求。以生产观念指导营销活动的企业，称为生产导向企业。以生产者为中心是生产观念的核心，此时的企业不以顾客现实的需求和欲望为出发点，其最大的生产经营目标就是扩大生产规模，从而降低生产成本。

生产观念的特点可以归纳为以下三个方面：一是企业将主要精力放在产品的生产上，追求高效率、大批量、低成本；产品品种单一，生命周期长。二是企业对市场的关心，主要表现在关心市场上产品的有无和产品的多少，而不是市场上消费者的需求。三是企业在管理中以生产部门作为主要部门。

【案例赏析】

#### 美国皮尔斯堡面粉公司的口号

美国皮尔斯堡面粉公司从 1869 年创立到 1930 年的 60 多年间，由于产品供不应求，不愁卖不掉，因此这家公司着重发展生产，只求货物充沛、价格低廉，当时的口号是"本公司旨在制造面粉"。在当时的历史条件下，面粉照样畅销。

【案例赏析】

#### 美国福特汽车公司的口号

福特汽车公司从 1914 年开始生产的 T 型汽车，在生产观念的指导下，采取大规模生产、降低成本的策略，使更多人买得起。到 1921 年，福特 T 型汽车在美国汽车市场上的占有率达到 56%，当时口号是"我们只生产黑色的汽车"。

(资料来源：孙天福. 市场营销基础. 上海：华东师范大学出版社，2012 年)

【思考】

从以上口号，我们分析两个公司当时的营销观念是什么？

显然，生产观念的指导思想是重生产、轻营销，中心思想是"我们生产什么，就卖什么"，这就是我国企业在 1949—1978 年实行的计划经济时期，在物资短缺、企业不愁产品销路的情况下奉行的生产观念。

**2. 产品观念**

产品观念是生产观念的延续，它是在生产观念的基础上发展而来的，这种观念依然以生产为核心，建立在卖方市场的前提下，不重视目标消费者的需要和欲望，更不注重商品的营销，因此也是一种比较古老的企业经营理念。不同的是，这种观念注重产品的质量、功能和特色，把企业的生产放在了高端产品上，并不断地创新。

产品观念的特点有以下三个方面：一是注重产品的质量、功能和特色；二是追求产品的工艺精度；三是以专业的眼光确立产品质量和特色。

产品观念容易出现美国市场营销学专家西奥多·李维特教授提出的"营销近视症现

象"，即产品生产者或销售者不把注意力放在顾客需求上，而是放在产品上，如量尺的制造商认为操作人员使用量尺仅是需要量尺本身，从而忽视了计算功能，由此忽略了小型计算器的竞争；自行车生产商认为用户需要的是自行车本身，而不是为了解决出行问题，于是忽略了电动车、摩托车等的挑战。

**3. 推销观念**

推销观念又被称为销售观念，在产品相对丰富的情况下，向消费者推销那些非渴望的产品。这种观念产生于 20 世纪 20 年代末至 50 年代，当时的社会经济背景是生产力发展了，但经济危机席卷了整个西方国家，使得大量产品相对过剩，更严重的是很多企业在这场经济危机中被迫倒闭，当时的资本主义国家所面临的最大问题不仅是拉动经济、扩大企业生产规模，还需要将过剩的产品销售出去。

推销观念的口号是"我卖什么，顾客就买什么"，它以把握消费者的购买惰性为基础，攻克消费者的抗衡心理，最终让消费者接受推销的产品。推销观念在适当的市场经济环境下，被用于推销那些滞销或过剩的非渴求产品，它是一种以销售企业现有产品为核心的企业经营理念，此时企业的短期目标是销售其可以生产的产品，而不是出售新产品，同时要将企业的一部分人力、物力和财力转移出去，用于推销，必要的时候，需要成立推销团队。

**【案例赏析】**

### 皮尔斯堡面粉公司口号的更新

1930 年左右，皮尔斯堡面粉公司发现，有些推销其产品的中间商开始从其他厂家进货，公司为了寻求可靠的中间商，扩大销售，逐步从生产观念转向推销观念，将公司的口号改为"本公司旨在推销面粉"，同时派出大量的推销员，从事推销事业。

推销观念的特点：一是企业的产品不变，推销的产品是公司所能生产的，是要为产品寻求市场，而不是生产市场需求的产品；二是企业关心的是消费者的消费惰性，目的是让消费者接受企业产品，并未关注消费者的真实需求；三是企业设置的推销团队或销售部门，不是独立的层级部门。

（资料来源：孙天福. 市场营销基础. 上海：华东师范大学出版社，2012 年）

**【思考】**

皮尔斯堡面粉公司口号的更新说明了营销观念发生了怎样的变化？

## （二）新式营销观念——以消费者为中心的顾客导向观念和以社会长远利益为中心的社会导向观念

**1. 市场营销观念**

真正的营销观念形成于第四个阶段的市场营销观念，这是市场营销观念演变进程中的一次重大飞跃。

市场营销观念开始于 20 世纪 50 年代的美国，第二次世界大战结束后，无论是生产力还是科技水平都在发展，买方市场形成，市场的产品供给大大增加，品种丰富，特色显著，产品的生命周期变短。同时，在相关政策的刺激下，人们的收入水平提高，教育程度提升，生活水平有了很大程度的改善，消费的需要和欲望也随之发生了变化，人们不再仅关注产品的功能，对产品的包装、式样、质量等都有了新的要求，甚至更注重产品的品牌及服务，市场上供不应求的情况一去不复返，买方市场由此产生。

【案例赏析】

### 二战后皮尔斯堡面粉公司的口号

皮尔斯堡面粉公司发现，二战后美国人的生活方式发生了重大变化，即由过去以自制食品为主转变为购买制成品或半成品为主，比如买饼干、面包、蛋糕等代替买面粉回家自己做，于是该公司便生产了各种制成食品和半成食品，结果销量大增。

（资料来源：孙天福．市场营销基础．上海：华东师范大学出版社，2012 年）

【思考】

本节中三次提到了皮尔斯堡面粉公司，请你谈谈为什么该公司在不同时期有不同的营销观念？

市场营销观念的核心是消费者的真实需求，正确把握目标顾客的真实需要或欲望，实现经营目标，即市场需要什么就生产什么，要比竞争者更准确、有效地将企业产品传递到消费者的手中，秉持"顾客满意"的宗旨。

市场营销观念具有以下特点：

(1) 市场营销观念的核心是消费者的真实需求。

(2) 协调运用产品、价格、渠道、促销等营销策略组合。

(3) 重视研发新产品，满足顾客整体需求。

(4) 通过为顾客创造价值，实现企业盈利目标。

(5) 市场营销部门成为独立的中心部门，指挥并协调与其他部门的关系。

### 2. 社会营销观念

20 世纪 60 年代以后，随着社会经济的发展和市场环境的变化，全球环境被破坏、资源短缺、人口爆炸等问题日益严重，消费者保护运动也在这个时期开始活跃，社会对人类观念、生态观念、环保观念等呼声越来越高，同样，越来越多的西方国家注意到了市场营销观念的弊端，到 20 世纪 70 年代，经历了约 10 年的孕育，社会营销观念产生了。

社会营销观念又被称为社会中心论，它要求企业不仅关心消费者的需要，同时要考虑社会的整体利益，注重社会的长远发展。秉持这种营销观念的企业，不仅要确定消费者的需要、欲望，还要平衡企业自身、消费者和社会三者的利益，战胜竞争者的同时，要不断增进消费者和社会的福利。

【案例赏析】

### 环保成为营销新观念

日本的许多超市都要求顾客自备购物袋，以便减少使用塑料袋。超级市场发给每位顾客登记卡，商店每次在自备购物袋的顾客登记卡上盖章，积累到一定数量之后，商店免费赠送一定价值的商品。英国恩斯伯里超级市场不仅声称自己是"最绿杂货店"，而且退出了一系列"护绿"家庭用取代化学清洁剂的植物制成品，从而使其营业额大幅度上升，取得了竞争优势。在日本、美国、中国香港等地区，被人们称为"生态服装"的，其图案、色彩、文字极富特色及寓意，以珍稀动植物为图案，以花草树木为色调，甚至用文字"我爱大自然"、"保护臭氧层"等直接表达消费者的心声。各种"绿色广告"应运而生，不少著名的跨国公司和大企业纷纷利用"绿色商品"大作"绿色广告"，不少新兴中小企业也不断强化自己的"绿色企业形象，以谋求飞跃发展。"

（资料来源：根据中国食品科技网《绿色包装设计席卷全球》一文整理）

**【思考】**

环保理念是否体现了营销观念的新变化？

以上五种营销观念都具有自身的特点，它们之间的差异主要体现在理念、经营管理、盈利模式等指标上，如表2-1所示。

**表2-1　五种营销观念的差异**

| 类别 | 营销观念 | 兴起时期 | 理念 | 经营管理 | 盈利模式 |
|---|---|---|---|---|---|
| 旧观念 | 生产观念 | 19世纪末 | "生产什么，就卖什么"，以生产为中心 | 扩大生产规模，降低生产成本 | 成本低、销量大 |
| 旧观念 | 产品观念 | 20世纪初 | 强调"以质取胜"，以产品为中心 | 注重产品的质量、功能和特色，专注研发新产品 | 质量好、款式新、功能全，以产品信誉获利 |
| 旧观念 | 推销观念 | 20世纪20年代 | "企业卖什么，人们就买什么"，注意消费者购买惰性，注重推销 | 销售其可以生产的产品，用尽推销手段 | 消费者足量购买 |
| 新观念 | 市场营销观念 | 20世纪50年代 | "顾客需要什么，我们就生产什么"，以消费者需求为中心 | 秉持"市场—生产"的理念，关注顾客真实需求 | 满足顾客需求 |
| 新观念 | 社会营销观念 | 20世纪70年代 | 注重均衡企业、消费者和社会三方利益，关注生态 | 实现企业利益目标，同时增进消费者和社会的福利 | 树立品牌形象 |

## 二、新旧市场营销观念的比较

概括起来，以上五种市场营销观念中，生产观念和产品观念产生的背景是卖方市场，推销观念的产生处于卖方市场向买方市场过渡阶段，营销观念和社会营销观念产生的背景则是买方市场。学者从新旧观念视角把市场营销观念划分为两大类，即旧的和新的两种市场营销观念。生产观念、产品观念和推销观念为旧观念阶段，营销观念和社会营销观念为新观念阶段。两种新旧不同的市场营销观念下的营销活动在营销出发点、采用的方法和手段以及营销目标方面有很大差别。

### （一）企业营销活动的中心不同

旧的营销观念是以生产者为中心，企业生产什么，消费者就买什么。在商品投产前企业并不知晓市场的销路，也不重视市场调研，而在产品生产出来后再考虑其销路问题，因此无法保证商品的产销对路。新的营销观念则是以消费者为中心，消费者是企业生产经营活动的出发点，先进行市场调研，了解目标市场消费者的需求，是企业进行营销活动的前提。

## （二）企业营销活动的起点不同

旧的营销观念下企业以产品为出发点，市场处于生产过程的终点，是在产品生产出来之后才开始营销活动。新的营销观念是以市场为出发点，即市场处于生产过程的起点。

## （三）企业营销活动的方式不同

旧的营销观念看重的是产品的产量和质量，主要通过降低成本、强化各种推销手段作为营销的重要方式，并会把不合适的商品出售给消费者。在新的营销观念下，企业是从消费者需求出发，强调产品适销对路，并利用整体市场营销组合策略，最大限度地满足消费者的需要。

## （四）营销活动的着眼点不同

旧的营销观念下企业以利润为目的，偏向于计较每一项交易的盈亏和利润的大小，不太注意改善生产的基础设施和对企业长期发展有益的事，属于目光短浅、追求短期利润的行为。而新的营销观念下，企业是通过满足消费者的需要来获取利润，因而除了考虑现实的消费者需要外，还考虑潜在的消费者需要，在满足消费者需要、符合社会长远利益的同时，追求的是长期利润（见表 2 - 2）。

**表 2 - 2　新旧市场营销观点的对比**

| 营销观念 | 中心 | 起点 | 方式 | 着眼点 |
|---|---|---|---|---|
| 旧观念 | 以生产者为中心 | 生产过程的终点 | 降低成本，强化推销 | 短期利润 |
| 新观念 | 以消费者为中心 | 生产过程的起点 | 整体营销组合 | 长期利润 |

发达国家的五种市场营销观念及其发展是商品经济发展的必然结果，企业生产经营的指导思想经历了从生产观念、产品观念、推销观念到营销观念再到社会营销观念的演进，依赖于市场状况的变化，这种演进的次序也显示出一定的规律，与我们过去常讲的"以产定销""以销定产"到"产销结合""按需生产"有些共同之处。我国自确定了建立和完善社会主义市场经济体制以来，对市场营销问题越来越重视，也取得了很大的成就，现时绝大多数企业摒弃了传统落后的生产观念，代之以新的营销观念。

**【知识链接】**

### 推销观念与市场营销观念的区别

如何通过产品以及创造、传送产品和最终消费产品有关的所有事情，来满足顾客的需要。目前，仍然有很多企业经营者将推销和营销视为一个概念。而实际上在这个竞争极其激烈的市场环境下，任何生产产品或销售产品的机构和个人，都应该从推销观念中解脱出来，转变为营销观念。

菲利普·科特勒认为，实现组织众多目标的关键在于正确确定目标市场的需要和欲望，并且比竞争对手更有效、更有利地传送目标市场所期望满足的东西。营销观念是对生产观念、产品观念、推销观念的挑战，它的核心原则直到 20 世纪 50 年代中期才基本定型。

推销观念注重卖方需要，营销观念则注重买方需要。推销以卖方需要为出发点，考虑如何把产品变成现金，而营销观念则考虑如何通过顾客满意获取利润。具体流程如下：

推销观念：工厂—产品—推销和促销—通过销售获得利润

营销观念：市场—顾客需求—整合营销—通过顾客满意获得利润

从上面的流程可以看出，推销观念是从内向外的顺序；营销观念则采用的是从外向内的顺序，它从明确的市场出发，以顾客需求为中心，协调所有能对顾客产生影响的活动，最终通过顾客满足来获利。

营销理念从"以产品为中心"到"以客户需求为中心"反映的是服务理念的基础性变革。工业时代市场竞争的焦点是产品和价格，降低生产成本、提高劳动效率制约着竞争的优势；伴随着信息时代的发展，科技进步、全球经济一体化使得企业竞争的焦点转变为对客户的竞争。因为互联网的广泛应用和信息的爆炸，改变了消费者传统的购买行为，顾客由以往信息的被动接受者转变为信息主动搜寻者，现代高科技赋予消费者前所未有的权利，他们决定着信息价值的取舍。

（资料来源：http：//blog.gxsky.com/blog.php？id＝213090，有修改）

# 任务二　掌握市场营销观念的发展和创新

进入 20 世纪 80 年代以后，随着国际经济形势的发展变化，市场营销学在理论研究的深度和学科体系的完善方面得到了极大的发展，市场营销学的概念有了新的突破。长期以来一直被市场营销学所推崇的 4P's 组合的营销观念得到了很大的发展，出现了 4C's 的营销观念。4P's 营销观念自身也有了内涵的扩充，先后出现了战术 4P's 观念和策略 4P's 观念，之后又有 6P's 观念和 11P's 观念，以及大市场营销观念。在国际经济发展及变化的推动下，还相继出现了关系营销、绿色营销、服务营销和整合营销等新的市场营销观念创新。

## 一、4P's 和 4C's 的营销观念

4P's、4C's 和 4R's 的营销观念(或称营销理论)，是市场营销学发展史上的三大经典营销策略组合理论。

### (一) 4P's 理论

4P's 理论指产品(product)、价格(price)、渠道(place)和促销(promotion)四个营销要素的组合，由美国密歇根大学教授杰罗姆·麦卡锡(E. Jerome McCarthy)在 1960 年提出，这一营销观念的提出使得营销理论(或观念)得到简化并且便于记忆和传播。

产品包含核心产品、实体产品和外延产品三个层次。广义的产品可以是有形的实体，也可以是无形的服务、技术、知识或智慧等。价格的制订方法有很多种，主要有成本导向定价法、需求导向定价法和竞争导向定价法，这些定价方法的目标是使产品成为可交换的商品。渠道是产品从生产者到消费者终端所经历的销售路径与环节。传统意义的促销是人员推销、广告、公关活动和营业推广，这些促销方式在营销过程中有着非常广泛的应用。

企业以营利为目标，所以必须想方设法把生产出来的产品销售出去，4P's 组合理论起了很重要的作用。从 20 世纪 60 年代提出 4P's 组合理论后，虽然经济社会的发展使得市场营销环境发生了很大的变化，但 4P's 组合观念作为营销基础理论，依然发挥着非常重要的作用，之后的许多营销观念的创新都与 4P's 理论有着密切的关联。4P 组合如图 2-1 所示。

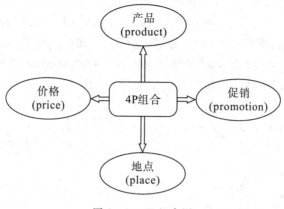

图 2-1　4P 组合图

## （二）4C's 理论

进入 20 世纪 90 年代以来，市场营销环境有了很大的变化，人们从传统的家庭价值观的压力下解放出来，有更多的生活形态可以选择。家庭构成的变化不仅意味着基本家庭用具、生活用品需求的增加，并且由于人们受教育程度的不断提高，开始更多地通过分析，选择真正适合自己的物品，市场想要掀起某种消费热潮越来越难，消费者越来越具有个性。一方面是产品的同质化日益增强，另一方面是消费者的个性化、多样化日益发展，于是兴起一种新的市场营销观念，即 4C's 组合理论，这是美国学者罗伯特·劳特朋（Robert Lauterborn）提出来的，劳特朋提出企业开展市场营销要从以往围绕 4P's 制订营销组合转向以 4C's 为中心，4C's 强化了以消费者需求为中心的营销组合。

4C's 理论指 Consumer（消费者）、Cost（成本）、Convenience（便利）和 Communication（沟通）四个营销要素的组合。

（1）Consumer（消费者），指消费者的需要和欲望（The needs and wants of consumer）。企业要把重视消费者放在第一位，强调重视消费者要比重视开发产品更重要，满足消费者的需求和欲望比产品功能更重要。

（2）Cost（成本），指消费者获得满足的成本（Cost and value to satisfy Consumer's needs and wants）。这不同于以往的定价策略，而是消费者满足自己的需要和欲望所愿付出的成本价格。这里的营销价格因素延伸为生产经营过程的全部成本，包括企业的生产成本，即生产适合消费者需要的产品成本；消费者购物成本，不仅指购物的货币支出，还有时间耗费、体力和精力耗费以及风险的承担等。新的定价模式是：消费者支持的价格减去适当的利润等于成本上限。企业要想在消费者支持的价格限度内增加盈利，就必须努力降低成本。

（3）Convenience（便利），指购买的方便性（Convenience to buy）。与传统的营销渠道相比较，新的观念更重视服务环节，在销售过程中强调为消费者提供便利，让消费者既购买到商品，也购买到便利。在各种邮购、电话订购、代购代送方式出现后，消费者不一定要去商场，在小区或坐在家里就能买到自己所需的物品。企业要深入了解不同的消费者有哪些不同的购买方式和偏好，并且把便利原则贯穿于营销活动的全过程；在售前及时向消费者提供充分的关于产品性能、质量、价格、使用方法和效果的准确信息，售货地点要提供自由挑选、方便停车、免费送货、咨询导购等服务；售后应重视信息反馈和追踪调查，及时处理和答复消费者意见，对有问题的商品主动退换，对使用有故障的商品积极提供维修方便，大件商品提供终身（或长期）保修。为方便消费者，很多企业都已开设热线电话服务。

（4）Communication（沟通），指与消费者沟通（Communication with consumer）。企业开展营销活动可以尝试多种营销策划与营销组合，如果未能收到理想的效果，说明企业与产品尚未完全被消费者接受。这时，不能依靠加强单向劝导消费者，要着眼于加强双向沟通，增进相互之间的理解，真正实现适销对路，培养忠诚的消费者。

市场营销观念从4P's组合发展到4C's组合，是市场营销学发展进程中的一个重大变化。

## 二、大市场营销观念

市场营销观念一直比较重视4P's理论，即强调产品、价格、渠道和促销这四个要素的组合。20世纪80年代中期，美国学者菲利普·科特勒发表了《论大市场营销》（1986年），提出了大市场营销观念。大市场营销观念指出，企业能够影响自己所处的市场营销环境，而不应该单纯地顺从和适应环境。因而在4P's组合的基础上，还需要再增加若干个营销要素，从4P's到6P's再到11P's，因而大市场营销观念也被称作为11P's营销组合观念。

科特勒把4P's理论称为市场营销的战术4P's（Tactic 4P's），认为战术4P's可以这样表述：如果企业生产出适当的产品，定出适当的价格，利用适当的分销渠道，并辅之以适当的促销活动，那么该企业就会获得成功。这已经成为一个有用的公式，但是这里的问题是，企业如何确定适当的产品、价格、渠道（地点）和促销？这就要由市场营销的策略4P's（Strategy 4P's）来解决。策略4P's的具体内涵包括以下几个方面：

（1）探查（Probing）。这是一个医学用语，医生检查病人时就是在探查，即深入检查。因此，战术4P's的第一个"P"就是要探查市场：市场由哪些人组成？市场是如何细分的？都需要些什么？竞争对手是谁？怎样才能使竞争更有成效……真正的市场营销人员所采取的第一个步骤，就是要调查研究，即市场营销调研（Marketing Research）。

（2）分割（Partitioning）。分割是把市场分成若干部分，每一个市场上都有各种不同的人（即消费者），他们有各自不同的生活方式。有的消费者要买汽车，有的要买机床；有的希望质量高，有的希望服务好，有的希望价格低。分割的含义就是要区分不同类型的消费者，即进行市场细分。

（3）优先（Prioritizing）。由于企业不太可能满足所有消费者的需要，因而必须选择那些能在最大程度上满足其需要的消费者，也就是哪些消费者对生产企业最重要，哪些消费者应成为企业推销产品的目标群体。

（4）定位（Positioning）。定位的意思是企业应该在消费者心目中树立某种形象，实际上是指企业产品的声誉。如果消费者认为某品牌汽车声誉极好，那就是说，这个牌子的市场地位很高；而另一种品牌汽车声誉不好，就是说它的市场地位较低。因此，每个企业都必须决定在消费者心目中为自己的产品树立什么样的形象。一旦企业决定了自己产品的定位，便可以推出与之相应的营销策略。

企业在"战术4P's"和"策略4P's"的支撑下开展市场营销活动，还需要排除通往目标市场的各种障碍，于是还要再增加两个P，即政治力量（Political power）和公共关系（Public relation)，从而形成 10P's 理论。科特勒把增加了两个"P"的市场营销称为"大市场营销"（Megamarketing）。

大市场营销观念产生的背景在于 20 世纪 70 年代末，企业的跨国经营或者说国际营销有了快速的发展，同时由于西方发达国家经济不景气和持续"滞涨"，迫使各国采取关税和非关税贸易壁垒。贸易保护主义盛行，政府干预加强，致使许多企业意识到，在这种封闭型或保护型的市场环境下，要有效地拓展市场，必须调整自己的营销观念，由此大市场营销观念应运而生。大市场营销观念认为，企业要想进入某个特定市场，仅凭产品的价廉物美来争取新的消费者是很不够的，更重要的是要善于向当地有关集团提供利益，使其不设置市场障碍，对本企业的产品开绿灯放行。这就要求营销人员不仅要取得一般的中间商（如代理商、经销商等）的合作与支持，而且更重要的是要取得第三方（如政府、劳工组织和其他利益集团等）的合作与支持，如果不能取得这些利益集团的合作与支持，企业就很难进入市场，所以，市场营销组合的要素要增加 2P。就政治力量而言，为了进入特定市场，必须找到有权打开市场之门的人，这些人可能是具有影响力的企业高级管理人员、立法部门或政府部门的官员等。营销人员要有高超的游说本领和谈判技巧，以便能使这些"守门人"采取合作的态度，达到预期目的。然而，单纯依靠政治力量或权力有时也难以进入市场，特别是巩固在市场中的份额或地位，因此还需要通过各种公共关系活动，逐渐在公众中树立良好的企业形象和产品形象，这样做往往能收到更广泛、更持久的效果。

例如，美国可口可乐公司过去一直占领着印度饮料市场，由于可口可乐公司未能协调好与印度政府等方面的关系，被印度政府禁止进入国内市场。这时，美国的百事可乐公司乘虚而入，通过向印度提供援助，转让食品加工、包装和水处理技术等，帮助当地发展经济，特别是农业经济。这些举措赢得了印度各利益集团的支持，排除了议员们的反对，结果使得百事可乐公司进入印度市场。

策略 4P's 和战术 4P's 再加上大市场营销观念的 2P's，共 10P's，科特勒认为还有第 11 个"P"，并称之为"人"（People），这个"P"是所有"P"中最基本的一个，这里的"People"不单指员工，也指消费者，因为消费者也是企业营销过程中的一部分，这一点对所有的营销人员都是重要的。由此，市场营销理论就出现了 11P's 组合观念（理论）。

我们把美国学者菲利浦·科特勒提出的 11P's 营销观念归纳一下，即 11P's 分别是 ① 产品；② 价格；③ 渠道；④ 促销；⑤ 探查；⑥ 分割；⑦ 优先；⑧ 定位；⑨ 政治力量；⑩ 公共关系；⑪ 人。其中，①～④称为战术 4P's，⑤～⑧称为策略 4P's。由战术 4P's 加上⑨政治力量和⑩公共关系形成 6P's，如果把战术 4P's 和策略 4P's 以及政治力量与公共关系加在一起，就形成了 10P's，6P's 和 10P's 都能构成科特勒所提出的大市场营销观念。

**【知识链接】**

## 大市场交易的崛起

市场地点可以是有形的，如走近一家商店；也可以是虚拟的网络空间，如浏览网上商店。中介代理也可以为其他领域的大市场提供服务，如住房家居市场、保姆市场和婚庆服务市场等。

美国西北大学的穆罕·梭尼提出了大市场的概念，用来描述在消费者看来密切相关但又隶属于不同行业的一系列互补产品和服务。

　　大市场是营销者进行系统整合的结果，他们把那些相关的产品、服务活动组织起来，从而简化了分别去从事各种不同活动所经历的程序，提高了效率。例如，汽车大市场就包括汽车制造商、新车和旧车的中间商、财务公司、保险公司、机械与零部件经销商、服务商店、汽车杂志、汽车分类广告以及汽车网站等。

　　如果有位顾客打算购买一辆汽车，那么他就可能会涉及上述大市场中许多要素。无疑，这就为中介代理创造了机会，它们可以为购买者提供无缝的贴心服务，帮助顾客完成与上述大市场中各方的交易或联系。例如，Edmund's公司的网站 www.edmunds.som 就可以向消费者提供多项服务，包括不同品牌汽车的相关属性与最新报价，而且还可以便利地链接到其他网站，以便查询融资服务成本最低的金融财务公司、售价最低的汽车零部件经销商和二手车交易的服务机构或个体。

## 三、营销观念的创新

### (一) 关系营销

　　关系营销的观念出现在20世纪50年代，在六七十年代，欧美学者提出了关系营销的初步理论，此后，世界上许多学者从不同的角度，采取不同的方法对关系营销进行了研究。到80年代中期，关系营销观念在理论上有了较好的发展。关系营销观念的出现是与感性消费经济的发展状况和市场的新特点相适应的。相对于传统营销观念，关系营销具有如下本质特征：

　　(1) 信息沟通的双向性。社会学认为，关系是信息和情感交流的有机渠道，良好的关系就是渠道畅通，恶化的关系就是渠道阻滞，中断的关系则是渠道堵塞。交流应该是双向的，既可以由企业开始，也可以由营销对象开始。广泛的信息交流和信息共享，可以使企业赢得支持与合作。

　　(2) 策略过程的协同性。在竞争性的市场上，明智的营销管理者应强调与利益相关者建立长期的、彼此信任的、互利的关系。这可以是关系一方自愿或主动地调整自己的行为，即按照对方要求的行为；也可以是关系双方都调整自己的行为，以实现相互适应。各具优势的关系双方，互相取长补短、联合行动、协同运作去实现对各方都有益的共同目标，这可以说是协调关系的最高形态。

　　(3) 营销活动的互利性。关系营销的基础，在于交易双方相互之间有利益上的互补。如果没有各自利益的实现和满足，双方就不会建立良好的关系。关系建立在互利的基础上，要求互相了解对方的利益要求，寻求双方利益的共同点，并努力使双方的共同利益得到实现。真正的关系营销是达到关系双方互利互惠的境界。信任和承诺是关系营销的重点，因为信任和承诺鼓励营销者与消费者通过互利合作来保持密切的关系，抵制其他有吸引力的替代者或商品，从而维护和保持与现有消费者群体的长期伙伴关系。

　　(4) 信息反馈的及时性。关系营销要求建立专门的部门，用以追踪各利益相关者的态度。关系营销应具备一个反馈的循环，连接关系双方，企业由此了解到环境的动态变化，根据合作方或消费者提供的信息，以改进产品和技术。信息的及时反馈，使关系营销具有动态的应变性，有利于挖掘新的市场机会。

　　关系营销把一切内部和外部利益相关者纳入研究范围，用系统的方法考察企业所有活动及其相互关系。由于企业的市场营销活动需要和利益相关者(消费者或用户等)结成休戚相关的关系，企业的发展要借助利益相关者的力量，而利益相关者也要通过企业来谋求自身的利益。根据企业开展市场营销活动时同利益相关者关系的密切程度，关系营销可分为如下几个层次：第一，基本型关系营销，即营销人员把产品销售出去就不再与消费者接触。第二，鼓动型关系营销，即营销人员鼓动消费者在遇到问题或有意见时与企业联系。第三，即负责型关系营销，营销人员在产品售出后，主动征求消费者的意见。第四，能动型关系营销，即营销人员不断向消费者询问改进产品用途的建议或者关于有关新产品的信息。第五，即伙伴型关系营销，即企业与消费者共同努力，为消费者寻求合理的开支方法，或者帮助消费者更好地进行购买。

### (二) 绿色营销

绿色营销是社会生产力发展到一定阶段的产物，也是市场营销在近年发展的一个新阶段，它为传统的市场营销引入了一种新的理念和思维方式，引起了社会各界的普遍关注，并成为 21 世纪营销的主流。从 2010 年起被世界各国反复提及的低碳经济，就与绿色营销有着十分密切的联系。

所谓"绿色"，它的含义是多方面的，它可以指产品、行业或产业，也可以是一种经营理念或一种行为观念。"绿色"的中心意思指保护地球生态环境，促进人和自然、社会经济和生态环境的和谐关系，确保人类社会经济的持续发展。在此意义上，绿色营销指个体或企业在消费者利益、环保利益和自身利益有机统一的基础上，创造和发现市场机遇，采取相应的市场营销方式以满足消费者需求，并从中获利和发展的过程。

绿色营销包含两个层面的意思：其一是从企业自身而言的，即微观层面的，是为了企业的利益；其二是从全社会而言的，即宏观层面的，涉及道义问题。可见，利益和道义决定了绿色营销的动机和行为的多层次性。

从利益层次而言，企业实施绿色营销符合消费者的绿色消费需求，有利于降低成本，有利于在竞争中获取差别优势，从而获取更多的市场机会，占有更大的市场份额，相应获得更多的利益。同时，绿色营销也有助于提升企业良好的形象，有利于其长远发展的利益。从道义层次而言，绿色营销强调在营销过程中注重地球生态环境保护这一道义，注重全社会的全局利益，促进宏观的社会经济和生态的协调发展，而不只着眼于企业本位，这是人的道义的天性使然，是一项正义的事业。

### (三) 整合营销

整合营销是一种系统化的营销方法，它是一种通过对各种营销工具和手段的系统化结合(即整合)，并且根据环境的变化，及时进行动态的修正，以使交换双方在交互中实现价值增值的营销理论与方法。整合营销主张不同的营销功能(如促销力量、广告、产品管理、市场调研等)必须协调一致地开展工作，同时也要求企业的营销部门必须和企业的其他部门相互协调，紧密配合地开展工作，充分调动一切积极因素，实现企业的全面的一致化营销目标。简单地讲，整合营销就是一体化营销。整合营销观念的出现是由于市场环境的变化所致，传统的营销方法是面向无差异的消费者大量促销同质性的消费品。然而，大众取向的传媒和充斥市场的广告，并未能持续、圆满地解决销售困难。在竞争日益激烈的条件下，企业以目标市场的需求为出发点，力求比竞争者更加有效地满足消费者的需求和欲望。企业要通过真正了解消费者喜欢什么，又想要得到什么来战胜竞争对手。如果不知道消费者的需要是什么，就无法满足这些需要，但是，了解消费者真正的需求并非易事。企业面临的主要难题是消费者在做出购买决定时，越来越依赖他们自以为重要的和真实的认识，而不是具体的、理性的思考。整合营销观念强调市场营销中各种要素之间的关联性，要求它们能成为统一的有机体。在此基础上，要求各种营销要素的作用力方向统一，形成合力，共同为企业的营销目标服务。

整合营销观念改变了把营销活动作为企业经营管理的一项职能的观点，而是要求所有的活动都整合和协调起来，努力为消费者的利益服务。同时，强调企业与市场之间互动的关系和影响，努力发现潜在市场和创造新市场。因此，以注重企业、消费者、社会三方共同利益为中心的整合营销，具有整体性与动态性特征，企业把与消费者之间交流、对话、沟通放在特别重要的地位，是营销观念的变革和发展。

在整合营销观念的发展进程中，还有整合营销传播（也称整合营销沟通）的概念。所谓整合营销传播（Integrated Marketing Communications，简称 IMC）是指企业在经营活动过程中，以消费者为核心，重视企业行为和市场行为，综合协调地使用各种形式的传播方式，以统一的目标和传播形象，传播一致的产品信息，实现与消费者的双向沟通，迅速树立品牌在消费者心目中的地位，建立产品与消费者之间长期密切的关系，更有效地达到产品信息传播和产品营销的目的。

【案例赏析】

### 一把梳子何以卖到 500 多元？

过去谭木匠只是一个小作坊，今天谭木匠已将小梳子做到全球第一，企业成功在香港地区上市。上市后的谭木匠不断开拓销售业务和升级现有专卖店，打造全新的国际木质家居饰品品牌。谭木匠何以取得成就？

1. 以试用体验促进购买决策

谭木匠在 2009 年 6 月组织了"体验品质、魅力共享"的活动，体验活动以试用的方式推广，参与者相当活跃。

2. 品牌名称的亮点

"木匠"念出来给人一种沧桑厚实的历史感，以及对品牌无可置疑的信赖感。同时"谭"和"檀"谐音，檀木在中国民间是富贵吉利的象征物，有辟邪、驱邪的功用。"谭木匠"有着深深的传统文化烙印，使人产生联想。

3. 售后全国免费维修

公司服务理念：顾客是亲人。为小小的木梳子提供售后服务，在业内已是难得，提供免费维修更是堪称一绝了。

4. "诚实、劳动、快乐"的品牌文化

"诚实、劳动、快乐"的品牌文化是谭木匠集团文化理念的精髓，对加盟商而言，有一种宗教般的潜入与默化。谭木匠董事长谭传华最热衷的是欧洲百年传统小作坊演变成高端品牌的发展路径。为此，他把自己的"木匠家史"挂到了每个终端连锁店铺。连公司的 logo 也是一个悬着"我善治木"招牌的作坊形象，谭木匠努力营造的恰是一种纯正的中国古典文化意境。

以上是谭木匠的整合营销手段，包括产品促销、品牌形象、企业文化、销售渠道以及售后服务等多个环节。缺少其中任何环节，都不能取得现在的成绩。可见，整合营销对于企业的竞争力具有至关重要的作用。

（资料来源：http://baike.baidu.com）

【思考】

谭木匠如何运用整合营销销售梳子？

## （四）网络营销

网络营销是指以互联网为媒体，并用相关的方式、方法和理念实施营销活动以更有效地促成个人和组织交易活动的实现。网络营销作为适应网络技术发展与信息网络时代社会变革的新兴营销策略，越来越受到企业的重视。网络营销在国外有多种表述，如 cyber marketing、internet marketing、network marketing、e-marketing 等。不同的表述有着不同的侧重和含义，目前较常见的表达是 e-marketing，e 表示电子化、信息化和网络化，体现了网络营销的特质。

【案例赏析】

### 天猫淘宝"双十一"的网络营销

2018 年"双十一"正式落下帷幕，据数据显示，11 月 11 日 24 时，随着最终数字的定格，2018 年天猫"双十一"全球狂欢节全天成交额突破 2000 亿大关，达 2135 亿元，再次刷新了纪录。2019 年是"双十一"的第 10 年，"双十一"从最初的 5200 万交易额发展到今天的 2135 亿，从 PC 互联网到移动互联网，从线上狂欢到全渠道狂欢，从全民参与到全球共振，"双十一"已经走过十年的辉煌历程。2018，我们一起见证了"双十一"10 年成长节节攀升的成绩。

（资料来源：http://baike.baidu.com）

【思考】

如何看待天猫淘宝的网络销售数据？

## （五）体验营销

体验营销是社会经济从产品经济时代、商品经济时代、服务经济时代发展到体验经济时代的必然产物，是出现于新经济时代的新的营销模式。

体验指因某些刺激而使消费者产生的内在反应或心理感受。体验通常是由于对事件的直接观察或者参与造成的，无论事件是真实的，还是虚拟的，只有那些能真正刺激消费者感觉、心灵和大脑，并且进一步融入其生活的体验才能使消费者内心深处感受到强烈的震撼，得到他们的支持和认可，从而建立起长期、持续发展的关系。

体验营销是指企业从感官、情感、思考、行动和关联诸方面设计营销理念，以产品或服务为道具，激发并满足顾客体验需求，从而达到企业目标的营销模式。这一定义将体验营销界定为一种营销模式，而不仅是一种理念，目的在于期望通过对体验营销的理论与实践进行深入研究，提出一套系统的、具有实际意义的理论体系和实施框架，不仅丰富体验营销的理论成果，而且要便于将理论应用于企业的实际运作，指导企业实施体验营销，以实现企业的自身目标。另外，这一定义也概括了体验营销的管理过程，即设计理念、策划道具、激发需求、实现目标，阐释了体验营销的运行机制，即通过感官、情感、思考、行动和关联诸方面的设计激发并满足顾客需求以实现企业目标，更全面地体现了体验营销的内涵。

【案例赏析】

### 迪卡侬体验式营销

迪卡侬来自于法国，是体育用品零售商，由米歇尔·雷勒克于 1976 年创立，第一家店开在法国里尔附近的小村庄恩洛斯。2003 年迪卡侬进入中国，至目前已遍布全国 46 座城市 178 家商场。提供连锁运动用品经营以至体育全产业链的支持，并有丰富的自有品牌产品阵线，并根据运动类别的不同，分为 20 种不同名称品牌。对于初学和专业运动者，迪卡侬都能提供运动服饰、装备以及各种创意类运动产品，其全产业链掌控的模式让其产品具有较高的性价比。

实体商场的运动体验型消费模式才是迪卡侬对消费者的吸引力所在。迪卡侬推行的是体验式营销模式。在迪卡侬的卖场，很多商品前面都贴有"try me"（试一试）标签。在开放式的卖场里，消费者即便不购物，也可以在店内打几回合乒乓球，做一些健身运动，骑上两圈自行车，迪卡侬主打的是线下体验。

（资料来源：http://baike.baidu.com）

【思考】

迪卡侬的体验是否值得所有电商企业仿效？为什么？

## （六）口碑营销

口碑传播(word-of-mouth spread)是由个人或群体发起并进行的，关于某一特定产品、服务、品牌或组织的一种双向的信息沟通行为。口碑传播一个最重要的特征就是可信度高，因为一般情况下，口碑传播发生在朋友、亲戚、同事、同学等关系较密切的群体之间，在口碑传播进行之前，他们之间已经建立了一种长期稳定的关系，相对于纯粹的广告、促销、商家推荐等，可信度更高。

口碑营销是把口碑的概念应用于营销领域的过程，即吸引消费者、媒体以及大众自发注意，使之主动地谈论你的品牌或你的公司以及产品，并且能够在此基础上，起到引人入胜的一种良好效果，同时得到消费者的一种认可，从而升华为消费者一种谈论的乐趣，它是自发性和主动性传播的，这也是媒体报道的价值所在，由此形成良好品牌效果的过程就叫作口碑营销。

【案例赏析】

### 361"迎圣火、中国飞起来"大学生行为艺术

2016 年当奥运圣火传递到厦门的前一天，100 多名激情飞扬的厦门大学生和社会人士聚集到珍珠海滩举行了一次爱国 SHOW，参加成员们手拉手拼出了多种爱国标志表达心声。其中"奥运五环"及"I CAN"，361 度中国飞起来的 LOGO 成为大家最钟情的符号，视频融合了图片、声音、字母等丰富的表现手法，堪称信息形态的航空母舰。这段视频迅速成为了网络的热点，优酷、土豆、酷六、爆米花等全国主流视频网站均推上了首页，短片累计点击率超 100 万次，随后产生了强大的口碑效应。门户网站进行了新闻报道，网友们热情讨论了论坛帖子，博客也都爆发出来了。

（资料来源：http://blog.sina.com.cn/s/blog_98ccdae3010185bs.html）

**【思考】**

口碑营销的成功必须具备哪些条件？

## （七）文化营销

文化营销是指企业营销活动中有意识地通过发现、培养或创造某种核心价值观念，针对企业面临的目标市场的文化环境采取一系列的文化适应和沟通策略，以实现企业经营目标的一种营销方式。文化营销的实质性内涵在于核心价值观念的培养和塑造，以文化为媒介，通过策略的调整达成与顾客及社会公众全新的利益共同体关系，进而达到使顾客满意的目的。

文化营销可以从以下几个层面渐次推进和展开：

（1）产品层面。从文化营销的视角来看，产品是文化价值观的实体化或载体，这一层面的文化营销是推出能提高人类生活质量、推动人类物质文明发展的产品或服务，引导一种新的、健康的消费观念和消费方式，如肯德基的产品和服务就体现了一种新的餐饮消费文化。

（2）品牌层面。品牌有无优势主要取决于品牌是否具有丰富的个性和文化内涵。品牌背后是消费者的文化认同和价值选择，因此，品牌层面的文化营销具有更大的增值张力和增值空间。比如，海尔的"真诚到永远"，就迎合了受众对真诚、诚心这一传统价值观的珍视，并在市场实践中充分体现了其品牌深刻文化蕴含的魅力。

（3）企业文化层面。企业文化是指导和约束企业整体行为、员工行为及企业风格的价值理念。企业文化层面的文化营销指在营销过程中，将企业的产品或服务文化、企业及员工的行为文化、组织的机制和制度文化，特别是企业的精神、价值观、伦理等理念文化，通过整合有效地传达给公众，诉诸受众的认知。比如，诺基亚的"科技以人为本"，就体现了诺基亚尊重、重视人的价值的鲜明企业理念，使公众产生了深刻共鸣和认同。

**【案例赏析】**

### 金六福酒的文化营销

金六福被誉为"中国人的福酒"。从品牌名称来看，"金"代表权利、富贵和地位；"六"味六六大顺；"福"为福气多多。五星级金六福设计新颖，开盒时"开门见福"，取酒时"揭福"，酒瓶如古钱袋，寓意吉祥，处处让人心情开朗。金六福酒融汇了中国传统的民族特色和精湛的酿造工艺。与五粮液酒同工艺、同原料，具有香气悠久、味道醇厚、入口甘美、入喉爽静、酒体丰满协调的独特风格。

金六福酒业 2017 年销售规模过 30 亿元，并继续保持两位数的强劲增长。其经销的金六福系列产品单品牌销售量全国第一，销售额位列全国白酒前三位，金六福品牌价值达40.81 亿元。

金六福借助一系列主题传播——"中秋团圆·金六福酒"、"春节回家·金六福酒"、"我有喜事·金六福酒"，使金六福酒逐步成为中国人节庆消费中必不可少的新民俗。金六福酒以上乘的酒质、新颖的包装盒、深厚的文化底蕴，深受消费者的喜爱，并畅销海内外。

（资料来源：http://baike.baidu.com）

**【思考】**

金六福的文化营销给你那些启示？

### （八）饥饿营销

饥饿营销是指商品提供者有意调低产量，以期达到调控市场供求关系、制造供不应求假象，维持商品较高售价和利润率的营销策略。同时，饥饿营销可以达到维护品牌形象、提高产品附加值的目的。

饥饿营销就是通过调节供求两端的量来影响终端的售价，达到加价的目的，表面上，饥饿营销的操作很简单，定个叫好叫座的惊喜价，把潜在消费者吸引过来，然后限制供应量，造成供不应求的热销假象，从而提高售价，赚取更高的利润。

**【案例赏析】**

#### 小米手机的饥饿营销

饥饿营销在小米手机众多的营销手段中，可以说是主力营销手段。当然这个有模仿苹果公司的嫌疑。在 2011 年 9 月 5 日，小米手机开放购买，而通过官方网站购买则是唯一购买通道。由于在开放购买前，关于小米手机已经广为传播，5 日 13 时到 6 日晚上 23：40 两天内从预订超 30 万台，小米网站便立刻宣布停止预订并关闭了购买通道。购买小米手机需要通过预订，按照排队顺序才能购买。当时，在小米论坛上很多网友在求预订号的相关帖子，这样看来，饥饿营销作用算是达到了。而在不能购买小米手机的两个月时间内，小米手机在各种网络渠道上做足功夫，发展各种活动，而礼品竟然是小米手机 F 码。所谓 F 码就是能够提前购买的优先码，由于已经被订购 30 万部手机，就有 30 万个排队中的购买码，如果你是排名靠后的购买者或者是没有参加排队订购的有意购买者，这个 F 码就能使你优先获得购买小米手机的权利。单单一个 F 码的价值被炒了起来，甚至有大量的人肯花金钱去购买。用 F 码的这种策略，在国内是从未出现过的，这是饥饿营销的新颖手段。通过一系列的渲染小米手机本身和小米手机购买的难度，小米手机的品牌价值的提升远远大于其直接开放手机购买所赚取的手机本身利润。

（资料来源：http：//baike.baidu.com）

**【思考】**

小米手机的饥饿营销手段达到了什么效果？

# 项 目 小 结

（1）市场营销观念是企业的指导思想，指导思想的正确与否，对企业的兴衰成败具有决定性的影响。营销观念经历了生产观念、产品观念、推销观念、市场营销观念及社会营销观念。

（2）市场营销观念的发展和创新：4P's 和 4C's 的营销观念。4P's 理论指的是产品、价格、分销渠道和促销；4C's 理论指的是消费者、成本、便利及沟通。

（3）20 世纪 80 年代中期，美国学者菲利普·科特勒发表了《论大市场营销》（1986 年），提出了大市场营销观念。从 4P's 到 6P's 再到 11P's，因而大市场营销观念也被称作为 11P's 营销组合观念。

（4）营销观念的创新包括关系营销、绿色营销、整合营销、网络营销、体验营销、口碑营销、文化营销及饥饿营销。

# 巩 固 与 提 高

**一、判断题**

1. 关系营销观念认为企业要与顾客、经销商创造更亲密的工作关系和相互依赖的关系。                                                              （    ）

2. 只强调"祖传秘方"是一种市场营销观念。                                   （    ）

3. 市场营销观念的经营指导思想是生产什么就卖什么。                         （    ）

4. 生产观念的指导思想是一切以生产为中心。                                 （    ）

5. 产品观念的指导思想是重产品质量。                                       （    ）

6. 推销观念的指导思想是积极推销。                                         （    ）

7. 社会营销观念的指导思想是把社会、企业及消费者的利益有机地组合。           （    ）

8. 饥饿营销是指商品提供者有意调低产量、制造供不应求假象，维持商品较高售价和利润率的营销策略。                                                        （    ）

9. 口碑营销相对于纯粹的广告、商家推荐、促销等而言，可信度度较低。           （    ）

10. 文化营销的实质性内涵在于核心价值观念的培养和塑造，以文化为媒介，通过策略的调试达成与顾客及社会公众全新的利益共同体关系，进而达到使顾客满意的目的。

（    ）

**二、单项选择题**

1. 关于社会营销观念，以下说法不正确的是（    ）。

A. 是对市场营销观念的重要补充和完善

B. "酒香不怕巷子深"是这种观念的形象说明

C. 强调要将企业利润、消费者需要、社会利益三者统一起来

D. 企业提供产品要符合消费者和社会的长远利益

2. 以下关于生产观念的说法不正确的是（    ）。

A. 企业应致力于提高生产效率和分销效率

B. 是一种典型的"以销定产"的思想

C. 是一种重生产、轻市场营销的经营哲学

D. 产生于"卖方市场"的形势下

3. "皇帝的女儿不愁嫁"是一种（    ）。

A. 产品观念        B. 生产观念          C. 市场营销观念    D. 推销观念

4. "深海"集团总裁曾说过："企业必须在第一时间发现市场需求，并在第一时间满足需求，这样企业才能在竞争中制胜"。这句话体现的市场营销哲学是（    ）。

A. 产品观念        B. 社会营销观念    C. 推销观念        D. 市场营销观念

5. 1960 年把市场营销组合表述为 4P's 组合的营销学者是（    ）。

A. 菲利普·科特勒                    B. 亚当·斯密

C. 弗里德里希·奥古斯特·冯·哈耶克  D. 杰罗姆·麦卡锡

**三、多项选择题**

1. 下列属于传统的市场营销观念的行为是（    ）。

A. 等客上门　　　　　　　　　　　　B. 强行推销

C. 以顾客为中心　　　　　　　　　　D. 兼顾消费者、社会和企业的利益

2. 旧市场营销观念包括(　　)。

A. 生产观念　　　　B. 推销观念　　　　C. 市场营销观念　　　D. 社会营销观念

3. 现代营销观念包括(　　)。

A. 生产观念　　　　B. 推销观念　　　　C. 市场营销观念　　　D. 社会营销观念

4. 罗伯特·劳特伯恩提出了 4C 理论,即(　　)。

A. 客户　　　　　　B. 成本　　　　　　C. 便利　　　　　　D. 沟通

5. 市场营销中的 4P 组合是(　　)。

A. 产品　　　　　　B. 价格　　　　　　C. 分销渠道　　　　D. 促销

## 四、简答题

1. 什么叫市场营销观念?市场营销观念经历了哪些阶段?各阶段的指导思想是什么?

2. 新旧市场营销观念的主要区别有哪些?

3. 企业如何开展文化营销?

4. 举例说明饥饿营销的策略应用。

## 五、案例分析题

美国"旅馆大王"希尔顿在 1919 年将父亲留给他的钱连同自己挣来的钱进行投资,开始了他雄心勃勃的经营旅馆的生涯。当他的资产从 1500 美元奇迹般地增值到 5100 万美元的时候,他欣喜而自豪地把这一成就告诉母亲,想不到,母亲却淡然地说:"依我看,你跟以前根本没有什么两样……事实上你必须把握比 5100 万美元更值钱的东西:除了对顾客诚实之外,还要想办法使来希尔顿旅馆的人住过了还想再来住,你要想出这样一种简单、容易、不花本钱而行之久远的办法去吸引顾客。这样你的旅馆才有前途。"

母亲的忠告使希尔顿陷入沉思:究竟什么办法才具备母亲指出的"简单、容易、不花本钱而行之久远"这四大条件呢?他冥思苦想,不得其解。于是他逛商店、串旅馆,以自己作为一个顾客的亲身感受,得出了准确的答案:微笑服务。只有它才实实在在地同时具备母亲提出的四大条件。

从此,希尔顿实行了"微笑服务"这一独创的经营策略。每天他对服务员说的第一句话是"你对顾客微笑了没有?"他要求每个员工不论如何辛苦,都要对顾客投以微笑,即使在旅店业务受经济萧条严重影响的时候,他也经常提醒员工记住,"万万不可把我们心里的愁云摆在脸上,无论旅馆本身遭受的困难如何,希尔顿旅馆服务员脸上的微笑永远是属于旅客的阳光。"为了满足顾客的要求,希尔顿"帝国"除了到处都充满着"微笑"外,在组织结构上,希尔顿尽力创造一个尽可能完整的系统,以便成为一个综合性的服务机构。因此,希尔顿饭店除了提供完善的食宿外,还设有咖啡厅、会议室、宴会厅、游泳池、购物中心、银行、邮电局、花店、服装店、航空公司代理处、旅行社、出租汽车站等一套完整的服务机构和设施,使得到希尔顿饭店投宿的旅客,真正有一种"宾至如归"的感觉。他再一次询问他的员工们:"你认为还需要添置什么?"员工们回答不出来,他笑了,"还是一流的微笑!如果是我,单有一流设备,没有一流服务,我宁愿弃之而去,住进虽然地毯陈旧,却处处可见到微笑的旅馆。"

请认真阅读上述案例,回答下面的问题:

1. 微笑服务体现了一种什么观念？

2. 希尔顿之所以能留住顾客仅是靠微笑服务吗？请说明理由。

**六、实训项目**

分析典型企业营销观念

（一）背景资料

服装、饮料、奢侈品、家电、快消品五个行业的典型企业资料（由学生分组、自己收集、整理）。

（二）实训要求

学生分五组，选择以上某一个行业，组内再商讨一个典型企业，分析该企业的营销观念做出评价。

（三）实训步骤

1. 学生分组后，选择要调查的企业。

2. 分组进行资料的收集、整理、制作企业营销观念的调查报告和汇报 PPT。

3. 分组演示汇报 PPT。

4. 学生和教师组成大众评审团进行点评。

# 项目三　认知市场营销环境

**【知识目标】**

1. 掌握市场购买决策的主要参与者
2. 明确市场购买决策的具体过程
3. 了解影响市场购买行为的主要因素
4. 了解市场营销环境对市场营销管理的重要性

**【能力目标】**

1. 通过本章学习，应使学生明确市场营销环境所包含的主要内容
2. 能认识购买动机和行为，明确购买决策的具体过程
3. 学会分析消费者、生产者市场的基本特点

**【导入案例】**

## 自动洗碗机受冷落之谜

自动洗碗机是一种先进的厨房家用电器，是发明家和企业家适应社会需要的创新杰作。然而，当美国通用电器公司率先将自动洗碗机推上市场，等待他们的并不是蜂拥而至的顾客，"门前冷落鞍马稀"的局面真是出人意料。

公司的经营策划者们将希望寄托在广告宣传上。按照过去的经验，只要让广告媒体实施心理上的"轮番轰炸"，消费者总会认识到自动洗碗机的价值的。于是，他们在各种报纸杂志、电视广播上反复宣传"洗碗机比用手洗更卫生，因为它可以用高温水杀死细菌"。他们还别出心裁地用电视画面放大细菌的丑恶形象，使人对此产生恐惧。他们想，细菌无处不在，人们对肉眼看不见的小东西产生恐惧感必然会寻求洗碗机的帮助。在电视广告里，他们示范了清洗因烘烤食品而被弄得一塌糊涂的盘子的过程，形象地宣传自动洗碗机对付那些难以清洗的餐具的能力。

结果又是如何呢？一切"高招"都用尽了，人们对洗碗机仍是敬而远之。从商业渠道传来的信息极为不妙，新开发的洗碗机眼看就要夭折在它的投放期内。

消费者究竟是怎样想的呢？持传统观念的人认为，男人和十来岁的孩子都能洗碗，自动洗碗机在家中几乎没有什么用，即使用它也不见得比手洗得好；用机器洗碗先要做许多准备工作，增添了不少麻烦，还不如手洗来得快。妇女们则认为，自动洗碗机这种华而不实的"玩意儿"将损害"能干的家庭主妇"的形象。一部分人则不相信自动洗碗机真的能把所有的碗洗干净，认为机器太复杂，无法理解它的功能原理，维护修理肯定困难。还有一些人虽然欣赏洗碗机，但认为它的价格难以承受。

（资料来源：改编自徐立新. 差点"难产"的洗碗机. 南国博览，2014(06)）

**【思考】**

1. 是什么原因导致了自动洗碗机受到冷落？
2. 营销人员在做市场分析的时候应关注消费者哪些方面的需求？

# 任务一　了解市场营销环境

企业处于市场这个变幻莫测的环境中，总是受到各类客观因素的影响。市场营销作为企业重要行为之一，既受自身条件的制约，又受外部条件的影响。在营销活动中，企业必须根据现实环境及其发展趋势，识别由于环境变化而造成的机会和威胁，制订并不断调整营销策略，自觉地利用市场机会，防范可能出现的威胁。处理好与环境的关系，是企业生存与发展的前提。

## 一、市场营销环境的概念

市场营销环境是一个不断发展和完善的动态概念。在19世纪，西方工商企业仅将市场当作销售环境。到20世纪30年代，又把政府、工会、投资者等与企业有利害关系的关系者也看作环境。进入20世纪60年代后，自然生态、科学技术、社会文化等环境因素被列入企业市场营销所必须考虑的范畴。从20世纪70年代起，企业开始重视对政治、法律的研究。20世纪80年代后，世界各国对环境保护、生态平衡的重视程度日益提高，通过立法、制订标准等各种途径保护人类的生存环境。这些环境的变化，给企业的经营活动既造成了环境威胁，又营造了新的市场机会。因此，现代市场营销观念认为，企业的决策者必须采取适当的措施，经常监视和预测其周围的市场营销环境的发展变化，并善于分析和鉴别由于环境变化而造成的主要机会和威胁，及时调整市场营销中的各种可控制因素，使其经营管理与市场营销环境的发展变化相适应。

## 二、市场营销环境的构成

市场营销环境可以分为微观市场营销环境（或微观环境）和宏观市场营销环境（或宏观环境）两大类。微观环境包括企业内部因素和企业外部的供应商、营销中介、顾客、竞争者和公众等因素；宏观环境包括人口、经济、自然、科技、政治法律、社会文化六大因素，所有企业和市场都要受宏观环境力量的影响和制约，并且这些环境因素不是静态不变的，而是经常处于变动之中，对企业的经营管理活动造成一定的冲击。

## 三、市场营销环境的特征

### （一）客观性

企业总是在特定的社会经济和其他外界环境条件下生存和发展。这种环境不以企业的主观意志为转移，具有强制性与不可控性的特点。企业能够控制自身的人、财、物等资源，但外部的营销环境是企业无法控制和预测的。企业的营销活动只能适应和利用客观环境，而不能改变或违背。主观地臆断某些环境因素及其发展趋势，往往会造成企业盲目决策，导致在市场竞争中的失败。

### （二）差异性

市场营销环境的差异性不仅表现在不同的企业受不同环境的影响，而且同样一种环境因素的变化对不同企业的影响也不相同，即可能对某些企业或行业造成威胁，而为另一些企业或行业却提供了市场营销机会。如海湾危机对国际石油资源市场的供给和需求造成极大的波动，对消耗油料的相关企业，如石化系统的企业影响十分大，而对那些与石油关系不大的企业，影响就小。

### （三）相关性

市场营销环境是一个系统，在这个系统中，各个影响因素是相互依存、相互作用和相互制约的。营销环境中某一因素的变化，会带动其他因素的相互变化，形成新的营销环境。

### （四）多变性

营销环境是企业营销活动的基础和条件，这并不意味着营销环境是一成不变的、静止的。构成营销环境的诸因素都受众多因素的影响，每一环境因素都随着社会经济的发展而不断变化。

### （五）不可控性

企业可以控制其内部的人、财、物等资源，但营销环境却是企业无法控制的外部影响力量。例如，无论是直接营销环境中的竞争者特点，还是间接营销环境中的自然环境，都是企业不可能决定的。

【案例赏析】

#### 冻 鸡 出 口

欧洲一冻鸡出口商曾向阿拉伯国家出口冻鸡，他把大批优质鸡用机器屠宰好，收拾得干净利落，只是包装时鸡的个别部位稍带点血，就装船运出。当他正盘算下一笔交易时，不料这批货竟被退了回来。他迷惑不解，便亲自去进口国查找原因，才知退货原因不是质量有问题，只是他的加工方法犯了阿拉伯国家的禁忌，不符合进口国的风俗。阿拉伯国家人民信仰伊斯兰教，规定杀鸡只能用人工，不许用机器；只许男人杀鸡，不许妇女伸手；杀鸡要把鸡血全部洗干净，不许留一点血渍，否则便被认为不吉祥。这样，欧洲商人的冻鸡虽好也仍然难免退货的厄运。

（资料来源：李高伟．市场营销策划．北京：高等教育出版社，2005）

【思考】

分析欧洲商人被退货的原因，欧洲商人应采取什么措施？

## 任务二　认知市场营销微观环境

市场营销微观环境受制于宏观营销环境，但又直接影响和制约着企业为目标市场服务的能力。市场营销微观环境是由直接制约和影响企业营销活动的力量和因素构成的，即与企业有双向活动关系的个体、集体和组织。一般来说，企业对这些因素也有直接的影响和控制，如图 3-1 所示。企业想在满足目标市场顾客需要的同时获得利润，需要把供应商和营销中介联系起来，形成以供应商—企业—营销中介—顾客为核心的链条，竞争者和社会公众也是不容忽视的制约因素。通过分析各个影响因素的特征，企业能更好地协调与这些群体的关系，也使得自身与市场营销微观环境相协调，适当地调整、影响市场营销微观环境也是非常重要的。

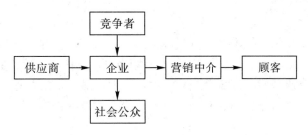

图 3-1　企业的微观营销环境

## 一、企业

企业是组织生产和经营的经济单位，要实现既定的营销目标，必须建立规范的组织机构体系，一般设置最高管理层，除此之外，还会设置财务部、人事部、后勤部、研发部、采购部、生产部、销售部、公关部等。企业内部各职能部门既要有明确的分工，又必须保持良好的协作关系。

## 二、供应商

供应商是为企业进行生产提供原材料、零部件、能源和劳务等资源的供货单位。企业的采购人员应时刻关注各类供应商品的价格变动趋势和市场供求状况，与重要供货商建立长期稳定的供销关系，保证正常生产，以防原料短缺、价格上涨而被迫停产。

企业要想维持正常运转，完成预计生产目标，任何供应环节出现问题都会影响企业的生产活动。供应商对企业供货的稳定性和及时性，是企业活动顺利进行的前提。供应商提供的各种资源价格是否公道，质量是否有保证，都将直接影响企业产品的价格、质量、销量、利润和信誉。例如，劣质的葡萄生产不出优质的葡萄酒，劣质的建筑材料建不成稳固的建筑。因此，企业势必对供应商的情况做全面透彻的了解和分析，实时掌握供应商的生产状况，做到心中有数。另外，尽量使自己的供应商多样化，避免对一家或少数几家供应商的过分依赖。针对特殊原材料的供应商，最好签订长期协议。

## 三、营销中介

营销中介是协助企业推广、销售和分配产品给最终买主的那些企业。按照职能可以分为以下几种类型：

### （一）中间商

中间商主要负责寻找或直接与顾客进行交易，包括代理商和经销商。代理商通过介绍客户或与客户磋商交易从中获利，没有商品的所有权；经销商通过购买商品获得商品所有权后，进行出售而获利。

### （二）实体分配机构

实体分配机构主要负责协助公司储存产品及把产品运往目的地，包括仓储公司和运输公司。仓储公司在货物运往目的地前提供储存和保管服务，运输公司将货物运往目的地。

### （三）营销服务机构

营销服务机构主要负责协助企业选择目标市场，确立市场地位并协助促销产品，包括市场调研公司、营销咨询公司、广告公司、会计事务所、审计事务所等。一些大企业或公司往往有自己的市场调研部门和广告部门，但大多数企业都会委托专业公司来为其办理相关事务。企业管理者应在充分了解的基础上选择符合自身要求的专业公司，以保证质量和服务水平。

### （四）金融机构

金融机构主要负责营销活动中的资金融通和保险服务，包括银行、信贷机构、保险公司、证券公司等。市场经济中，任何企业都需要通过金融机构开展经营业务。例如，企业的财务往来要通过银行结算，信贷受限会使企业经营陷入困境，货物需要通过保险转移。

以上所述都是市场营销不可缺少的中间环节，大多数企业的营销活动，都必须通过这些机构的协助才能顺利进行。例如，如果企业没有建立自销渠道，就需要依靠中间商的分销；扩大市场和建立自销渠道，必须借助仓储公司和运输公司的力量；选择最正确的目标市场，并在这一市场进行发展，需要营销服务机构的协助；企业资金的周转和运作，要依托于银行等金融机构。营销中介对企业营销活动的影响显而易见，商品经济的发达使社会分工细化，这些中介机构的作用愈加明显。在瞬息万变的市场中，处理好与营销中间商的关系对企业的营销活动意义重大。

## 四、顾客

顾客是指购买或可能购买企业产品和服务的个人或组织，是企业的服务对象和目标市场，也是营销活动的出发点和归宿。市场营销的开展都应以满足顾客的需求为中心。企业所提供的产品和服务，如果不能为顾客所认可和接受，就无法销售出去。企业营销人员要经常分析了解顾客的需要，及时掌握顾客对企业产品的态度及对市场上其他同类产品的态度，营销活动的开展才能有效和有针对性。企业的顾客一般按照顾客性质的不同，可将市场划分为消费者市场、生产者市场、销售者市场、政府市场和国际市场五大类型，如图3-2所示。由于每个市场需求的差异性，企业所制订的营销策略和所提供的服务方式各不相同。

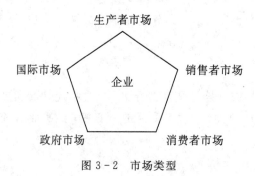

图3-2　市场类型

## 五、竞争者

在市场经济的前提下，竞争日渐激烈。除受政策性保护外，企业在市场中很难居于垄断地位，而是会面对形形色色的竞争对手，竞争是不可避免的。竞争者主要是指在生产或提供相同或可替代的产品和服务的其他企业或类似机构。营销策略的制订必须识别竞争对手，展开深入分析，做到知己知彼。

## 六、社会公众

社会公众是指与企业存在相互联系、对企业的目标实现会产生影响的团体或个人，包括企业内部公众、一般公众、政府公众、社区公众、新闻媒体公众、顾客公众、金融公众、名流公众和国际公众等。处于现代市场中的企业是一个开放的系统，它在经营活动中必然与各方面发生联系，必须处理好与各方面公众的关系。公众喜爱企业的产品，则企业自身的形象价值也相应提高；反之，则下降，甚至影响产品的继续销售和企业的发展。所以，社会公众对企业的发展既可能产生积极的推动作用，又可能产生消极的妨碍作用。因此，企业必须密切关注各类公众的动态，处理好与公众的关系，运用公共关系手段加强与公众的交流和沟通，争取得到公众的支持和喜爱，使企业处于良好的公众关系状态，为自己营造和谐的社会环境。

# 任务三　认知市场营销宏观环境

市场营销宏观环境是指给企业造成市场营销机会和环境威胁的主要社会力量，包括人口环境、经济环境、自然环境、技术环境、政治和法律环境以及社会文化环境，这些主要的社会力量是企业不可控制的变量，如图 3-3 所示。

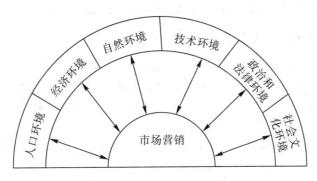

图 3-3　市场营销宏观环境

## 一、人口环境

企业必须密切注意人口环境方面的动向，因为市场是由那些想买东西并且有购买力的人（即潜在购买者）构成的，这种人越多，市场的规模就越大。目前许多国家人口环境方面有以下主要动向：

### （一）世界人口迅速增长

世界人口迅速增长的主要原因是：随着科学技术进步、生产力发展和人民生活条件改善，平均寿命大大延长，死亡率大大下降；发展中国家的人口出生率上升，人口迅速增加。世界人口尤其是发展中国家的人口将继续增长，意味着世界人民的需要和世界市场将继续增长,同样,我国的市场潜量也是很大的。

## (二) 发达国家的人口出生率下降

发达国家人口出生率下降的主要原因是:越来越多的妇女参加工作;避孕的知识和技术提高。这种人口动向对儿童食品、儿童用品、儿童服装、儿童玩具等行业是一种环境威胁。这种人口动向对某些行业有利。例如,许多年轻夫妇有更多的闲暇时间和收入用于旅游、在外用餐、娱乐,因此给旅游业、餐饮业、体育娱乐业等提供了市场机会,促进了第三产业的发展。

## (三) 许多国家人口趋于老龄化

许多国家尤其是发达国家的人口死亡率普遍下降,平均寿命延长。这种人口动向无论对社会还是对企业营销的影响都将是深刻的。由于人口老龄化,一方面市场对摩托车、体育用品等青少年用品的需要日益减少;另一方面,老年人的医疗和保健用品、助听器、眼镜、旅游、娱乐等市场需要会迅速增加,这样就给经营老年人用品的行业如旅游业、旅馆业、娱乐业提供了市场机会。

**【知识链接】**

### 人口老龄化

人口老龄化是指总人口中因年轻人口数量减少、年长人口数量增加而导致的老年人口比例相应增长。国际上通常把 60 岁以上的人口占总人口比例达到 10%,或 65 岁以上人口占总人口的比重达到 7% 作为国家或地区进入老龄化社会的标准。

(资料来源:百度文库,http://baike.baidu.corn/view/109749.htm)

## (四) 家庭结构发生变化

第二次世界大战结束后一段时期,"两个孩子、两辆汽车、郊区家庭"的思想在西方很流行。现在,美国是世界上离婚率最高的国家,而且美国人普遍晚婚,婚后一般都少生孩子或不生孩子,妇女婚后参加工作的人数也在增加。美国家庭的这种变化,引起了市场需要的相应变化。例如,由于普遍晚婚,致使市场对结婚用品的需要减少;由于离婚率很高,很多人离婚后不愿再婚,致使市场对住房、汽车、轮胎、日托等产品或服务的需要增加。近几十年来,有些东方国家的家庭规模趋于小型化,给经营家庭用品的行业提供了市场机会。

**【知识链接】**

### 丁克家庭

丁克的名称来自英文 Double Income No Kids 四个单词首字母 D、I、N、K 的组合 DINK 的谐音。其主要是指夫妻双方均有收入,且具有生育能力,但是无小孩的家庭。调查发现,选择丁克的家庭通常有以下八大理由:

(1) 感觉世界太乱,社会竞争太残酷,不希望孩子也来受苦、重蹈覆辙。

(2) 职场竞争激烈,不希望放弃长期努力的事业成果。

(3) 希望自由选择适合自己的生活方式,两人世界快乐足矣。

(4) 对于婚姻稳定还没有十足的把握,所以暂时不想要孩子。

（5）受经济条件制约，现在还不足以给孩子安稳健康的生活条件。

（6）觉得人生的快乐多种多样，没有儿女承欢的天伦之乐也有别的幸福。

（7）养育孩子的任务非常艰巨，而且不一定有回报，孩子本身也未必感到快乐，所以宁可不养。

（8）不认为人生的价值仅是养育后代。

（资料来源：百度文库．http：//www.baidu.com，有修改）

### （五）非家庭住户也在迅速增加

非家庭住户通常有以下几种：

（1）单身成年人住户，包括未婚、分居、丧偶、离婚。这种住户需要较小的公寓房间、较小的食品包装和较便宜的家具、日用品、陈设品等。

（2）两人同居者住户。这种住户是暂时同居，需要较便宜的租赁家具和陈设品。

（3）集体住户，如若干大学生等住在一起共同生活。

在我国，非家庭住户正在迅速增加，企业应注意和考虑这种住户的特殊需要和购买习惯。

### （六）许多国家的人口流动性大

许多国家的人口流动都具有两个主要特点：一是人口从农村流向城市。这对零售商业结构影响很大。人口集中在城市使得居民需要和城市市场迅速增长和扩大，于是在城市出现了繁华商业街。二是人口从城市流向郊区。随着城市交通日益拥挤，污染日益严重，同时交通运输大大发展，许多人纷纷从城市迁往郊区，在大城市周围出现了郊区住宅区，于是城市商业中心区的零售业为了生存和发展，纷纷在郊区开设分店。

### （七）一些国家的人口由多民族构成

美国人口基本是由过去两个世纪以来的移民构成的，是个多种族的国家。我国人口由56个民族构成，企业要调查研究这种人口动向，就要研究不同民族的消费者各自的风俗、生活习惯和需要。

## 二、经济环境

企业必须密切注意经济环境方面的动向。进行经济环境分析时，要着重分析以下主要经济因素。

### （一）消费者收入的变化

消费者收入包括消费者个人工资、红利、租金、退休金、馈赠等收入。消费者的购买力来自消费者收入，消费者收入是影响社会购买力、市场规模大小以及消费者支出多少和支出模式的一个重要因素。

消费者并不是将全部收入都用来购买商品（包括产品和服务），消费者的购买力只是其收入的一部分，因此，要区别可支配个人收入和可随意支配个人收入。可支配个人收入是指扣除消费者个人缴纳的各种税款和交给政府的非商业性开支后可用于个人消费和储蓄的那部分个人收入。可支配个人收入是影响消费者购买力和消费者支出的决定性因素。可随意支配个人收入是指可支配个人收入减去消费者用于购买生活必需品的固定支出(如房租、保险费、分期付款、抵押贷款)所剩下的那部分个人收入。可随意支配个人收入一般都用来购买奢侈品、汽车、大型器具及度假等,这种消费者个人收入是影响奢侈品、汽车、旅游等商品销售的主要因素。

进行经济环境分析时,还要区别货币收入和实际收入,实际收入会影响实际购买力。企业不仅要分析研究消费者的平均收入,而且要分析研究各个阶层的消费者收入。此外,由于各地区的工资水平、就业情况不同,不同地区消费者的收入水平和增长率也有所不同。

### (二) 消费者支出模式的变化

消费者支出模式主要受消费者收入的影响。随着消费者收入的变化,消费者支出模式会发生相应的变化,这个问题涉及恩格尔定律。

德国统计学家恩斯特·恩格尔(Ernest Engel,1821—1896)1857年根据对英国、法国、德国、比利时许多工人家庭收支预算的调查研究,发现了关于工人家庭收入变化与各方面支出变化之间比例关系的规律性,称为恩格尔定律。后来,恩格尔的追随者们对恩格尔定律的表述加以修改。目前西方经济学对恩格尔定律的表述一般如下:

(1) 随着家庭收入增加,用于购买食品的支出占家庭收入的比重(即恩格尔系数)会下降。

(2) 随着家庭收入增加,用于住宅建筑和家务经营的支出占家庭收入的比重大体不变(燃料、照明、冷藏等支出占家庭收入的比重会下降)。

(3) 随着家庭收入增加,用于其他方面的支出(如服装、交通、娱乐、卫生保健、教育)的支出和储蓄占家庭收入的比重会上升。

消费者支出模式除了主要受消费者收入影响外,还受以下两个因素影响:

(1) 家庭生命周期的阶段。有孩子与没有孩子的年轻人的家庭支出情况有所不同。没有孩子的年轻人家庭负担较轻,往往把更多的收入用于购买电冰箱、家具、陈设品等耐用消费品;而有孩子的家庭收支预算会发生变化,十几岁的孩子不仅吃得多,而且爱漂亮,用于娱乐、运动、教育方面的支出也较多,在家庭生命周期的这个阶段,家庭用于购买耐用消费品的支出会减少,而用于购买食品、服装、文娱、教育等方面的支出会增加。等到孩子独立生活以后,父母就有大量的可随意支配收入,有可能把更多的收入用于医疗保健、旅游、购置奢侈品或储蓄,这个阶段的家庭收支预算又会发生变化。

(2) 消费者家庭所在地点。所在地点不同的家庭用于住宅建筑、交通、食品等方面的支出情况也有所不同。例如,住在中心城市的消费者和住在农村的消费者相比,前者用于交通方面的支出较少,用于住宅建筑方面的支出较多;后者用于食品方面的支出较多。

### (三) 消费者储蓄和信贷情况的变化

进行经济环境分析时还应看到,社会购买力、消费者支出不仅直接受消费者收入的影响,而且直接受消费者储蓄和信贷情况的影响。

大多数家庭都有一些流动资产,即货币及其他能迅速变成现款的资产,包括银行储蓄存款、债券、股票等。储蓄来源于消费者的货币收入,其最终目的还是消费,但是在一定时期内储蓄的多少能影响消费者的购买力和消费支出。在一定时期内货币收入不变的情况下,如果储蓄增加,购买力和消费支出便减少;反之,如果储蓄减少,购买力和消费支出便增加。

在现代市场经济国家,消费者不仅以其货币收入购买所需的商品,而且可用贷款来购买商品。消费者信贷就是消费者凭借信用先取得商品使用权,然后按期归还贷款。消费者信贷由来已久,目前主要有四种类型:① 短期赊销;② 分期付款购买住宅;③ 分期付款购买昂贵的消费品,如汽车、高档电器、昂贵家具等;④ 信用卡信贷。

### 三、自然环境

自然环境(或物质环境)的发展变化也会给企业带来一些环境威胁和市场机会,因此,企业要分析研究自然环境方面的动向。

值得关注的自然环境方面的主要动向有以下几点:

#### (一) 某些自然资源短缺或即将短缺

地球上三大类自然资源都不同程度存在着短缺或趋于短缺的状况:

(1) 取之不尽、用之不竭的资源,如空气、水等。近几十年来,世界各国尤其是现代化城市用水量增加很快(估计世界用水量每20年增加1倍)。世界各地水资源分布不均,而且每年和每个季节的情况各不相同,目前世界上许多国家面临缺水。这种情况不仅会影响人民生活,而且对相关企业也是一种环境威胁。

(2) 有限但可以更新的资源,如森林、粮食等。我国森林覆盖率低,仅占国土面积的12%,人均森林面积只有1.8亩,大大低于世界人均森林面积13.5亩。我国耕地少,而且由于城市建设事业发展快,耕地迅速减少,近30年间我国耕地平均每年减少810万亩。由于粮食价格低,农民不愿种粮食,转向种植收益较高的其他农作物,如果这种情况长此发展下去,我国的粮食和其他食物(如猪肉等)供应将会成为严重问题。

(3) 有限但不能更新的资源,如石油、煤、铀、锡、锌等矿物。近十几年来,由于这类资源供不应求或在一段时期内供不应求,有些需要这类资源的企业正面临着或曾面临过威胁,必须寻找代用品。在这种情况下,就需要研究与开发新的资源和原料,这样又给某些企业创造了新的市场机会。

#### (二) 环境污染日益严重

2011年3月11日,日本发生9.0级地震,导致福岛核电站发生核泄漏事故。核污染给海鲜、水产、食品等行业带来了严重威胁。在许多国家,随着工业化和城市化的发展,环境污染程度日益增加,公众对这个问题越来越关心,纷纷指责环境污染的危害性。这种自然环境动向对那些造成污染的行业和企业是一种环境威胁,它们在社会舆论的压力和政府的干预下,不得不采取措施控制污染。这种动向也给防治污染、保护环境的包装企业及相关产业带来了新的市场机会。

#### (三) 政府对自然资源管理的干预日益加强

随着经济发展和科学进步,许多国家的政府都对自然资源管理加强干预。2004年3月召开的全国人大、全国政协十届二次会议上,全面、协调、可持续的科学发展观颇为引人关注,最终成为新世纪、新阶段指导中国社会主义各项事业的重大战略思想。2010年"两会"期间，大力发展低碳经济又成为各界关注的焦点。可持续发展就是要促进人与自然的和谐，实现经济发展和人口、资源环境相协调，坚持走生产发展、生活富裕、生态良好的文明发展道路，保证一代接一代地永续发展。中国政府表示，将改变经济增长的方式，改进经济增长的质量，避免资源的过度开发和环境恶化，同时要在促进社会进步方面加大投入，坚持以人为本，坚持全面、协调、可持续的发展观，摒弃GDP至上的政策目标。同时，中国一些省市开始提倡"绿色GDP"考核的口号，增加了可持续发展等综合考核因素。"绿色GDP"就是把资源和环境损失因素（即在现有的GDP中扣除资源的直接经济损失，以及为恢复生态平衡、挽回资源损失而必须支付的经济投资）引入国民经济核算体系。

## 四、技术环境

企业要密切注意技术环境的发展变化，了解技术环境和知识经济的发展变化对企业营销管理的影响，以便及时采取适当的对策。

### （一）新技术是一种"创造性的毁灭力量"

每一种新技术都会给某些企业带来新的市场机会，相应会产生新的行业，同时，还会给某个行业的企业造成环境威胁，使这个旧行业受到冲击甚至被淘汰。例如，激光唱盘技术的出现，无疑将会夺走磁带的市场，给磁带制造商以"毁灭性的打击"，同时带来激光唱盘行业的兴起和发展。如果企业高层富于想象力，及时采用新技术，从旧行业转入新行业，就能求得生存和发展。

### （二）新技术革命有利于企业改善经营管理

第二次世界大战以后，现代科学技术发展迅速，现在一场以微电子为中心的新技术革命正在蓬勃兴起。许多企业在经营管理中都使用电脑、传真机等设备，这对于改善企业经营管理、提高经营效益起到很大作用。

### （三）新技术革命将影响零售商业结构和消费者购物习惯

由于新技术革命迅速发展，出现了电视购物这种在家购物方式。消费者如果想买东西，可以在家里打开链接各商店的终端机，各种商品的信息就会在电视屏幕上显示出来。消费者可以通过电话订购电视上所显示的任何商品，然后通过自己的银行存款账户，把货款自动转给有关商店，订购的商品很快就送到消费者的家门口。

### （四）知识经济带来的机会与挑战

#### 1. 知识经济的含义

知识经济是以知识（特别是科学技术）的发展、发明、研究和创造为基础，以知识的扩散和应用为经济增长的主要动力，是一种知识密集型、智慧型的新经济。在知识经济时代，新兴知识产业日益成为经济发展的主导产业。这种不断创新的知识、智慧与土地、矿藏不同，它不具有唯一性和排他性，作为人类智慧的成果，它可以与其他知识连接、渗透、组合、交融，从而形成新的有用的知识。知识也有"自然磨损"，它的直接效用没有了，但还可以再开发，成为嫁接、培育新知识的"砧木"，成为启发新智慧的火花。

**2. 知识经济与现代信息技术革命**

新知识的爆炸性增长和知识经济的爆发性扩张，是凭借以数字化、网络化为特征的现代信息技术革命之翼而飞腾的。数字化、网络化通信技术革命与风险投资、现代企业制度相结合，极大地促进了新知识的实际使用，促进了发明创新的物化过程，极大地加速了新知识的商品化、市场化、产业化进程。

**3. 知识经济与知识管理**

在知识经济时代，企业如果离开了知识管理就不可能有竞争力。知识管理是对企业知识资源进行管理，使每一个员工都最大限度地贡献其积累的知识，实现知识共享的过程。运用集体的智慧提高企业的应变能力和创新能力，使企业能够对市场需求作出快速反应，并利用所掌握的知识资源预测市场需求的发展趋势，开发适销对路的创新产品，更好地满足市场需要。

## 五、政治和法律环境

企业营销管理还要受政治和法律环境的强制和影响。政治和法律环境是那些强制和影响社会上各种组织和个人的法律、政府机构和压力集团，这里只着重阐述以下两个方面：

### （一）与企业市场营销管理有关的经济立法

企业必须懂得本国和有关国家的法律和法规，才能做好国内和国际市场营销管理工作，否则就会受到法律制裁。近年来，为了健全和加强法制，适应经济体制改革和对外开放的需要，我国陆续制定和颁布了一些经济法律和法规，例如《中华人民共和国产品质量法》《中华人民共和国食品卫生法》《中华人民共和国商标法》《中华人民共和国价格法》《中华人民共和国反不正当竞争法》《中华人民共和国广告法》《中华人民共和国消费者权益保护法》《中华人民共和国专利法》《中华人民共和国中小企业法》等。

**【知识链接】**

### 自然环境相关法规

环境有自然环境与社会环境之分。自然环境是社会环境的基础，而社会环境又是自然环境的发展。自然环境是环绕人们周围的各种自然因素的总和，如大气、水、植物、动物、土壤、岩石矿物、太阳辐射等。社会环境是在自然环境的基础上，人类通过长期有意识的社会劳动，加工和改造了的自然物质、创造的物质生产体系、积累的物质文化等所形成的环境体系，是人类生存及活动范围内的社会物质、精神条件的总和。自然环境是人类赖以生存的物质基础。通常把这些因素划分为大气圈、水圈、生物圈、土壤圈、岩石圈5个自然圈。人类是自然的产物，而人类的活动又影响着自然环境。

《中华人民共和国宪法》第九条、第十条、第二十二条、第二十六条规定了环境与资源保护。具体的法律法规包括如下几个方面：

（1）环境保护方面，包括环境保护法、水污染防治法、大气污染防治法、固体废物污染环境防治法、环境噪声污染防治法、海洋环境保护法等。

（2）资源保护方面，包括森林法、草原法、渔业法、农业法、矿产资源法、土地管理法、水法、水土保持法、野生动物保护法、煤炭管理法等。

（3）环境与资源保护方面，主要有水污染防治法实施细则、大气污染防治法实施细则、防治陆源污染物污染海洋环境管理条例、防治海岸工程建设项目污染损害海洋环境管理条例、自然保护区条例、放射性同位素与射线装置放射线保护条例、化学危险品安全管理条例、淮河流域水污染防治暂行条例、海洋石油勘探开发环境管理条例、陆生野生动物保护实施条例、风景名胜区管理暂行条例、基本农田保护条例等。

（资料来源：百度文库，有修改）

### （二）公众利益团体发展情况

公众利益团体是一种压力集团。在美国等发达国家，影响企业市场营销决策的公众利益团体主要是保护消费者利益的群众团体以及保护环境的公众利益团体等。这些公众团体疏通政府官员，给企业施加压力，使消费者利益和社会利益等得到保护，因此，这些国家许多公司都设立法律和公共关系部门来负责研究和处理与这些公众利益团体的关系问题。

世界各国都陆续成立了消费者联盟，它们监视企业的活动，发动消费者与企业主的欺骗行为作斗争，给企业施加压力，以保护消费者利益。目前消费者运动已经成为一种强大的社会力量，企业制订营销决策时必须认真考虑这种政治动向。比如，我国消费者协会于1985年1月在北京成立，其任务是：宣传国家的经济（特别是有关消费方面）方针政策；协助政府主管部门研究和制定保护消费者权益的立法；调查消费者对商品和服务的意见与要求；接受消费者对商品和服务的质量、价格、卫生、安全、规格、计量、说明、包装、商标、广告等方面的投诉。

## 六、社会文化环境

社会文化是指一个社会的民族特征、价值观念、生活方式、风俗习惯、伦理道德、教育水平、语言文字、社会结构等的总和。正如《管子·宙合第十一》所言，"乡有俗，国有法，食饮不同味，衣服异采，世用器械，规矩绳准，称量数度，品有所成。"社会文化主要由两部分组成：一是全体社会成员所共有的基本核心文化；二是随时间变化和外界因素影响而容易改变的社会次文化或亚文化。不同国家、不同地区的人民，不同的社会文化，代表着不同的生活方式，对同一产品可能持有不同的态度，直接或间接地影响产品的设计、包装、信息的传递方法、产品被接受的程度、分销和促销措施等。因此，企业在从事市场营销活动时，应重视对社会文化的调查研究，并作出适宜的营销决策。

### （一）教育水平

教育水平是指消费者受教育的程度。一个国家、一个地区的教育水平与经济发展水平往往是一致的。不同的文化修养表现出不同的审美观，购买商品的选择原则和方式也不同。一般来讲，教育水平高的地区，消费者对商品的鉴别力高，容易接受广告宣传和新产品，购买的理性程度高。教育水平高低影响着消费者心理、消费结构，影响着企业营销组织策略的选取以及销售推广方式方法的采用。

### （二）语言文字

语言文字是人类交流的工具，它是文化的核心组成部分之一。不同国家、不同民族往往有自己独特的语言文字，即使同一国家，也可能有多种不同的语言文字，即使语言文字相同，表达和交流的方式也可能不同。

语言文字的不同对企业的营销活动有巨大的影响。一些企业由于其产品名称与产品销售地区的语言含义等相悖，给企业带来巨大损失。例如，美国的马塔多（Matador）牌汽车，通常是刚强、有力的象征，但在波多黎各，这个名称意为"杀手"，在交通事故死亡率较高的地区，名称带有这种含义的汽车肯定不受欢迎。企业在开展市场营销时，应尽量了解所在国家的文化背景，掌握其语言文字的差异，这样才能使营销活动顺利进行。

### （三）价值观念

价值观念是人们对社会生活中各种事物的态度、评价和看法。不同的文化背景下，人们的价值观念差别很大，而消费者对商品的需求和购买行为深受其价值观念的影响。对于不同的价值观念，企业营销人员应采取不同的策略。对于乐于变化、喜欢猎奇、富有冒险精神、较激进的消费者，应重点强调产品的新颖和奇特；而对一些注重传统、喜欢沿袭传统消费习惯的消费者，企业在制订促销策略时应把产品与目标市场的文化传统联系起来。

### （四）宗教信仰

不同的宗教信仰有不同的文化倾向和戒律，影响着人们认识事物的方式、价值观念和行为准则，影响着人们的消费行为，并带来特殊的市场需求，特别是在一些信奉宗教的国家和地区，宗教信仰对市场营销的影响力更大。企业应充分了解不同地区、不同民族、不同消费者的宗教信仰，提供适合其要求的产品，制订适合其特点的营销策略，否则会触犯宗教禁忌，失去市场机会。

### （五）审美观

审美观通常指人们对事物的好坏、美丑、善恶的评价。不同的国家、民族、宗教、阶层和个人，往往因社会文化背景不同，其审美标准也不尽一致。例如，缅甸的巴洞人以妇女脖子长为美，而非洲的一些民族以文身为美。因审美观的不同而形成的消费差异更是多种多样，如中国妇女喜欢把装饰物品佩戴在耳朵、脖子、手指上，而印度妇女喜欢在鼻子、脚踝上配以各种饰物。企业应针对不同的审美观所引起的不同消费需求，开展自己的营销活动，特别要把握不同文化背景下的消费者审美观及其变化趋势，制订有效的市场营销策略以适应市场需求的变化。

### （六）风俗习惯

风俗习惯是人们根据自己的生活内容、生活方式和自然环境，在一定的社会物质生产条件下长期形成并世代相袭的风尚，以及由于重复、练习而巩固下来并变成需要的行动方式等的总称。风俗习惯在饮食、服饰、居住、婚丧、信仰、节日、人际关系等方面，都表现出独特的心理特征、伦理道德、行为方式和生活习惯。不同的国家、不同的民族有不同的风俗习惯，对消费者的消费偏好、消费模式、消费行为等具有重要的影响。例如，不同的国家、民族对图案、颜色、数字、动植物等都有不同的喜好和不同的使用习惯，像中东地区严禁带六角形的包装，英国忌用大象、山羊做商品装潢图案。企业应了解和注意不同国家、民族的消费习惯和爱好，做到入境问俗，可以说，这是企业做好市场营销尤其是国际营销的重要条件，如果不重视各个国家、各个民族之间文化和风俗习惯的差异，很可能造成难以挽回的损失。

**【案例赏析】**

### 看肯德基在香港的沉浮

1973 年 9 月，香港市场的肯德基公司突然宣布多家 KFC 快餐店停业，只剩下四家还在勉强支持。

肯德基家乡鸡采用当地鸡种，但其喂养方式仍是美国式的。用鱼肉喂养出来的鸡破坏了中国鸡的特有口味。另外，家乡鸡的价格对于一般市民来说有点承受不了。

在美国，顾客一般是驾车到快餐店，买了食物回家吃，因此，在店内是通常不设座的。在中国香港市场的肯德基公司仍然采取不设座位的服务方式。

为了取得肯德基首次在香港推出的成功，肯德基公司配合了声势浩大的宣传攻势，在新闻媒体上大做广告，采用该公司的世界性宣传口号"好味到舔手指"。

凭着广告攻势和新鲜劲儿，肯德基还是红火了一阵子，很多人都乐于一试，一时间也门庭若市。可惜好景不长，3 个月后，就"门前冷落鞍马稀"了。到 1975 年 2 月，首批进入香港的美国肯德基连锁店集团全军覆没。

在世界各地拥有数千家连锁店的肯德基为什么唯独在香港遭受如此厄运呢？经过认真总结经验教训，发现是中国人固有的文化观念决定了肯德基的惨败。

10 年后，肯德基带着对中国文化的一定了解卷土重来，并大幅度调整了营销策略。在广告宣传方面比较低调，市场定价符合当地消费，市场定位于 16 岁至 39 岁之间的消费者。1986 年，肯德基新老分店的总数在香港为 716 家，占世界各地分店总数的十分之一，成为香港快餐业中，与麦当劳、汉堡包皇、必胜客齐名的四大快餐连锁店。

（资料来源：百度文库，有修改）

**【思考】**

肯德基公司 20 世纪 70 年代为什么会在香港全军覆没？80 年代该公司为什么又能取得辉煌的成绩？

# 任务四　分析市场营销环境

## 一、市场机会分析

市场机会是指尚未满足的市场需求。市场机会产生于营销环境的变化，如新市场的开发、新产品、新工艺的采用等，都可能产生新的待满足的需求，从而为企业提供市场机会。明确市场机会的特点，分析市场机会的价值，有效地识别市场机会，对于避免环境威胁及确定企业营销战略具有重要的意义。

### （一）市场机会的特点

市场机会作为特定的市场条件，是以其利益性、针对性、时效性、公开性四个特征为标志的。

#### 1. 利益性

市场机会的第一个特性就是可以为企业带来经济的或社会的效益，即利益性。市场机会的利益特性意味着企业在确定市场机会时，必须分析该机会是否能为企业真正带来利益、能带来什么样的利益以及利益的多少。

**2. 针对性**

特定的营销环境条件只对于那些具有相应内部条件的企业来说是市场机会。因此，市场机会是具体企业的机会，市场机会的分析与识别必须与企业实际情况结合起来进行。确定某种环境条件是不是企业的市场机会，需要考虑企业所在行业及本企业在行业中的地位与经营特色，包括企业的产品类别、价格水平、销售形式、工艺标准、公众形象等。例如，折扣销售方式的出现，对生产大批量、低价格产品的企业来说是一个可以加以研究利用的市场机会；而对在顾客心目中一直是生产高质、高价产品的企业来说，就不能算作是一个市场机会。

**3. 时效性**

对现代企业来讲，由于其营销环境的发展变化越来越快，企业的市场机会往往稍纵即逝。同时，环境条件与企业自身条件最为适合的状况也不会维持很长时间，在市场机会从产生到消失这一短短的时间里，市场机会的价值也快速经历了一个价值逐渐增加、再逐渐减少的过程。市场机会的这种价值与时而变的特点，便是市场机会的时效性。

**4. 公开性**

市场机会是某种客观的、现实存在的或即将发生的营销环境状况，是每个企业都可以去发现和共享的。与企业的特有技术、产品专利不同，市场机会是公开化的，是可以为整个营销环境中所有企业所共用的。市场机会的公开化特性要求企业尽早去发现那些潜在的市场机会。市场机会的上述四个特性表明，在市场机会的分析和把握过程中，必须结合企业自身拥有的资源和能力、分析企业外部环境，发挥企业竞争优势，适时、迅速地作出反应，以达到市场机会的利益最大化。

## （二）市场机会的价值分析

不同的市场机会为企业带来的利益大小也不一样，即不同市场机会的价值具有差异性。为了在千变万化的营销环境中找出价值最大的市场机会，企业需要对市场机会的价值进行更为详细具体的分析。

**1. 市场机会的价值因素**

市场机会的价值大小由市场机会的吸引力和可行性两方面决定。

（1）市场机会的吸引力。市场机会的吸引力是指企业利用该市场机会可能创造的最大利益。它表明了企业在理想条件下充分利用该市场机会的最大极限。反映市场机会吸引力的指标主要有市场需求规模、利润率和发展潜力。市场需求规模表明市场机会当前所提供的待满足的市场需求总量的大小，通常用产品销量或销售金额来表示；利润率是指市场机会提供的市场需求中单位需求量当前可为企业带来的最大经济利益；发展潜力反映市场机会为企业提供的市场需求规模、利润率的发展趋势及其速度情况，发展潜力也是确定市场机会吸引力大小的重要依据。

（2）市场机会的可行性。市场机会的可行性是指企业把握住市场机会并将其化为具体利益的可能性。从特定企业角度来讲，仅有吸引力的市场机会并不一定能成为本企业实际上的发展良机，而具有大吸引力的市场机会必须同时具有可行性才会是企业高价值的市场机会。例如，某公司在准备进入数据终端处理市场时，意识到尽管该市场潜力很大（吸引力大），但公司缺乏必要的技术能力（可行性差，市场机会对该公司的价值不大），所以开始并未进入该市场。后来，公司通过收购另一家公司具备了应有的技术（此时可行性已增强，市场机会的价值已增大），这时公司才正式进入该市场。

市场机会的可行性是由企业内部环境条件、外部环境状况两方面决定的。企业内部环境条件决定了该企业能否把握住市场机会。只有适合企业的经营目标、经营规模与资源状况的市场机会，才会具有较大的可行性。企业外部环境状况从客观上决定着市场机会对企业可行性的大小。外部环境中每一个环境要素的变化都可能使市场机会的可行性发生很大的变化。例如，某企业已进入一吸引力很大的市场，在前一段时间里，由于该市场的产品符合企业的经营方向，并且该企业在该产品生产方面有工艺技术和经营规模上的优势，企业获得了相当可观的利润。然而，随着原来的竞争对手和潜在的竞争者逐渐进入该产品市场，并采取了相应的工艺革新，使该企业的差别优势开始减弱，市场占有率也开始下降，该市场机会的可行性开始减弱。

**2. 市场机会价值的评估**

确定了市场机会的吸引力与可行性，就可以综合这两个方面对市场机会进行评估。按吸引力大小和可行性强弱组合可构成市场机会的价值评估矩阵，如图3-4所示。

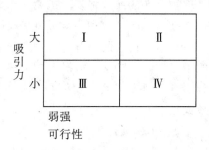

图3-4　市场机会价值评估矩阵

区域Ⅰ为吸引力大、可行性弱的市场机会。一般来说，该种市场机会的价值不会很大。除了少数好冒风险的企业外，一般企业不会将主要精力放在此类市场机会上。但是，企业应时刻注意决定其可行性大小的内、外环境条件下的变动情况，并做好当其可行性变大而迅速进入区域Ⅱ的准备。

区域Ⅱ为吸引力、可行性俱佳的市场机会，该类市场机会的价值最大。通常，此类市场机会既稀缺又不稳定。企业营销人员的一个重要任务就是要及时、准确地发现有哪些市场机会进入或退出了该区域。该区域的市场机会是企业营销活动最理想的经营内容。

区域Ⅲ为吸引力、可行性皆差的市场机会。通常企业不会去注意该类价值最低的市场机会。该类市场机会不大可能直接跃居到区域Ⅱ中，它们通常需经由区域Ⅰ、Ⅳ才能向区域Ⅱ转变。当然，有可能在极特殊的情况下，该区域的市场机会的可行性、吸引力突然同时大幅度增加。企业营销人员应对这种现象的发生做好及时应对的准备。

区域Ⅳ为吸引力小、可行性大的市场机会。该类市场机会的风险低，获利能力也小，通常稳定型企业、实力薄弱的企业以该类市场机会作为其常规营销活动的主要目标。对该区域的市场机会，企业应注意其市场需求规模、发展速度、利润率等方面的变化情况，以便在该类市场机会进入区域Ⅱ时可以及时有效地予以把握。

需要注意的是，该矩阵是针对特定企业的。同一市场机会在不同企业的矩阵中出现的位置是不一样的。这是因为对不同经营环境条件的企业，市场机会的利润率、发展潜力等影响吸引力大小的因素状况以及可行性均会有所不同。

在上述矩阵中，市场机会的吸引力与可行性大小的具体确定方法一般采用加权平均估算法。该方法将根据市场机会吸引力（或可行性）的各项因素的权值，再对当前企业这些因素的具体情况确定一个分数值，最后加权平均之和即从数量上反映了该市场机会对企业的吸引力（或可行性）的大小。

【案例赏析】

### "不务正业"的肯德基

靠着炸鸡起家的肯德基，不管是在给人的印象上还是自身的产品研发过程中，都毫无疑问地把"鸡"看作最根本的食物原料之一，就连名震一时的广告语"We Do Chicken Right"也在表现着鸡肉的重要性。之后"不务正业"地做指甲油、做防晒霜，也还是万变不离其宗地和炸鸡味挂了钩。不过在香港的肯德基，一切都发生着变化。

2016年7月，肯德基在香港推出了日式牛肉饭，这种在自己不太擅长的领域里发挥创新的做法曾经被网友们吐槽是"跟吉野家杠上了"，但没想到肯德基是在认真地思考着换一种方式做美食的路子。日前它们又宣布，将推出两款全新的日式火锅，从9月1日下午6点开始在香港的湾仔298电脑特区分店登场售卖。

两款火锅本身就配备了一些涮煮的菜色——关西风味牛肉锅里除了美国火锅牛肉之外，还有芝士竹轮卷、蟹肉棒、豆腐、油炸豆腐片各一个，同时还会配一包火锅蔬菜包。和风海鲜汤锅则配备了一只虾、一只青口、一个芝士竹轮卷、一块豆腐及油炸豆腐片、两条蟹肉棒，以及一包火锅蔬菜包。两种锅底搭配的分量都刚好够一个人吃，售价均为49.9港元（约合人民币43元）。如果觉得肯德基这个火锅套餐的配料有点太少了，你还可以再追加一些配料，上面提到的配菜都可以再单点之外，还能再选择乌冬、出前一丁公仔面、白菜猪肉水饺、鱼豆腐、芝士鸡尾肠、厚切番茄，价格在4元港币到19元港币之间（约合人民币4.3元到16元不等），甚至连酱料都可以再添上3块钱港币（约合人民币2.6元）多要一份日式胡麻酱。

肯德基"不务正业"地做了指甲油、防晒霜后，又在香港推出了日式火锅。分量不算太多，刚好够一个人吃，作为下班后的一人食也是很合适的，觉得不够还可以追加配料。这两款新品限定在了晚上6点后供应，只有一家店供应，仅限堂食，这多少还是能感觉到肯德基对这件事非常谨慎的尝试。以炸鸡快餐著称的肯德基突然端出小火锅来，你会愿意尝鲜一下吗？

（资料来源：https://www.toodaylab.com/72961）

【思考】

肯德基为什么要在中国不断地进行市场的新尝试？

## 二、环境威胁分析

对于环境的分析，不仅要分析机会，也必须关注环境给市场营销活动带来的威胁。环境威胁是指环境中不利于企业营销的因素的发展趋势，对企业形成挑战，对企业市场地位构成威胁。这种挑战可能来自国际形势的变化，也可能来自社会文化环境的变化；可能来自国家政策的变化，也可能来自行业竞争格局的变化。这些变化中，有些威胁具有普遍性，任何企业都身处其中，如由于国际铁矿石价格上涨，使国内钢材、房地产等行业均受到巨大的成本压力，进而影响到其他行业的成本上升，这种影响具有普遍性。有些环境变化仅对本行业产生影响，而对其他行业影响甚小。因此，即使在同一行业内，同一营销环境中，由于不同企业的抗风险能力不同，其所受影响的程度也是不同的。企业应重视对市场营销环境的分析，以回避风险，抓住机遇。

### （一）环境威胁矩阵

分析研究市场营销环境对企业的威胁，一般从两个方面进行：一是分析威胁的潜在严重性，即影响程度；二是分析威胁出现的可能性，即出现概率，其分析矩阵如图3－5所示。

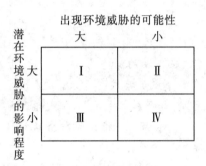

图3－5　威胁分析矩阵图

区域Ⅰ，环境威胁的严重性较高，且出现的概率也高，这表明企业面临着严重的环境危机，企业应高度关注环境变化，采取相应的对策，以回避威胁或尽可能地减小威胁所带来的损失。

区域Ⅱ，环境威胁的严重性较高，但出现的概率较低，这表明企业的外部环境随时会有危机出现，企业应密切关注其发展状态，同时制订相应的应对措施，以有效回避环境威胁。

区域Ⅲ，环境威胁的严重性较弱，但出现的概率较高，虽然企业面临的威胁不大，但由于出现的可能性大，企业必须充分关注营销环境的变化。

区域Ⅳ，环境威胁的严重性较弱，且出现的概率较低，此时企业应在稳定发展的基础上，适当关注其发展动向。

### （二）企业面对环境威胁应采取的对策

环境变化对企业的影响是不可避免的，企业必须给予足够的重视，并制订相应的措施，尽可能地减小环境威胁所带来的危害。企业常用的策略有以下三种：

#### 1. 转移策略

转移策略是指当企业面临威胁时，通过改变本企业受威胁产品的现有市场，或者转移投资方向来回避环境变化对企业的威胁。这种策略通常包括以下三种转移：

（1）产品转移，即将受到威胁的产品转移到其他市场。例如，随着我国通信业4G技术的蓬勃发展，经营 3G 技术的企业，其市场将受到巨大威胁，因此一些 3G 技术的国内企业逐渐开始进行产品转移，开拓海外市场，以回避国内逐渐萎缩的产品市场。

（2）市场转移，即将企业的营销活动转移到新的细分市场上，如房地产商针对年轻人低存款、低收入的群体特点，大规模地开发小户型商品房，将目标市场转移到刚刚进入社会开始考虑置业的青年群体。

（3）行业转移，即将企业的资源转移到更有利的新行业中，如有些家电企业面临行业的激烈竞争，决定放弃自己原有的主营产品，转移到其他行业。

### 2. 减轻策略

减轻策略是指当企业面临环境威胁时，试图通过调整、改变自己的营销组合策略，减轻环境威胁对企业的负面影响。例如，原材料价格上涨导致生产成本上升，可通过加强管理，提高效率，提高市场销售量，扩大市场占有率甚至提高产品价格等措施来减轻原材料价格上涨带来的威胁。

### 3. 对抗策略

对抗策略是指当企业面临环境威胁时，试图通过自己的努力来限制或扭转环境中不利因素的发展。对抗策略也被称为积极、主动的策略。企业在运用对抗策略时应充分发挥本企业的优势，比如良好的公共形象、借助政府法令等强有力的措施，来限制或扭转不利局势。

【案例赏析】

### 蜂 鸣 营 销

现在，许多公司都在努力使有影响力的日常消费者成为品牌的推广者。蜂鸣营销（Buzz Marketing）就是指营销者找出甚至自己培养意见领袖，让他们以"品牌形象大使"的身份传播产品信息。

2012 年伦敦奥运会期间，耐克公司赞助的 400 位运动员穿上了令人惊艳的绿色和黄色 Volt Flyknit 鞋，这款鞋成了这届奥运会的热点，耐克公司也由此在全球创造了巨大的蜂鸣效应。

流行音乐明星 Lady Gaga 定期征募她最忠实的歌迷，她称他们为小怪兽，为她的新歌做宣传。新歌发布前，她经常透露一些片段给小怪兽们，通过他们的社交网络提前创造蜂鸣效应。凭借推特上超过 4000 万名、脸书上超过 6000 万名的粉丝，创造了巨大的市场冲击力。

飞利浦公司将用户转变为品牌大使，他们帮助公司宣传推广晨起照明系统。

几年前，飞利浦推出了首款晨起灯，这是一款模仿自然日出的床头照明系统，帮助人们更自然和快乐地起床迎接新的一天，飞利浦公司发动了一场"唤醒小镇"运动。向北极圈内最北端的小镇——挪威朗伊尔城的 200 位居民提供公司的这款产品，因为这个镇的 200 位居民每年要经历 11 周全天黑暗的日子。飞利浦公司要求使用产品的消费者在企业的互动网站、博客布告栏、脸书网页上如实分享自己的体验，公司还在网站上安排了媒体访谈，发布了微型纪录片视频。3 个月后，对 200 位居民的调查表明，有 87% 的人醒来感觉更加精神焕发、敏捷，对新的一天充满期待；98% 的人表示会继续使用晨起灯。瑞典使用人数增长了 17%；挪威使用人数增长了 45%，目标市场整体需求量增加了 29%。

（资料来源：百度文库，有修改）

**【思考】**

1. 顾客由消费者转变为品牌推广者的依据和条件是什么？

2. 结合案例分析蜂鸣营销的主要特点以及应该如何实施。

# 项 目 小 结

（1）明确市场营销环境的含义，了解市场营销环境的构成。

（2）了解微观营销环境与宏观营销环境对营销活动的影响。

（3）认识市场营销环境与营销活动的动态适应关系，明确企业如何制订营销组合去适应营销环境。

（4）学会对市场机会和环境威胁分析的思路与方法，知晓如何应对市场环境的变化。

# 巩 固 与 提 高

**一、单项选择题**

1. 影响汽车、旅游等奢侈品牌销售的主要因素是（　　　）。

A. 个人收入　　　　　　　　　　B. 个人可支配收入

C. 个人可任意支配收入　　　　　D. 消费者储蓄和信用

2. "在家购物"的不断发展，主要是由于（　　　）。

A. 新技术革命的发展　　　　　　B. 政治和法律环境的改善

C. 经济发展水平的提高　　　　　D. 人口环境的变化

3. 影响市场消费者需求变化最活跃的因素是（　　　）。

A. 消费者个人收入　　　　　　　B. 消费者个人可支配收入

C. 消费者个人可任意支配收入　　D. 消费者储蓄和信贷

4. 政治和法律环境是由那些强制和影响社会上各种组织和个人的法律及（　　　）构成的。

A. 政府机构　　　　　　　　　　B. 政府官员

C. 政府机构和压力集团　　　　　D. 政府官员中的压力集团

5. 市场营销学认为，企业市场营销环境包括（　　　）。

A. 人口环境与经济环境　　　　　B. 自然环境与文化环境

C. 政治环境与法律环境　　　　　D. 微观环境与宏观环境

**二、多项选择题**

1. 以下因素中属于对企业市场营销活动构成直接影响和制约的微观环境因素是（　　　）。

A. 供应者　　　　　　　　　　　B. 营销中介

C. 经济　　　　　　　　　　　　D. 竞争者

E. 各种公众

2. 以下因素中属于对企业市场营销活动构成间接影响和制约的宏观环境因素是

（    ）。

   A. 人口
   B. 政治与经济
   C. 经济
   D. 社会文化
   E. 各种公众

3. 企业市场营销中介机构包括（    ）。

   A. 中间商
   B. 物资分销机构
   C. 营销服务机构
   D. 媒体公众
   E. 金融机构

4. 根据心理学家马斯洛的需要层次理论，人的需要包括（    ）。

   A. 生理需要
   B. 安全需要
   C. 社交需要
   D. 自尊需要
   E. 自我实现需要

5. 企业在分析市场规模时应该考虑的因素有（    ）。

   A. 购买者的多寡
   B. 购买力的大小
   C. 地方的大小
   D. 购买欲望的有无
   E. 市场的大小

### 三、名词解释

1. 公众
2. 市场占有率
3. 环境威胁
4. 市场机会

### 四、简答题

1. 根据面临的市场机会与环境威胁不同，企业营销活动所处的环境有哪几种？
2. 简述微观营销环境包括哪些因素。

### 五、案例分析

#### 日本丰田汽车公司营销环境分析

日本丰田汽车公司过去在开拓美国市场时，首次推向美国市场的车牌"丰田宝贝"，仅售出228辆，出师不利，增加了丰田汽车以后进入美国市场的难度。丰田汽车公司面临的营销环境变化及动向有以下几个方面：

（1）美国几家汽车公司名声显赫，实力雄厚，在技术、资金方面有着别人无法比拟的优势。

（2）美国汽车公司的经营思想是：汽车应该是豪华的，因而其汽车体积大、耗油多。

（3）竞争对手除了美国几家大型汽车公司外，较大的还有已经先期进入美国市场的日本本田汽车公司，该公司已在东海岸和中部地区站稳了脚跟。该公司成功的原因主要有以小型汽车为主，汽车性能好，定价低；有一个良好的服务系统，维修服务很方便，成功地打消了美国消费者对外国车"买得起，用不起，坏了找不到零配件"的顾虑。

（4）丰田汽车公司忽视了美国人的一些喜好，许多地方还是按照日本人的习惯设计的。

（5）日美之间不断增长的贸易摩擦，使美国消费者对日本产品有一种本能的不信任和敌意。

(6) 美国人的消费观念正在转变,他们将汽车作为地位、身份象征的传统观念逐渐减弱,开始转向实用化。他们喜欢腿部空间大、容易行驶且平稳的美国车,但有希望大幅度减少用于汽车的耗费,如价格低、耗油少、耐用、维修方便等。

(7) 消费者已意识到交通拥挤状况的日益恶化和环境污染问题,乘公共汽车的人和骑自行车的人逐渐增多。

(8) 在美国,家庭规模正在变小。

你认为丰田面临的环境威胁和市场机会是什么呢?丰田应采取什么样的战略呢?

## 六、实训项目

1. 我国人口环境变化的表现之一是人口老龄化趋势,3~5 人为一组讨论这一环境因素的变化将如何影响生产者市场,将给哪些企业带来不同的营销机会和威胁。

2. 调查分析:肯德基进入中国市场后,从哪几个方面努力适应中国的营销环境?

# 项目四　分析市场购买行为

**【知识目标】**

1. 掌握不同市场及购买者行为
2. 掌握消费者市场购买行为的分析方法
3. 了解产业市场购买行为的特征
4. 了解中间商、政府和社团市场购买行为的特征

**【能力目标】**

1. 能应用消费者购买行为理论分析消费者的购买类型及其特征
2. 初步学会根据消费者需求的不同诱使其产生购买动机，最终采取购买
3. 能联系实际，认识消费者购买行为对企业营销活动的影响

**【导入案例】**

### 新一代消费者消费心理

九零后一代作为当前新一代消费群体，他们的消费观念、消费能力、消费意识、消费话语正在深刻影响着企业的市场营销策略。如何深刻地解读他们的消费心理，把握时代潮流发展趋势，这对于当前企业抢占未来市场都具有非常重要的意义。有调查表明（2009年），中国的九零后一代，有70%以上的人都有上网经历。这种生活特征致使九零后中更多的是所谓"宅女""宅男"这类特殊的群体。这些孩子在蜜罐中长大，对于他们而言，网络世界甚至比现实世界更为重要，但这一群体又缺乏与社会交流的基本能力以及如何将学到的知识转化为实际的动手能力。这些问题具体表现在以下几个方面：

（1）对商品情感性要求。九零后消费者将某种消费感觉转换成消费价值，他们对商品的情感性、夸耀性及符号性价值的要求，早已超过了商品或服务的物质性价值及使用价值。只要看一看今天电视荧幕上。人们就不难理解九零后一代他们喜欢什么。打开电视经常看到温文尔雅的周杰伦手捧奶茶，他的一番话，博得身边温柔漂亮女孩的欢心，两人边喝奶茶边度过温馨浪漫时光的浓情蜜意景象。

（2）对新商品的渴望。对于九零后一代消费群来说，喜新厌旧是促使他们进行持续消费的动力之一。尽管他们也知道，追求时尚与新鲜的事物不一定具有什么现实的价值，但却能给他们带来时时不同的新鲜感觉与美好心情。

（3）购买途径上的差别。喜欢在网上购物也是九零后区别于其他不同年龄段消费者的一个较明显特征。这与九零后的消费需要、动机、价值观和自我认知，等有着密切关系。九零后喜欢去网上淘价格更便宜的相同款式的服装、化妆品、手机等产品。

（资料来源：中国营销传播网，http://www.emkt.com.cn，有修改）

**【思考】**

（1）简单描述新一代消费者的消费心理特点。

（2）针对上述消费心理特点，对企业具有什么启示？

现代的市场是以"买方市场"为特征的，市场是消费者及其购买能力和购买欲望的结合体。所谓市场购买行为分析，就是对广义消费者的购买行为进行分析。研究市场购买行为必须研究广义消费者的心理基础，分析购买行为背后的意义，了解不同的消费者的行为模式及决策过程，只有这样，才能真正促进市场营销活动的进行。本项目首先区分不同的市场及其购买者行为的基础，并从普通消费者、产业市场、中间商和政府、社团几个角度分析市场购买行为。

# 任务一　认知不同市场及购买者行为

在现代社会中，市场营销活动是以消费者为导向的，但现实中存在着不同的市场和不同意义上的消费者，研究市场购买行为应该首先区分不同的市场，并在此基础上考察不同市场消费者的心理机制和购买取向。

## 一、不同的购买市场

研究各种不同的购买市场首先必须明确界定什么是消费者。消费者就其最基本含义而言，是指购买商品或服务的个人或团体。消费者有广义和狭义之分，狭义的消费者一般指购买终端产品或服务的个人或团体。广义的消费者除个人或团体消费者外，还包括生产者和中间商等通过生产、售卖牟利的群体。因为对于最终的生产、服务提供者而言，无论是个人或团体消费者还是生产者或中间商，都是其产品或服务的消费者，都在不断产生市场购买行为。本章所说的消费者是从广义的角度界定的，在此基础上依据不同的角度可以区分出不同的购买市场。

### （一）消费资料市场和生产资料市场

根据市场购买对象的性质，可以区分出消费资料市场和生产资料市场。消费资料是指具有一定使用价值的终端产品或服务，是被用来直接消耗以满足人们现实需要的东西，其基本特征是可以直接使用，并在消耗中实现价值。消费资料的购买者最基本的是个人或家庭，同时也包括政府、事业团体以及生产者或中间商，因为这些群体为达成自身的目标同样需要消耗消费资料，由个人（家庭）、团体和生产者、中间商对消费品的需求构成了消费资料市场。消费资料市场也称消费品市场或直接称为消费者市场。

生产资料是人们进行再生产的基础，包括土地、设备、原材料以及在现代社会中越来越显示其重要性的技术、信息等一系列要素。生产资料的基本特征在于其非终端性，不能直接作用于人们的现实生活，其价值体现在再生产过程中，它的主要购买者是生产者，生产者通过对各种要素的组合实现新的价值。由于生产者众多，对各类要素的不同需求就构成了生产资料市场。生产资料市场也称工业品市场或直接称为生产者市场。

### （二）个体消费者、组织消费者、中间商、生产者市场

依据消费者的身份鉴别，可以区分出个体消费者、组织消费者、中间商和生产者市场。个体消费者（包括家庭）是指以满足个人（家庭）生活、学习等需要为指向的市场产品、服务的购买者。他们人数众多，要求纷繁复杂，是市场中绝大多数终端商品尤其是生活必需品的主要消费者，构成了最大的消费资料市场，它是市场体系的基础，是起决定作用的市场。

组织消费者从狭义角度来说一般是指政府、事业团体和其他类似的以群体为特征的单位消费者。组织消费者性质各异，它们也是终端商品或服务的主要对象，同样构成庞大的消费资料市场，不过，由于其市场购买行为主要为了实现其工作目标，因此，其购买的对象与个体消费者略有不同，主要侧重于公共用品和服务。

中间商是指专门通过转售商品或服务赚取差价而牟利的市场购买者。中间商并非典型的消费者，其市场行为的选择不是基于自身需要的考虑，而是依赖于其对自身所服务对象的需要的判断。由于信息掌握的不确定性和购买技术、环节的复杂性，普通消费者确实需要中间商的服务，由此也构成了庞大的中间商市场。

生产者是指为了进行再生产，创造新的产品（服务）和价值的市场购买者，进行生产需要各种要素，由此就构成了生产者市场，也即生产资料市场。

### （三）其他不同的市场

除了依据购买对象的性质和购买者身份区分市场外，还可以根据不同的标准区分出不同的市场。如根据商品或服务的最终用途，可以区分出终端消费资料市场和非终端消费资料市场；根据商品对消费者产生的不同作用，满足不同需求，可以区分出必需品市场、选择品市场和奢侈品市场；根据消费者的购买习惯，可以区分出便利品市场、选购品市场和特殊品市场等。

## 二、市场购买行为的心理机制

依据不同的角度可以区分出不同的购买市场，由此形成个体（家庭）、组织、中间商和生产者等几大类购买者，由于性质不同，其购买行为的关注重点和市场购买行为同样有所不同。市场购买行为就其表现形式而言不外乎买与不买、买多买少、买哪一种的产品、何时何地购买等几种选择；而作为购买行为主体的消费者，其购买选择取决于三个要素：严格意义上的刚性需求、购买能力以及消费心理机制。严格意义上的刚性需求，是指为保持生存而对生活必需品的需求，这是消费者无可选择的购买需要；购买能力是指消费者的实际消费能力，它受制于消费者的实际收入等因素，也是市场购买行为的物质前提。

刚性需求和购买能力对市场购买行为的意义主要在于确定买与不买这样相对简单的选择，但对于购买的量多寡和品质追求与否，以及购买时机的选择，往往取决于消费者的购买心理机制，特别是现代社会属于提倡超前消费的时代，购买没有绝对的界限，消费心理机制就显得尤为重要。

消费者的购买心理机制是一个由消费者的认知心理、个性和群体心理、需要与动机等构成的体系，消费者正是从自身的个性和所归化的群体心理，依据对商品或服务的认知，结合自身的生理或心理需要以及现实的购买能力做出购买选择的。在现代社会，消费心理是市场购买行为最主要的根源之一。

当然，由于市场购买行为的主体身份不同，其影响也有所不同。一般而言，心理机制的影响对个体消费者影响较大，但对群体消费者，如组织消费者、生产者等同样有影响，因为群体购买决策往往也取决于组织中的领导者或实际使用者的个体选择，不过这种影响不如个体消费者那么明显。

**【案例赏析】**

### 限量销售的奥秘

据报载,日本某汽车公司推出极具古典浪漫色彩的费加洛车时,宣布全部汽车只有两万辆,并保证此后绝不再生产。消息传出,在广大消费者中造成轰动效应,定单雪片一般飞来。但该公司却慢条斯理地采取接受预约的方式,并分批进行抽签,中签的幸运儿欣喜万分,而未能如愿者(估计至少 31 万人)则怨声载道。

无独有偶,日本奥林帕斯公司推出一种价值 5 万日元的欧普达相机。公司只生产 2 万台,其中 1.2 万台在日本国内销售。结果,半个月内就有 2 万多人申请预购,只好抽签配售,现在这种相机价钱已超过 8 万日元。

(资料来源:wenku. baidu. com/view/)

**【思考】**

限量销售成功的奥秘是什么?此举给你什么样的启示?

### (一) 消费者认知心理

消费者购买商品的活动,首先是从对商品的认识开始的,这是购买活动的前提。消费者的认知心理活动是一个包括感觉、知觉、注意、记忆、思维和想象在内的逐渐递进的认识过程。

感觉,是消费者认识商品的第一个阶段,消费者通过感觉,了解到有关商品的外部表征,如颜色、气味、外形等,引起消费者对商品的初步兴趣及消费冲动。知觉,是消费者对商品建立在感觉基础上的整体认识,使消费者对商品形成完整的印象,这是消费者今后实现购买的出发点。注意,是指人的心理活动集中指向某一事物的过程。注意的形成能够促进消费者的购买选择。记忆,是指过去的认识和经验在消费者头脑中的再现,记忆包括识记、保持、回忆和再认四个环节,记忆对消费者认识商品和实现购买有着非常重要的作用,尤其是对商品的忠诚、信赖以及重复购买行为;记忆作用明显。思维,是对感觉、知觉等感性材料的综合判断、推理和概括;通过思维,消费者完成对商品的全面认识,这是形成消费者购买的现实基础。想象,是对原有感性材料进行加工改造形成新形象的过程,消费者通过想象可以拓展对商品的认识,派生出新的价值,对消费者的购买冲动起到引导作用。

依靠感觉、知觉、注意、记忆、思维和想象等一系列心理活动,消费者完成了对商品由浅入深的认识,其中的每一个环节都可能在消费者的购买选择中起到决定性的作用。当然,消费者的心理认知活动同时还伴随着情绪情感和意志活动,两者同样也对消费选择起到推波助澜的作用。

### (二) 消费者个性心理与群体心理

消费者的市场购买行为及其选择还取决于消费者自身的个性以及其所从属的群体的共同心理。

#### 1. 消费者个性心理

消费者的个性心理主要包括气质和性格两个方面。气质是指一个人比较典型、稳定的心理活动的动力特征,如心理活动的强度、速度、灵活性等。气质一般分为多血质、胆汁质、黏液质、抑郁质四种。

多血质、胆汁质的消费者的消费取向相对感性化，表现积极、主动、活跃，会积极提出问题并寻求解答，也容易听取别人的意见。多血质的人富于联想，购买行为中感情色彩较浓，但兴趣转移较快。胆汁质的人喜欢凭自己的兴趣和好恶行事，求新颖、赶时髦，容易受别人宣传的影响而即兴购买，但购买后也常常容易后悔。黏液质、抑郁质的消费者的消费取向相对比较理性化，他们比较相信自己的判断，不易受外界宣传影响，能够在冷静分析的基础上作出慎重的购买选择。黏液质的人善于控制自己的感情，挑选商品比较认真、冷静、慎重，对各种商品喜欢认真比较、选择后才决定购买。抑郁质的人在选购商品时，表现得优柔寡断，千思万虑，从不仓促地做出购买决定。

性格是人对客观世界和事物的态度和行为方式所表现的稳定倾向，是个人的个性风格的集中体现。人的性格一般分为外向型和内向型两类，外向型消费者的消费观念比较积极，愿意尝试新的东西，购买行为比较冲动，购买情绪比较乐观，消费决策比较果断、迅速；内向型消费者的消费观念相对保守、消极，购买行为比较冷静，购买情绪忧郁，消费决策迟疑、犹豫，有时显得摇摆不定，容易受外界影响。

**2. 消费者群体心理**

消费者的群体心理是指在年龄、性别、地域和社会经历等方面有着类似属性的社会群体成员在彼此接触和互动过程中相互影响与学习，形成比较相近的消费观念、态度和行为。例如，不同年龄消费者的消费观念就明显不同，年轻人往往追求新颖、时尚，情感上容易冲动，购买行为中感性成分比较多；中年人由于承担着家庭中主要经济负担者的角色，其消费观念更趋向购买实用性、便利性的商品，购买行为中理性成分更多；老年人的消费观念受传统消费影响，则更强调购买的习惯性和低廉的价格。

消费者的购买行为受其所归属的群体心理的制约，任何消费者都生活在其特定的社会群体中，在购买商品时或多或少会受到群体消费心理的影响，这是因为，一方面个体消费心理的产生本来就是源自群体心理，个人是在群体中成长的。群体心理及行为选择给个体心理打下深刻的烙印；另一方面，个人的购买行为还受到群体评价的压力，个人的购买选择一般会尽可能符合其所归属的群体的规范，以避免因遭受负面评价而不能容于既定的社会群体。

**【案例赏析】**

**买车换车标**

25岁的杨先生最近终于圆了多年的汽车梦——花了13万买了一辆"南菱"吉普车。杨先生提到新车后，第一时间开到广州永福路某汽配商店，将其原来的车标卸下，换上"三菱"标志。由于此车型与"三菱"的帕杰罗相似，"克隆"得也像模像样，驶在路上颇能鱼目混珠，杨先生说，换了车标后还真找到一种驾驶高档车的感觉。

（资料来源：百度文库，有修改）

**【思考】**

杨先生买车和换车标两种行为分别由何种需要和动机引发？

**（三）消费者的需要与动机**

消费者的需要与动机是决定购买行为的根本因素，影响消费者对商品的认知及消费心理的主要是其消费习惯与选择，而需要与动机则决定了更为根本的消费决策。

需要是指个体在某些方面的不足和缺失。消费者需要是指消费者在生理、心理和社会方面的匮乏状态。人的一生有着各种不同的缺乏，如维持生存就有基本的食物、衣服、居住等需要，而要提升社会地位，就有更时尚的对衣饰、珍宝等奢侈品的需要。消费者购买商品、接受服务，本质上都是满足其不同层次的需要。

为了实现自身的需要，就形成了欲望。欲望是人们满足需要的现实表现形式，而欲望与一定的购买能力结合，就构成了现实的需求。需求是市场购买行为发生的根本原因，没有需求就没有市场购买行为，需求的多寡又决定了市场购买的不同表现。

动机是指人们在需要、欲望的激发和既定目标驱使下的一种内在行为过程。动机与需要既有区别又有联系，需要是动机的前提，消费者的购买动机取决于其所要满足的各种需要。不过，需要只是一种现实状态，并不必然触发动机，只有当消费者积累了一定的需要并在外界刺激下才有可能引发购物动机，而且需要只是为行为提供总的方向，并不锁定方向和指明实现的路径。消费者的购买选择一般是以动机为基础的，例如，消费者解决饥饿问题，进食是基本需要，但其选择吃饭还是吃面包往往取决于个人动机。消费者的购买动机是市场购买行为尤其是具体的购买形式的基点，分析消费者购买动机是研究市场购买行为的出发点之一。

**【知识链接】**

## 消费者购买动机

消费者购买动机主要包括以下几个方面：

1. 求实动机

消费者在购买商品时非常注重商品的内在质量和实际效用，不大强调商品的外观、花色和款式。具有这种购买动机的人大多数支付能力有限或注重传统习惯和购买经验。

2. 求新动机

具有这种购买动机的消费者在购买商品时，不太计较商品的价格，而是注重商品的时尚，要求商品款式新颖、格调清新、市场流行。他们总是期望自己领导消费新潮流。

3. 求美动机

具有这种购买动机的消费者在购买商品时，重视商品的欣赏价值和艺术价值，追求商品的装饰性、艺术性，要求商品能美化人体、装饰环境、陶冶情操。具有这种购买动机者多为青年和妇女，而容易被消费者从"美"的角度加以审视的商品多为家具、服装等。

4. 求廉动机

消费者购买商品注重商品的价格，对便宜、降价和处理商品具有浓厚的兴趣，但对商品的款式、花色等不太在意。

5. 求名动机

以追求产品能显示自己的地位和威望为主要特征的消费者购买动机为求名动机。受这种动机驱使的消费者，对名牌产品具有特殊的偏好，而对非名牌产品缺乏信任感。在购买产品时，消费者很注重产品的名称、产地和销售地点。

6. 求同动机

求同动机也称"仿效心理动机"，是以注重追随社会潮流为主要特征的消费者购买动机。受这种动机驱使的消费者，在购买商品时愿意随大流，适应社会的传统习惯，又不甘落在潮流的后面，因而购买那些周围人群普遍购买的商品。

7. 求异动机

以追求商品的与众不同为主要特征的消费者购买动机为求异动机。受这种动机驱使的消费者，在购买商品时愿意标新立异，表现出与众不同的个性，因而购买那些周围人群从未购买或很少购买的商品。

（资料来源：百度文库，有修改）

## 三、不同购买者的行为特征

市场购买行为的主体总体而言可以分为普通消费者、组织消费者、中间商、生产者等几大类。从广义的角度说，他们都是市场产品或服务提供者的消费者，依据不同的购买需要和不同的消费心理机制，其购买行为特征也有所不同，主要表现为以下几点。

### （一）购买动机不同

市场购买行为主体的不同决定了购买行为者的用途不同，普通消费者和组织消费者购买商品或服务是为了满足自身现实的需要，其中，个人或家庭是为了自用，而组织消费者是为了达成良好工作条件，使工作目标或公共目的能够顺畅地贯彻。中间商和生产者购买的商品或服务是为了借以牟利，商品或服务本身并非其现实需要，其中，中间商购买商品是为了转售，生产者购买商品是为了聚合要素、组织生产、创造新的价值。

市场购买行为者购物用途的不同决定了其购买动机的不同，其中，普通消费者和组织消费者的动机在于解决自身的问题，中间商和生产者的购买动机则在于将商品或服务当作工具获取商品本身以外的利益。

### （二）购买选择制约机制不同

正因为不同市场购买主体的购买动机不同，造成了购买选择的制约机制不同。从选购商品的评价方式上讲，普通消费者由于将产品或服务自用，其对商品的评价是基于是否能够满足自身生理或心理的需要，即是否物尽所用。他们的判断往往以自身的认识或接近社会群体的普遍认同作为标准，因此，个人的个性心理及社会认同成为约束个体消费的条件。组织消费者由于购买商品主要也是自用，因此同样注重商品的实际效用，不同的是组织消费者是用"公款"实现购买，除非是炫耀式的消费，组织消费者必须考虑社会的压力，所以，组织消费者购买行为的评价方式往往体现在是否符合自身的社会形象和被社会公众认可的基础上。中间商和生产者购买选择的评价方式则不同，由于两者最终的目的是为了牟利，他们实际上并不关注商品的效用，而是关注商品效用所体现的价值与成本间的差距，所以，中间商和生产者的购买行为更为理性，其选购商品的评价方式是能否创造更高的利润。商品购买的评价方式不同，决定了市场购买选择的理解不同，"好的、有用的"产品或服务未必能够得到所有消费者的一致认同。

从购买行为的责任承担上看，不同的消费者也有所不同。普通消费者（个体或家庭），其购买者身份与购买款项的拥有者身份是合一的，在购买商品的同时就承担着相应的支付以及可能带来不良后果的责任，除了支付能力，没有其他的忧虑。因此，普通消费者的购买选择主要来自自身。组织消费者、中间商和生产者本质上都是群体消费，其购买者身份与购买款项的拥有者身份往往是分离的，这表现在实际购买者与实际决策者的分离和实际决策者与所有权的分离，这种分离使群体购买的制约因素更为复杂，购买更为慎重，因为一旦造成不良后果，谁也不愿意承担责任。因此，普通消费者购买观念往往是"我需要的、我喜欢的和适合我的"，而群体消费者则更趋近于"我们需要的和不会出问题的"。

### （三）对商品购买价格的敏感度不同

市场购买行为中，价格因素通常是最为主要的考虑因素，不同的购买主体在此问题上也一样不同。普通消费者对价格最为敏感，商品价格稍微有所不同或变动，就可能导致购买行为发生变化，因为普通消费者是真正意义上的终端消费，其购买行为首先基于自己的收入水平，不同的收入有不同的购买意愿和层次，价格的变化必然引起购买行为的变化。

组织消费者与中间商、生产者虽然也重视价格因素，但其敏感性相对而言不如普通消费者，其中，组织消费者与后两者又有不同，政府、事业团体等组织消费者依赖的是财政资金保证，在选购商品时首先考虑的是符合组织的公众形象，然后才是价格合适与否；而中间商和生产者当然希望价格越低越好，但由于其本身是通过生产或转售来实现利润的，价格的变化能够在动态中找到平衡，因此，对于价格的敏感度不会像普通消费者那么感同身受。

# 任务二　分析消费者市场的购买行为

## 一、消费者市场及购买行为的特点

消费者市场是指所有为了个人消费而购买物品或服务的个人和家庭所构成的市场，它是现代市场营销理论研究的主要对象。

市场营销学研究消费者市场，核心是研究消费者的购买行为，即消费者购买商品的活动和与这种活动有关的决策过程。

消费者购买行为有以下特点：

### （一）消费者购买行为是受动机驱使的

动机这一概念是伍德沃斯（R. Woodworth）于1918年率先引入心理学的，他把动机视为决定行为的内在动力。购买动机是推动人们购买活动的内在动力，也是消费者购买行为的直接出发点。如何对消费者的购买动机进行分类，对市场营销有着重要的意义，它有助于企业制定出有效的沟通策略，进行有效的推销活动。

消费者的动机是多种多样的，而动机是由需要引起的。所谓需要，是人感到缺少些什么从而想获得它们的状态。需要和动机可以根据重要性和满足的先后顺序进行分类，如马斯洛的需要层次理论。这种理论认为，人类的需要依重要性不同分为五个层次，即生理需要、安全需要、社会需要、尊重需要和自我实现的需要。这些需要的层次越低，越不可缺少，因而越重要。人们一般满足低层次需要后，才会设法满足高一层次的需要。

马斯洛的需要层次理论虽然提出了需要的一种基本模式，但是研究消费者动机是一项非常复杂的工作，消费者常常根据几个动机做出一项购买选择，为了具体了解消费者的购买动机，我们把购买动机分为两大类，即生理性购买动机和心理性购买动机。

（1）生理性购买动机。生理性购买动机是消费者由于生理上的需要，购买用于满足生存需要的产品而产生的购买动机。例如，购买食物就是消费者为了自身的生理需要而产生的购买动机。生理性动机是企业很难改变的，只能去适应它。

（2）心理性购买动机。心理性购买动机是消费者由于心理需要或精神需要而引起的，购买用于满足其精神或感情需要的商品，主要有习惯性购买动机、理智性购买动机、冲动性购买动机、自信性购买动机、被迫性购买动机、保守性购买动机和时髦性购买动机。

## （二）消费者购买行为具有可诱导性

消费者行为在很多情况下是非理性的，是可以被诱导的。消费者有时不清楚自己的需要，所以在购买什么商品、品牌和在什么时候、什么地点购买更容易受到企业营销的影响，因而营销者可以针对顾客的心理展开营销活动，从而影响顾客的购买行为。例如，房地产销售员在介绍房屋时，通过对不同消费者有针对性地讲解所在社区的周边情况，包括物业管理、家庭理财、孩子教育、父母健康等，比如对单身年轻人讲投资理财，对有孩子的夫妇讲周边的教育、幼儿园、小学、中学、社区各种补习班的情况，对成家没有孩子的夫妻讲父母的健康，讲周边医疗设施、药房布局等，通过销售员的讲解，从而达到影响消费者行为的目的。

【案例赏析】

### 奖 励 糖 果

在各种有关过于肥胖和蛀牙危险的宣传攻势下，人们开始躲避甚至拒绝任何甜食，这对糖果生产厂商是一个致命的打击。某糖果生产企业委托一家机构帮助解决困境，专家们为其设计制订了一个计划。首先采取的一项措施是，把糖果体积减小一半，突出强调大糖果盒里的小糖块；接着又采取另一种策略：那就是奖励自己。这种策略的理论是，孩子们因"表现好"就可以得到糖果作为奖励。因此，从很小的年龄开始，糖果作为一种奖励象征铭刻在孩子们幼小的心灵中；最后再运用电视广告的宣传，不断把此类信息传递给消费者。他们启用一位身材苗条的芭蕾舞演员，广告中她在翩翩起舞时伸手去拿一块小糖果，并且说："保持体型优美多么不易，这也是我喜欢这'小小糖块'的原因。神奇的小糖块使我在后台迅速恢复体力，又不致有'腹满为患'的感觉。"

（资料来源：百度文库，有修改）

【思考】
专家们的三种策略分析迎合了消费者的哪些心理需要？

## （三）消费者购买行为有不同类型

由于产品品牌之间的差异及消费者购买时介入程度不同，消费者在购买不同产品如牙膏、饼干、笔记本电脑和木地板等时，其购买行为表现出极大的差异。对此，阿萨尔（Assael）进行了研究，提出表4-1中四种消费者购买行为类型。

表 4-1　购买行为的四种类型

| 项　目 | 高度介入 | 低度介入 |
|---|---|---|
| 品牌之间差异极大 | 复杂的购买行为 | 要求多样化的购买行为 |
| 品牌之间差异极小 | 减少失调感的购买行为 | 习惯性的购买行为 |

从表4-1中可以看出，消费者购买行为主要有复杂的购买行为、减少失调感的购买行为、习惯性的购买行为和寻求多样化的购买行为四种。

### 1. 复杂的购买行为

如果消费者属于高度介入者，并且了解现有各品牌之间存在显著的差异，则消费者会产生复杂的购买行为。如消费者购买笔记本电脑，因为笔记本电脑属于不常购买的、冒风险的和高度自我表现的产品，而且消费者对此类产品知道不多而且要了解的地方很多，所以消费者需要高度介入购买。在这种情况下，这个购买者将经过认知性的学习过程，首先建立对产品的信念，然后转变为态度，最后作出谨慎的购买决定。营销者应制定策略帮助购买者认识产品，运用各种途径宣传本品牌与众不同的优点，并发动售货员和购买者的朋友来影响品牌的最后决定。

**2. 减少失调感的购买行为**

有时消费者高度介入某项购买，但看不出各品牌有何差异，这种高度介入与前面的复杂购买行为类似，属于不常购买的、冒风险的产品，但产品之间的差异性不明显，故其购买将非常迅速，购买者可能是因为现场促销，或者是因为方便而决定购买，选购木地板就是其中一例。但在购买之后，特别是使用了一段时间之后，消费者也许会感觉到不协调或不满意，这时该消费者将积极地、主动地去了解更多的有关情况，寻找种种理由来减轻、化解这种不协调。所以，营销者要提供完善的售后服务，通过各种途径经常提供有利于本企业和产品的信息，使顾客相信自己的购买决策是正确的。

**3. 习惯性的购买行为**

习惯性的购买行为是消费者低度介入和品牌没有什么差异的情况下采用的购买行为，所购买的产品主要是经常购买的日用消费品。消费者购买这类产品并非出于品牌忠诚，而是出于习惯。在此类购买行为中，消费者并不会深入寻找与该品牌有关的信息，反而只是被动地接受电视、报纸等媒体所传递的信息，结果广告的重复只会造成消费者对品牌的熟悉而不是被品牌说服。也就是说，消费者选择某种品牌并非都是他对品牌有什么态度，而只是熟悉它罢了。在消费者购买后，甚至都不会去评价它，因为消费者并不介意这些产品。所以营销者可以采取以下策略：利用价格与销售促进吸引消费者使用；开展大量重复性广告，加深消费者印象；增加购买参与程度和品牌差异。

**4. 寻求多样化的购买行为**

消费者购买产品有很大的随意性，并不深入收集信息和评估比较就决定购买某一品牌，在消费时才加以评估，但是在下次购买时又转换其他品牌。当消费者对于某产品的购买介入程度很低，且品牌间的差异很大的时候，消费者就会经常改变品牌的选择。比如对于饼干，消费者有一些想法，不过没有作太多的评估便选择某种品牌的饼干，在消费时才加以评价。消费者在下次选择时可能会因为追求新口味而选择其他品牌的饼干，也就是说品牌转换不是因为有什么不满意之处而是因为求新。对于寻求多样化的购买行为，市场领导者和挑战者的营销策略是不同的，市场领导者力图通过占有货架、避免脱销和提醒购买的广告来鼓励消费者形成习惯性购买；而挑战者则以较低的价格、折扣、赠券、免费赠送样品和强调试用新品牌的广告来鼓励消费者改变原习惯性购买行为。

**（四）消费者购买行为包含许多不同的角色**

消费者在购买过程中因为购买行为的不同承担着不同的角色。目前最常见的是将消费者的角色划分为以下五种：

（1）倡议者：第一个建议或想到要购买某种产品或服务的人。

（2）影响者：影响最后做购买决定的人。

（3）决策者：最后部分或全部做出购买决策（包括是否购买、买什么、如何买、何处买）的人。

（4）购买者：进行实际购买的人。

（5）使用者：消费或使用该产品或服务的人。

营销者可以根据购买中不同的角色来决定如何设计产品、拟写广告词和进行促销预算分配，因而营销者需要弄清楚这些角色。例如，购买一辆新车的建议可能来自妻子，而朋友可能建议应购买某一种汽车，品牌可能由丈夫来选择，而外观则可能由妻子决定，最后的决定可能由丈夫来做，但必须取得妻子的同意。最后，开车的可能更多的是妻子。在这个购买行为中，营销者就应该让本公司的广告接触到丈夫，让丈夫知晓公司产品的品牌，而设计某些特征的汽车来博得妻子的欢心，并在妻子可能接触到的媒体上做广告。

## 二、消费者市场购买行为的模式

在现代社会生活中，由于购买动机、消费方式与购买习惯的不同，各个消费者的购买行为千差万别、不尽相同。尽管如此，在形形色色的消费者购买行为中，仍然存在一些共同的特征，可以利用这些特征对消费者行为进行简化。

研究消费者购买行为分析的理论中最有代表性的是刺激—反应模式。市场营销因素和市场环境因素的刺激进入购买者的意识，购买者根据自己的特性处理信息，经过一定的决策过程导致了购买决定，如图 4-1 所示。

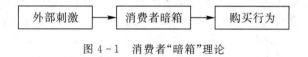

图 4-1 消费者"暗箱"理论

这个刺激—反应模式中在外部刺激和购买行为中有一个消费者暗箱，消费者暗箱又称购买者黑箱，是指消费者在受到外部刺激后所进入的心理活动过程。由于它对企业来说是一种看不见、摸不着、不透明的东西，故称之为消费者暗箱。这种外部刺激既来自于外界，如社会的经济情况、科技环境、政治因素、文化状况、企业的营销 4P（产品、价格、渠道、促销）的刺激，又来自于消费者的生理和心理因素，如感觉、知觉、选择、个性、态度、习惯等。如一个消费者看到一件漂亮的裙子将它买了下来，那么消费者为何购买？会在什么地方买？消费者的心理价位是多少？在什么时候购买？这些过程的心理活动对企业而言是难以捉摸的。

消费者暗著箱主要包括两个方面：一是购买者特性，它会影响购买者对外界刺激的反应；二是购买者决策过程，它会直接决定购买者的选择。

由此，可以将消费者刺激—反映模式扩展为较为详细的消费者刺激—反应模式，如图 4-2 所示。消费者在各种刺激因素的作用下，经过复杂的心理活动过程，产生购买动机，在动机的驱使下做出购买决策，产生购买行为，并进行购后评价，由此完成了一次购买行为。

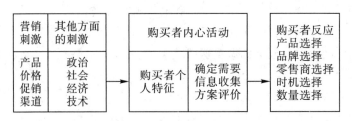

图 4-2　消费者刺激—反应模式

## 三、影响消费者购买行为的因素

### （一）内在因素

消费者的购买行为会受其心理的支配，正如恩格斯所指出的，"推动人去从事活动的一切，都要通过人的头脑，甚至吃喝也是由于通过头脑感觉到的饥渴引起的，并且是由于同样通过头脑感觉到的饱足而停止的。"实践证明，企业的营销决策要获得成功，必须先深入了解消费者心理。消费者购买行为主要受消费者的心理因素的影响，即需要、感觉和知觉、态度与信念等心理因素。需要对消费者购买行为的影响，我们在前面已经阐述过了，下面就感觉、态度和学习这些心理因素进行说明。

**1. 感觉**

消费者有了购买动机后，就要采取行动。至于如何行动，还要看他对外界刺激物或情境的反映，这就是感觉对消费者购买行为的影响。感觉是指消费者的感官直接接触刺激物和情境所获得的直观、形象的反映。随着感觉的深入，各种感觉到的信息在头脑中被联系起来进行初步的分析综合，形成对刺激物或情境的整体反映，就是知觉。知觉对消费者的购买决策、购买行为影响较大。消费者知觉是一个有选择性的心理过程，在刺激物或情境相同的情况下，消费者的知觉不同，他们的购买决策、购买行为就截然不同。知觉具有如下的特点：① 有选择的注意；② 有选择的曲解；③ 有选择的记忆。由于知觉不同，两个具有同样动机并处于同样环境的消费者可能采取完全不同的行动。

**2. 学习**

学习是指在行动中由于经验而引起的个人行为的改变，即消费者在购买和使用商品的实践中，逐步获得和积累经验，并根据经验调整自己购买行为的过程。学习是通过驱策力、刺激物、提示物、反应和强化的相互影响、相互作用而进行的。"驱策力"是诱发人们行动的内在刺激力量。假设某消费者具有与朋友交往的"驱策力"，这种驱策力被引向某种刺激物——4G 手机，驱策力就变为动机。在动机支配下，消费者会做出购买 4G 手机的反应。但是，他何时、何地和怎样购买，常常取决于周围的一些刺激，即提示刺激，如电视广告、商品陈列、朋友的鼓励或抱怨等，在这些刺激的影响下，消费者会完成购买。如果使用时感到很满意，就会经常使用它并强化对它的反应。以后若遇到类似的情况，他会做出相同的反应。如反应被反复强化，久而久之，就成为购买习惯，这就是消费者的学习过程。企业营销者要注重消费者购买行为中"学习"这一因素的作用，可以反复提供诱发购买商品的提示刺激，激发驱策力，同时尽量使消费者购买后感到满意从而去强化积极的反应。

### 3. 态度

消费者在学习和交往过程中形成态度。态度就是指个人对事物所持有的好与坏的评价、情感上的感受和行动上的倾向。消费者态度来源于以下几个因素：① 与商品的直接接触；② 受他人直接、间接的影响；③ 家庭教育与本人经历。消费者态度包含信念、情感和意向，它们对购买行为都有各自的影响作用。例如，购买手机的消费者可能持有以下态度：某品牌的手机很好。消费者一旦形成对某种品牌的态度，以后就倾向于该品牌。根据态度做出重复的购买决策，营销者很难改变它。研究消费者态度的目的在于企业充分利用营销策略，让消费者了解企业的商品，帮助消费者建立对本企业的肯定态度，一旦消费者持有否定的态度，企业应该改变自身产品设计或者推销方法，让本企业产品和服务尽可能迎合消费者的现存的态度，而不是设法改变这种态度。

**【案例赏析】**

### SPA 生活馆

"spa"一字源于拉丁文 Solus Por Aqua，Solus(健康)，Por(经由)，Aqua(水)，其实，就是经由水来产生健康。

位于欧洲比利时所属阿德南丝(Ardennes)森林区中有个小镇叫 SPA，古罗马时，居民发现此处涌出了许多自然的泉水，且盐分极低，无矿物杂质，不管是饮用或用来泡浴对人体均有很大的益处，这就是最早的 SPA 美容概念。

随着城市空间的狭窄，工作、生活压力与日俱增，SPA 的概念也在不断发展与演化，尤其是到了 21 世纪，越来越多的爱美女性开始追求"回归、自然"的心情，并将其应用到美容当中。而"SPA"作为舒缓美容的方式之一，愈来愈受到女性的青睐，并在欧美以不可阻挡之势风行起来，并迅速传到东南亚及中国。

"SPA"的要求非常专业，要想通过 SPA 美容的女士，必须到专业的"SPA 生活馆"，在非常放松的环境里，在专业美容师的帮助下，进行理疗与美容，如泥浴、水疗等。SPA 一度成为一部分消费者当中，最流行，最前卫的美容概念。

（资料来源：百度文库，有修改）

**【思考】**

试分析"SPA 生活馆"在中国兴起的原因？

## （二）外在因素

### 1. 文化和亚文化

文化，一般指人类在社会发展过程中所创造的物质财富和精神财富的总和，是人类创造社会历史的发展水平、程度和质量的状态。文化是人类欲求和行为最基本的决定因素，人类在社会中成长，往往受到家庭和其他主要社会机构的潜移默化，学习到基本的价值观、信仰和态度等，营销者必须尊重消费者的文化，接受他们文化中共同的价值观和态度，遵循他们文化的道德和风俗习惯。例如家用电脑，只有在以先进技术为基础的文化环境中才能引起消费者的购买兴趣；在另一种文化中，如在非洲中部某个边远的部落中，最多只是一种新奇的玩具而已，根本不会有人去购买。

在每一种文化中，往往存在许多在一定范围内具有文化同一性的群体，他们被称为亚文化群。在我国，主要有三种亚文化群，即民族亚文化群体、宗教亚文化群体和地理亚文化群体。

### 2. 相关群体

个人的相关群体是对他的态度和行为具有直接或间接影响的群体。相关群体有两种基本形式，即参与群体与非所属群体。参与群体一是指消费者置身于其中的群体，个人经常性受其影响的非正式群体，如家庭、亲密朋友、同事、邻居等；二是指个人受到影响很小的正式群体，如工会、学生会等。非所属群体是指个人不具有成员资格但间接受到影响的群体。非所属群体也有两种形式，一种是期望群体；另一种是游离群体。期望群体是个人希望成为其中一员或与其交往的群体，如一些球迷以运动队为期望群体；游离群体则是遭到个人拒绝或抵制，极力划清界限的群体。营销者应该关注相关群体对消费者购买行为的影响，利用相关群体的影响开展营销活动，比如利用明星打广告以达到扩大销量的目的。同时相关群体对消费者购买不同商品的影响有所区别，商品越特殊、购买频率越低，受相关群体影响越大。对商品越缺乏知识，受相关群体影响越大。

【知识链接】

#### 美国七种主要社会阶层的特征

美国七种主要社会阶层及特征有：

(1) 上上层(不到1%)。上上层是继承有大量遗产、出身显赫的达官贵人。他们捐巨款给慈善事业，举行参加社交活动的舞会，拥有一个以上的宅第，送孩子就读最好的学校。这些人是珠宝、古玩、住宅和度假用品的主要市场。他们的采购和穿着较保守，不喜欢炫耀自己，这一阶层人数很少，当其消费决策向下扩散时，往往作为其他阶层的参考群体，并作为他们模仿的榜样。

(2) 上下层(2%左右)。上下层的人由于他们在职业和业务方面的能力非凡，因而拥有高薪和大量财产。他们常来自中产阶级，对社会活动和公共事业颇为积极，喜欢为自己的孩子采购一些与其地位相称的产品，诸如昂贵的住宅、学校、游艇、游泳池和汽车等。他们中有些是暴发户，其摆阔挥霍浪费的消费形式是为了给低于他们这个阶层的人留下印象，这一阶层的人的志向在于被接纳入上上层，但实际情况是，其子女达到的可能性比他们本人要大。

(3) 中上层(占12%)。这一阶层既无高贵的家庭出身，又无多少财产，他们关心的是"职业前途"，已获得了像自由职业者、独立的企业家以及公司经理等职位。他们注重教育，希望其子女成为自由职业者或是管理技术方面的人员，以免落入比自己低的阶层。这个阶层的人善于构思和接触"高级文化"，参加各种社会组织，有高度的公德心。他们是优良住宅、衣服、家具和家用器具的最适宜的市场，同时，他们也追求家庭布置，以招待朋友和同事。

(4) 中间层(32%)。中间层是中等收入的白领和蓝领工人，他们居住在"城市中较好的一侧"，并且力图"干一些与身份相符的事"。他们通常购买"赶潮流"的产品。25%的人拥有进口汽车，其中大部分看重时尚，追求"一种良好品牌"。其理想居住条件是"在城市中较好一侧"，有个"好邻居"的"一所好住宅"，还要有"好的学校"。中间层认为有必要为他们的子女在"值得的见识"方面花较多的钱，要求他们的子女接受更好的教育方式。

(5) 劳动阶层(38%)。劳动阶层包括中等收入的蓝领工人。劳动阶层主要依靠亲朋好友在经济上和道义上的援助，依靠他们介绍就业机会。购物听从他们的忠告，困难时期依靠他们的帮助。"度假"对于劳动阶层来说，指的是"待在城里"，"外出"指的是到湖边去，或常去不到两小时远的地方。劳动阶层仍然保持着明显的性别分工和陈旧习惯，他们偏好的汽车包括标准型号或较大型号的汽车，对国内外的小型汽车并不问津。

（6）下上层（9％）。下上层的工作与财富无缘，虽然他们的生活水平刚好在贫困线之上，他们无时不在追求较高的阶层，却干着那些无技能的劳动，工资低得可怜。下上层往往缺少教育，虽然他们几乎落到贫困线上，但他们千方百计"表现出一副严格自律的形象"，并"努力保持清洁"。

（7）下下层（7％）。下下层与财富不沾边，一看就知道贫穷不堪，常常失业或干"最肮脏的工作"，他们对寻找工作不感兴趣，长期依靠公众或慈善机构的救济。他们的住宅、衣着、财物是"脏的""不协调的"和"破的"。

（资料来源：百度文库，有修改）

### 3. 家庭状况

消费者的家庭成员是对消费者的行为最具有影响力的主要相关群体。不同类型的家庭对购买者行为的影响有所区别。在购买者整个人生中所经历的家庭可分成两类：一是三代同堂的家庭中，父母的影响起到很大作用，每个人都从父母那里养成许多倾向性，如对宗教、政治、经济、自身价值等；二是一对夫妻及子女的小家庭，营销者更多地应该关注购买中家庭成员所担任的不同购买角色，利用有效的营销策略，使企业的促销措施引起购买发起者的注意，诱发主要影响者的兴趣，使决策者了解商品，解除顾虑，建立购买信心，最后产生购买行为。

## 四、消费者购买决策过程

消费者的购买决策过程，实际就是消费者解决问题的过程，也就是消费者在购买产品或服务时所经历的过程。所购买的商品因为购买时机、购买动机和购买环境等因素不同，消费者的具体购买行为会有很大的差异，有的决策过程很复杂，需要持续很长的时间；有的过程又十分简单，只需很短的时间就能完成，甚至在瞬间完成一次购买过程。尽管如此，作为一名理性的消费者在购买过程中所表现的行为，还是有一定规律的，一般要经历如图4-3所示的五个步骤，即问题确认、收集信息、方案评价、购买决策和购后行为。

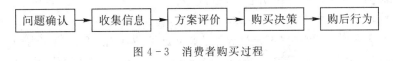

图4-3　消费者购买过程

这五个步骤代表了消费者从认识产品和服务需求到评估一项购买的总体过程，研究该过程可以帮助我们了解消费者是如何制定购买决策与进行购买行为的。需要指出的是，并不是消费者的所有购买行为都会按照次序经历这一过程的所有步骤。在有些情况下，消费者可能会跳过或颠倒某些阶段，介入程度较低的尤其如此。例如，在购买牙膏的时候，消费者可能会从问题确认直接进入制定购买决策阶段，而跳过信息搜寻和方案评价这两个阶段。

### （一）问题确认

问题确认是消费者决策过程的第一步。几乎每一次购买行为，消费者都要面临着解决实际状态和理想状态的差异所带来的不协调感。实际状态是消费者对自己当前的感受及处境的认知；理想状态是指消费者当前想达到或感受的状态。问题确认就是消费者理想状态与实际状态之间的差距达到一定程度并足以激发消费者决策过程的结果。

这个问题可由内在或外在刺激所引发，一个人的正常需要，如饥饿、干渴，升高到一定压力就变成一种驱力，然后这个人由从前的经验学会如何应付这种驱力，并受到激励去寻找满足这种驱力的物品。

问题也可能被外在刺激所引发，如消费者路过一家点心屋，色泽鲜艳的冰激凌刺激了他的饥饿感；或者是他看中了朋友新买的 MP5，自己也想拥有一个 MP5……所有这些刺激都会导致他对某种问题或需要的确认。

营销者需要找出会引发消费者问题或兴趣的情境，学会研究消费者在哪种情境下会产生什么样的问题，对这样的问题，消费者又是如何解决的。

当然，并不是所有的被确认的问题都会导致购买动机。消费者解决某一特定问题的愿望取决于两个因素：第一，理想状态与实际状态之间的差距大小。只有在差距达到足够大的情况下，才有可能激发消费者的消费动力。如参加一个面试或者会议，只有当面试或会议对消费者影响足够大的时候，才会使消费者产生购买价格昂贵的品牌西装的需求。第二，问题的相对重要性，即使理想状态与现实状态之间的差距很大，但如果问题并不是十分重要，消费者也并不一定会着手解决这一问题。例如，某位消费者现在拥有的是一辆开了六年的旧丰田车，他希望能有一辆新的大众汽车，虽然二者之间的差距很大，但与该消费者还面临着的其他一些消费问题（如住房、医疗）相比，这个差距的相对重要性可能很小。相对重要性是一个很关键的概念，因为所有的消费者都要受到时间和金钱的约束，只有相对更为重要的问题才会被重视和期待得到解决。

### （二）信息收集

消费者认清问题，形成了购买某种商品的动机后，就要从事与购买它有关的活动。在不熟悉这种商品的种类和特性的情况下，消费者常常先收集信息，目的是最大限度地获取能够解决问题的产品信息。消费者的信息收集是指消费者识别和获取可以解决自身问题的相关信息的行为。

为了向目标市场有效地传递信息，企业需要了解消费者获取信息的主要来源及其作用。消费者的信息收集过程根据信息来源可以划分为个人来源（家人、朋友、同事、邻居和其他熟人）；商业来源（广告、销售人员介绍、商品展览与陈列、商品说明书）；公众来源（报刊、电视及网络等大众媒体、消费者团体的评论）；经验来源（产品的使用）。

通过收集信息，消费者逐步缩小了对将要购买商品进行品牌选择的范围。图 4-4 表明了消费者作决策时所涉及的选择性组合，图中最左方表明了可买到的品牌的全部组合。消费者只熟悉这些品牌的部分组合，我们称之为"认识组合"，这些品牌中只有一些符合某个消费者的原来的购买准则，这部分品牌构成了"考虑组合"，随着消费者收集到更多有关这些品牌的信息，将仅有的少数品牌留在选择范围之内，这些品牌组成了"选择组合"，然后他根据其决策评估过程再从这个选择组合中作出最后决策。

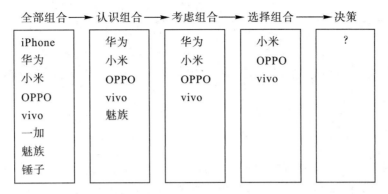

图 4 - 4　消费者作决策时所涉及的选择性组合

## （三）方案评价

在这个阶段，消费者根据所掌握的信息，将会形成若干可能采用的方案。接下来，消费者将根据一定的评价标准并利用一定的选择方法，对这些方案进行评级和选择。

在对方案进行评价和选择时，首先要确定采用什么评价指标。评价指标是产品的一些特性、利益或其他受消费者重视的因素。例如，消费者购买笔记本电脑，其价格、处理器、显示器质量、内存、重量和售后服务就构成消费者选择电脑的评价指标。

接下来，消费者需要确定各个评价标准的相对重要性。一种简单的方法是根据各个标准的重要性排序。市场营销者对消费者赋予每一个指标的重要性非常感兴趣。4 位购买笔记本电脑的顾客可能都应用下表中列出的 6 个评价指标。如表 4 - 2 所示，若对每一标准赋予的重要性不同，他们购买的品牌可能各不相同。

表 4 - 2　四位购买笔记本电脑评价标准排序

| 评价标准 | 重要程度排序 | | | |
|---|---|---|---|---|
| | 顾客甲 | 顾客乙 | 顾客丙 | 顾客丁 |
| 价格 | 1 | 3 | 2 | 6 |
| 处理器 | 5 | 4 | 5 | 1 |
| 显示器 | 3 | 1 | 3 | 3 |
| 内存 | 6 | 5 | 4 | 2 |
| 重量 | 4 | 2 | 1 | 5 |
| 售后服务 | 2 | 6 | 6 | 4 |

注：1＝很好；6＝很差

比如，顾客甲主要关心价格和售后服务，顾客乙主要要求显示器和重量，顾客丙看重重量和价格，而顾客丁则注重处理器和内存，如果他们各自代表一大群顾客，我们便会得到基于同样评价标准但各自赋予不同重要性而形成的四个截然不同的细分市场。

为了对备选的各个方案进行评价和选择，消费者还需要对不同方案在具体评价标准上的表现进行判断，给出相应的评价值。以顾客甲形成的细分市场为例，因为处理器和内存是这类顾客最不重视的指标，因而划掉这两个指标，顾客甲最终在 A、B、C、D 这四种品牌中进行选择。针对不同的评价标准，消费者分别给出了相应的评价值，如表 4 - 3 所示。

表 4 - 3　对不同品牌的评价

| 评价标准 | 消费者的评价 | | | |
|---|---|---|---|---|
| | A | B | C | D |
| 价格 | 40 | 25 | 20 | 20 |
| 显示器 | 30 | 35 | 30 | 15 |
| 重量 | 20 | 25 | 35 | 30 |
| 售后服务 | 10 | 15 | 15 | 35 |

考虑到各个指标的重要程度不同，如表 4 - 3 所示，我们赋予价格的重要性权数为 40％，售后服务的权数为 30％，显示器的权数为 20％，重量的权数为 10％，为此我们可以算出各个品牌的直观价值，即

$$电脑 A = 0.4 \times 40 + 0.3 \times 10 + 0.2 \times 30 + 0.1 \times 20 = 27$$
$$电脑 B = 0.4 \times 25 + 0.3 \times 15 + 0.2 \times 35 + 0.1 \times 25 = 24$$
$$电脑 C = 0.4 \times 20 + 0.3 \times 15 + 0.2 \times 30 + 0.1 \times 35 = 22$$
$$电脑 D = 0.4 \times 20 + 0.3 \times 35 + 0.2 \times 15 + 0.1 \times 30 = 24.5$$

这样，按给定的权数，我们可预测出顾客甲偏好 A 品牌的电脑。

### （四）制订购买决策

对于复杂购买或者介入程度高的商品，消费者经过方案评价，将形成对某一品牌的购买意向，并倾向于购买偏好的品牌。但是，消费者在形成购买意图之后并不一定马上采取购买行动，通常有以下三类因素会影响消费者最终购买决策的制定，这三类因素是他人的态度、意外的情况和可认知的风险。

#### 1. 他人的态度

消费者的很多购买决策都不是单独制定的，而是在征求其他人的意见之后，甚至是在多人的参与下制定的。家人、亲戚、朋友、同学或同事的态度对于消费者是否进行购买有着重要影响。因他人的态度而减少个人对偏好备选商品购买可能性的程度，决定于下列两种情形：第一，他们对于消费者所偏好的品牌所持否定态度的强烈程度；第二，该消费者是否会顺从他人意愿。他人的否定态度越强烈，以及此人与消费者的关系越密切，消费者越有可能修改他们的购买意图。

#### 2. 意外的情况

消费者自身或其家庭的某些突发事件会使得消费者改变购买意图。这又可以分为两个方面：一方面是与消费者自身及其家庭有关的某些非预期的事件，如消费者可能即将失业、身体上的不适等需要有大量的现金，这时，消费者可能推迟或取消购买行为；另一方面是与产品或营销活动有关的因素，如新产品的出现、商品的降价或提价、商品的促销等，这些都有可能使得消费者对购买方案进行重新评价，并改变原有的购买意图。

#### 3. 可认知的风险

消费者在决定购买某一产品时，通常会面临一些矛盾和问题，即他们所购买的某一商品在给他们带来满足和愉快感觉的同时，也会给他们带来一些他们不愿意、不希望接受的损失或潜在的危害，这就是消费者可认知的风险，如资金风险、功能风险、心理风险、社会

风险等。在所购商品比较复杂、价格昂贵因而预期风险大的情况下，消费者可能采取一些避免或减少风险的习惯做法，包括暂不实现甚至改变购买意向。

### （五）购后行为

消费者购买了产品之后，往往会通过使用和他人的评价，对其购买选择进行检验，把他所觉察的产品实际性能与以前对产品的期望进行比较。消费者若发现产品性能达不到期望，不能给他以预期的满足，就会感到失望和不满；若发现商品性能与期望大体相符，就会感到基本满意；若发现产品性能超出了期望，就会感到非常满意甚至对品牌产生忠诚，下次就很可能购买同一品牌的产品，并经常对他人称赞这种商品。如果感到不满，他除了寻求退货或寻找能证实产品优点的信息来减少这种不平衡感，还常常采取公开或私下的行动来发泄不满。

一般来说，在介入程度低的产品购买决策当中，由于消费者购买后不会做过多的评价，因而消费者不会感到不满意。例如，消费者在购买牙膏的时候，有若干品牌可以选择，他也不认为每个品牌有很大的差异，这时，他就会选择最便宜的品牌，他对自己购买行为是感到满意的。而对于介入程度高的决策来说，由于消费者需要对各个备选品牌的众多属性进行多方权衡，因此产生不满意的可能性就很大。例如，在购买住房的时候，不同住房在位置、价格、建筑质量、配套设施和物业管理等方面各有优劣，消费者在做出最终购买决定之后，往往会对自己的选择是否正确产生疑虑，甚至会感到后悔。

# 任务三　分析产业市场的购买行为

产业用品供货企业不仅要了解谁在市场上购买和产业市场的特点，还要了解谁会参与产业购买者的购买决策过程，他们在购买决策过程中充当什么角色、起什么作用，也就是说，要了解其顾客的采购组织。

## 一、产业购买决策的参与者

各企业采购组织有所不同，小企业只有几个采购人员，大公司有很大的采购部门，由一位副总裁主管。有些公司的采购经理有权决定采购什么规格的产品、由谁供应；有些采购经理只负责把订货单交给供应商。通常，采购经理只对某些次要产业用品有决策权，至于主要设备的采购，采购经理只能按照决策者的意图办事。

在任何一个企业中，除了专职的采购人员之外，还有一些其他人员也参与购买决策过程。所有参与购买决策过程的人员构成采购组织的决策单位，营销学称之为采购中心。企业采购中心通常包括以下五种成员：

（1）使用者，即具体使用欲购买的某种产业用品的人员。使用者往往是最初提出购买某种产业用品意见的人，他们在计划购买产品的品种、规格中起着重要作用。

（2）影响者，即在企业外部和内部直接或间接影响购买决策的人员。他们通常协助企业的决策者决定购买产品的品种、规格等。企业的技术人员是最主要的影响者。

（3）采购者，即在企业中有组织采购工作（如选择供应商、与供应商谈判等）的正式职权人员。在较复杂的采购工作中，采购者还包括参加谈判的公司高级人员。

（4）决定者，即在企业中有批准购买产品权力的人。在标准品的例行采购中，采购者常常是决定者；而在较复杂的采购中，公司领导人常常是决定者。

（5）信息控制者，即在企业外部和内部能控制市场信息流到决定者、使用者的人员，如企业的购买代理商、技术人员等。

当然，并不是任何企业采购任何产品都必须有上述五种人员参加购买决策过程。企业采购中心规模的大小和成员多少会随着欲采购产品的不同而有所不同。如果一个企业的采购中心的成员较多，供货企业的营销人员就不可能接触所有的成员，而只能接触其中少数几位成员。在此情况下，供货企业的营销人员必须了解谁是主要的决策参与者，以便影响最有影响力的重要人物。

## 二、产业购买者的行为类型

产业购买者不是只做单一的购买决策，而要做一系列的购买决策。产业购买者所做购买决策的数量、其购买决策结构的复杂性，取决于产业购买者行为类型的复杂性。

产业购买者的行为类型大体有三种，一种极端情况是直接重购，基本上属惯例化采购；另一种极端情况是全新采购，需要做大量的调查研究；二者之间是修正重购，也需要做一定的调查研究。

### （一）直接重购

直接重购即企业的采购部门根据过去和许多供应商打交道的经验，从供应商名单中选择供货企业，并直接重新订购过去采购的同类产业用品。此时，组织购买者的购买行为是惯例化的。在这种情况下，列入供应商名单的供应商将尽力保持产品质量和服务质量，并采取其他有效措施来提高采购者的满意程度。未列入名单内的供应商要试图提供新产品或开展某种满意的服务，以便使采购者考虑从它们那里购买产品，同时设法先取得一部分订货，以后逐步争取更多的订货份额。

### （二）修正重购

修正重购即企业的采购经理为了更好地完成采购工作任务，适当改变要采购的某些产业用品的规格、价格等条件或供应商。这种行为类型较复杂，因而参与购买决策过程的人数较多。这种情况给"门外的供货企业"提供了市场机会，并给"已入门的供货企业"造成了威胁，这些供货企业要设法拉拢其现有顾客，保护其既得市场。

### （三）全新采购

全新采购即企业第一次采购某种产业用品。全新采购的成本费用越高、风险越大，那么需要参与购买决策过程的人数和需要掌握的市场信息就越多。这种行为类型最为复杂，因此，供货企业要派出特殊的推销小组，向顾客提供市场信息，帮助顾客解决疑难问题。

在直接重购情况下，产业购买者要做出的购买决策最少；而在全新采购情况下，产业购买者要做出的购买决策最多，通常要做出以下主要决策，即决定产品规格、价格幅度、交货条件和时间、服务条件、支付条件、订购数量、可接受的供应商和挑选出来的供应商等。

### 三、影响产业购买者决策的主要因素

产业购买者做购买决策时受以下一系列因素的影响：

（1）环境因素，即一个企业外部周围环境的因素，诸如一个国家的经济前景、市场需求、技术变化、市场竞争、政治与法律等情况。

（2）组织因素，即企业本身的因素，诸如企业的目标、政策、程序、组织结构、制度等。

（3）人际因素。如上所说，企业的采购中心通常包括使用者、影响者、采购者、决定者和信息控制者，这五种成员都参与购买决策过程。这些参与者在企业中的地位、职权、说服力以及他们之间的关系有所不同。这种人事关系也不能不影响产业购买者的购买决策和购买行为。

（4）个人因素，即各个参与者的年龄、受教育程度、个性等，这些个人的因素会影响各个参与者对要采购的产业用品和供应商的感觉、看法，从而影响购买决策、购买行动。

### 四、产业购买者决策过程

供货企业还要了解其顾客的购买过程各个阶段的情况，并采取适当措施，满足顾客在各个阶段的需要，才能使其成为现实的买主。产业购买者购买过程的阶段情况，也取决于产业购买者行为类型的复杂程度。

在直接重购这种最简单的行为类型下，产业购买者购买过程的阶段最少；在修正重购情况下，购买过程的阶段多一些；而在全新采购这种最复杂的情况下，购买过程的阶段最多，要经过以下八个阶段。

#### （一）认识需要

在全新采购和修正重购情况下，购买过程是从企业的某些人员认识到要购买某种产品以满足企业的某种需要开始的。

认识需要是由两种刺激引起的：一是内部刺激，诸如企业决定推出某种新产品，因而需要采购生产这种新产品的新设备和原料等；二是外部刺激，如采购人员看广告或参加展销会时，发现了更物美价廉的产业用品。

#### （二）确定需要

确定需要，也就是确定所需品种的特征和数量。确定标准品的特征和数量比较简单易行。至于复杂品种，采购人员要和使用者、工程师等共同研究，确定所需品种的特征和数量。供货企业的营销人员在此阶段要帮助采购单位的采购人员确定所需品种的特征和数量。

#### （三）说明需要

企业的采购组织确定需要以后，要指定专家小组，对所需品种进行价值分析，做出详细的技术说明，作为采购人员取舍的标准。

价值分析是美国通用电气公司采购经理迈尔斯（Miles）1947年发明的。1954年美国国防部开始采用价值分析技术，并改称为价值工程。价值分析中所说的"价值"，是指某种产品的功能与这种产品所耗费的资源（即成本或费用）之间的比例关系，也就是经营效益（或经营效果），其公式为

$$V（价值）= \frac{F}{C}$$

式中，F（功能）是指产品的用途、效用、作用，也就是产品的使用价值；C 为成本或费用。

迈尔斯看到，人们购买某种产品，实际上要购买的是这种产品的功能。价值分析的目的是耗费最少的资源，生产出或取得最大的功能，以提高经营效益。产业购买者在采购工作中要进行价值分析，调查研究本企业要采购的产品是否具备必要的功能。

### （四）物色供应商

在全新采购情况下，采购复杂的、价值高的品种，需要花较多时间物色供应商。供货企业要加强广告宣传，千方百计提高本公司的知名度。

### （五）征求建议

征求建议即企业的采购经理邀请合格的供应商提出建议。如果采购复杂的、价值高的品种，采购经理应要求每个潜在的供应商都提交详细的书面建议。采购经理还要从合格的供应商中挑选最合适的供应商，要求它们提出正式的建议书。因此，供货企业的营销人员必须善于提出与众不同的建议书，以引起顾客的信任，争取成交。

### （六）选择供应商

选择供应商的传统做法，即采购中心根据供应商产品质量、产品价格、信誉、及时交货能力、技术服务等来评价供应商，选择最有吸引力的供应商。采购中心做最后决定以前，也许还要和那些较中意的供应商谈判，争取较低的价格和更好的条件。最后，采购中心选定一个或几个供应商。许多精明的采购经理一般都宁愿有多条供应来源，以免受制于人，而且这样能够对各个供应商进行比较，如向第一位供应商采购所需原料的 60%，分别向其他两位供应商采购所需原料的 30% 和 10%，这样就可以使这三位供应商展开竞争，从而迫使它们利用价格折扣尽量提高自己的供货份额。

关于供应商营销。事实上，采取多条供应来源的做法虽然能使企业节约成本费用，但却隐藏着很大的风险，比如供货质量参差不齐、主要的供应商因价格竞争过度而破产等。20 世纪 90 年代以来，越来越多的企业已开始倾向于把供应商看作合作伙伴，设法帮助它们提高供货质量、供货及时性，搞好经营管理，开展"供应商营销"。供应商营销主要包括两方面的内容：一是确定严格的资格标准以选择优秀的供应商，这些标准可以包括技术水平、财务状况、创新能力、质量观念等；二是积极争取那些成绩卓著的供应商使其成为自己的合作者，因这种营销活动与产品流动方向是相反的，故也称为"反向营销"。

### （七）签订合约

签订合约即采购经理开订货单给选定的供应商，在订货单上列举技术说明、需要数量、期望交货期等。现代企业日趋采取"一揽子合同"，而不采取"定期采购交货"。这是因为如果采购次数较少，每次采购批量较大，库存就会增加；反之，如果采购次数较少，库存就会减少。采购经理通过和某一供应商签订"一揽子合同"，和这个供应商建立长期供货关系，这个供应商承诺当采购经理需要时即按照原来约定的价格条件随时供货。这样，库存就摆在供货企业（卖方）那里，采购单位（买方）如果需要进货，采购经理的电脑就会自动打印出订货单，或者用传真机发送订货单给供应商，因而"一揽子合同"又叫做"无库存采购计划"。

### （八）绩效评价

采购经理最后还要向使用者征求意见，了解它们对购进的产品是否满意，检查和评价各个供应商履行合同情况，然后根据这种检查和评价，决定以后是否继续向某个供应商采购产品。

## 任务四　分析中间商、政府和社团市场的购买行为

普通消费者和生产者是市场购买行为典型意义上的主体，但中间商、政府和社团同样是市场购买行为的主体。与生产者一样，中间商、政府和社团本质上属于组织型购买者，分析其市场购买行为是研究整个市场购买行为的重要组成部分。

### 一、中间商市场购买行为及分析

中间商是生产者与终端消费者之间的桥梁，它通过转售商品的方式将生产者与消费者联系起来，中间商的市场购买行为同时具有生产者和消费者的部分购买属性。

#### （一）中间商市场的含义及分类

所谓中间商，是商品流通领域中承担各种不同商业职能的商业企业及个体商人的总的简称。中间商是以营利为目标的社会组织机构，其营利方式是通过售卖生产者的商品。为了达成目标，中间商需要批量购买商品，而中间商的购买及其行为就构成了中间商市场。

中间商一般可以分为两大类：一类是将所购产品或服务转售给零售企业或组织型购买者的批发商，包括经销批发商、代理批发商或销售办事处等；另一类是将产品或服务售给终端消费者的零售商，包括专业商店、传统百货商店、综合性购物中心、连锁经营超市和个体经营商店等。

批发商与零售商购买行为的共同特征有以下几点：第一，两者都以转售商品来获取利润，他们的购买需求是派生的；第二，两者贴近消费者，市场需求的灵敏度比较高，善于发现商机，购买转移较快，一定程度上也能够引导生产者的生产和购买；第三，购买产品或服务确定性不强，购买品种繁多，购买程序复杂；第四，比较注重风险的规避。

批发商与零售商购买行为也有不同：第一，批发商购买规模较大，购买对象比较稳定，购买频率较均衡，也较注重购买时机，购买者经验相对丰富、专业知识强，也比较理性；第二，零售商购买次数多、品种多、数量小，注重商品的季节性，比较关注商品的特色，对商品的包装尤其重视，对生产者提供的促销、广告手段等也比较关注。

#### （二）中间商的购买行为及其影响因素

中间商的购买行为与生产者的购买行为比较类似，但又有自身特色，而且中间商的购买行为也会受到各种因素的影响。

**1. 中间商购买行为的参与者**

中间商购买属于组织型购买，一般由不同的人参与购买决策，参与人数的多寡取决于中

间商的性质，如果是小型商店，店主一人就可以决定；而批发商、大型商店或连锁商店则会组成专门的采购部门，人员包括商业企业领导者、商品经理、分店经理和购买委员会等。

**2. 中间商购买行为过程**

中间商购买行为过程与生产者购买行为过程类似，也是一个由识别需要到物色供应商，再到购买决策及绩效评估的过程。概括起来可以简化为四个阶段：第一，市场定位阶段。中间商与生产者不同，它属于属地化的企业，居于一定的区域之内，需要根据商场特点和所在地消费者需要，确定自己售卖什么样层次、品位的商品和什么品种、规格的商品。第二，供应商物色阶段。中间商售卖的商品门类众多，即使同类产品也可以同时售卖多种品牌，这个阶段的任务是收集各种资料及供应商信息，发出多种供货建议书，挖掘有市场潜力的商品及其供应商。第三，谈判购买阶段。由于需购商品繁多，艰苦的谈判不可避免，而且中间商由于占据渠道而带来地位提升，在购买价格及支付方式上越来越具有主动权，售后、滞期付款方式风行，也增加了谈判的难度。第四，购买绩效评估阶段。这是中间商非常重视的阶段，它能够根据售卖状况评估商品购买的效用，对以后的购买及供应商的筛选有重要影响。

**3. 影响中间商购买的因素**

与生产者购买行为一样，中间商购买行为也受到环境、组织、人际关系和个人因素的影响。其中，人际关系与个人因素的影响相对较小，一般只对个别品种或规格产生影响，而环境与组织因素则影响较大。

环境因素的影响是因为中间商购买受消费者需求驱动，而消费者需求又受区域经济发展的影响比较大，如果某地的经济不振，消费者购买力减弱，中间商的购买行为必然也缩减。组织因素是指中间商组织结构、管理体制方面的原因，组织结构越复杂、越分散，则购买行为政出多门，影响购买数量和效率，而管理体制越严谨乃至僵化，同样影响购买质量和效率。

## 二、政府、社团市场购买行为及分析

政府、社团的市场购买不以营利为目的，也不像普通消费者一样用于个人或家庭的生活，它属于群体消费者，其市场购买行为具有自身的特色。

### （一）政府、社团市场及购买特点

政府是指各个级别的管理一般社会的经济、文化及公共行政事务的权力机关及其职能部门。社团主要是指有别于政府和以营利为目的的企业的社会事业团体，包括各种协会、群众团体等互益组织和公立的学校、医院等服务性组织。政府和社团为了达成目标，需要购买一定的消费资料和生产资料，由此就构成了政府购买市场和社团购买市场。政府市场与社团市场状况比较相似，但由于两者的组织属性不同，其所服务的对象及要求不同，因而市场特征也有所不同，但总体来讲，政府市场范围较广，基本涵盖了社团市场。

政府和社团市场购买具有诸多特点：第一，购买性质属于非营利性质，一般用于终端消费，即使用于建设需要，也是公共性质的；第二，购买商品的类别包括常规用品（如办公用品）、公共物品（如免费发放品、公共设施）、特定物品（特定组织专用物品）和政府或特定组织独有的特殊用品（如救灾物资）等四类；第三，购买方式除了常规购买外，还通常采取招标的方式进行，尤其是政府市场的购买，招标的购买形式逐渐成为主流购买形式，而且政府和社团的采购对象不仅限于中间商，也更多地趋向通过生产者直接购买；第四，购买的计划性比较强，一般要事先做出计划，经批准后才能执行，购买效率较其他购买者低；第五，购买价格受总额资金控制较强，一般超额购买情况较少，但是对于购买商品单体价格的敏感度不如普通消费者和营利性组织。

**【知识链接】**

### 政府采购制度

政府采购制度在西方国家已经有200多年的实践历史，其适用范围从最初的国内延伸到国际，现代政府采购概念起源于1947年关贸总协定中的有关国民待遇的例外规定条款。20世纪60年代，欧洲经合组织（OECD）出台了《关于政府采购政策、程序和做法的文件草案》，将政府采购正式纳入国际组织文件之中，1979年东京回合的重要成果之一就是诞生了第一个国际性的《政府采购协议》。

我国自1995年在深圳市率先试行政府采购制度，2000年全国各地政府采购机构建设基本完成。2002年，《政府采购法》正式出台，使政府采购进入规范发展的新阶段。为增强国际竞争能力，我国政府已向亚太经合组织承诺最迟于2020年向其他成员国开放国内政府采购市场。

（资料来源：百度文库，有修改）

## （二）政府、社团市场购买行为过程及影响因素

政府、社团的购买资金主要是财政性资金，为提高财政性资金的使用效益，政府和社团的市场购买行为越来越受到法律的约束和社会各界的关注，这可以从其参与人员、行为过程和影响因素几个方面看到。

### 1. 政府、社团市场购买过程的参与者

政府、社团市场购买过程的参与者包括五类：① 采购人，即货物或服务的需要单位，由其提供资金并进行购买和使用；② 采购代理机构，即政府（社团一般没有这一类，或委托政府采购）专门设立的采购机构，特别是集中采购一般都由它执行；③ 供应商，即参与政府（社团）采购投标、谈判，并在中标后提供货物或服务的企业；④ 采购的相关人员，包括采购过程的中介、信息服务提供者等；⑤ 政府（社团）采购监督管理部门，即依法对政府或社团采购进行监督管理的政府职能部门。由这五个方面人员进行联动，就构成了政府、社团市场购买行为的约束机制。

### 2. 政府、社团市场购买行为过程

政府、社团市场购买行为过程依次为确定需要、信息资料收集及专家咨询、制订采购计划、向上级部门报批、资金筹措、征求供应商及供应意见书、筛选供应商、招标、确定中标单位、商讨购买细节（如规格、服务要求、付款方式、期限）、签订合同、购后绩效评估等一系列的阶段，其中，确定需要、报批、资金筹措、招标、签订合同、购后绩效评估等，是政府、社团市场购买行为过程的关键性环节。

### 3. 影响政府、社团市场购买行为的因素

影响政府、社团市场购买行为的因素与其他市场购买者的因素相类似，也包括环境、

组织、人际关系和个人因素，但其也有自身特点：① 政府、社团主要运用财政性资金，其市场购买能力受社会经济发展因素的制约相对较大，而且对于政府来说，往往还会受到国际国内经济、政治方面变化的影响；② 政府、社团市场购买行为需要遵循公开、公平、公正的原则，要受到社会各界的监督，以防止腐败行为的发生，其决策更具客观性和严谨性；③ 政府和某些社团组织的市场购买行为还会受到自然灾害和公共社会危机等突发事件的影响，有时也可能显示出无序化倾向。

　　总之，无论是普通消费者、组织消费者、生产者，还是中间商、政府、社团的市场购买行为都各具特点，在市场营销中应该对其进行深入的分析，只有这样才能制订出与其购买行为相适应的营销计划和策略。

**【案例赏析】**

## 纸上消费行为与信息需求

　　当前以燎原之势迅猛发展的网店购物曾经不被看好，主要原因是消费者有两怕：一怕自己的购物资金被骗，二怕买到假冒伪劣的商品。消费者被骗怕了，面对面的实体店购物尚有严重欺诈，何况千里之外不知何处的网店？针对消费者的两怕，网络商店采取了两条主要措施：一是通过"支付宝"等第三方电子支付平台保证消费者购物资金安全，消费者货未到手或到手后不满意，则原款返还。二是提供了消费者信息反馈平台。几乎所有的电子商务网站都设计了"评价详情"平台，消费者在网站购物之后可以立即做出评价。随后的购物者可以参考他人评价做出购买决策，降低了信息收集的成本，增强了正确决策的信心。因此，除第三方电子支付平台之外，消费者的信息反馈平台是网络商店得以发展的决定因素。提供全面、客观、可靠的信息，减少信息不对称是网络商店成败的关键。但是，各家电子商务网站提供的消费者评价信息是否全面、客观、可靠，依然是个值得关注的问题。

　　根据自身是否直接经营产品，电子商务网站可以分为两类：一类是自己建立网站，自己经营商品，即自己进货，在自己的网站销售。这类网站以京东商城为代表。二是自己建立网站，但是自己并不经营商品，而是招来他人在网站上建店经营。比照实体店而言，建立电子商务网站好像造一座商业大楼，大楼的所有者并不经营商品，只是出租店面给商户经营，自己则收取租金并充当物业管理和市场管理的角色，这类网站以淘宝网为代表。

　　消费者对这两类电子商务网站所提供的商品和商品评价信息的信任程度是不同的。就商品质量与可靠性而言，消费者对第一类网站的信任程度高于第二类网店。因为第一类网站大多具有一定规模且自己购进商品，自己销售。为了维护信誉，长久经营，通常会严把货关，不会有意销售假冒伪劣商品。而在第二类网站经营的网店则鱼龙混杂，网站不能保证网店的产品质量与可靠性。就商品评价信息而言，消费者通常认为第二类网站商品评价信息的全面性、客观性和可靠性高于第一类网站。第一类网站虽然提供了"评价详情"消费者信息反馈平台，但是这一平台由网站自行控制。受利益机制驱动，她们有可能才用"删帖"的方式删除"差评"，保留乃至虚构"好评"。不管他们是否这样做，都无法消除消费者的这种怀疑。

　　网上常见消费者指责或抗议网站删除了自己对商品"差评"的帖子。消费者通常认为第二类电子商务网站提供的商品评价信息的全面性、客观性和可靠性高一些。第二类网站的消费者信息反馈平台由网站控制，经营户无法删改消。

（资料来源：百度文库，有修改）

【思考】

1. 以上案例材料反映了消费者什么样的购物心理？

2. 如果你想自建一个购物网站，你会怎么设计评价系统？

# 项目小结

（1）购买行为是指人们为满足需要和欲望而寻找、选择、购买、使用、评价及处置产品、服务时介入的过程活动，包括消费者的主观心理活动和客观物质活动两个方面。

（2）消费者的购买行为受到文化、社会、个人和心理特征的强烈影响，营销者无法控制这些因素的大部分，但是必须把它们列入考虑范围之中。

（3）市场营销学研究消费者市场，核心是研究消费者的购买行为，即消费者购买商品的活动和与这种活动有关的决策过程。

（4）组织市场是指各类组织为从事生产、销售业务活动，或履行职责而购买产品和服务所构成的市场，包括生产者市场、中间商市场、政府市场和非赢利组织市场。不同市场的购买行为存在差异性。

（5）普通消费者和生产者是市场购买行为典型意义的主体，但中间商、政府和社团同样是市场购买行为的主体。与生产者一样，中间商、政府和社团本质上属于组织型购买者，分析其市场购买行为是研究整个市场购买行为的重要组成部分。

# 巩固与提高

## 一、判断题

1. 消费者市场就是最终产品市场。　　　　　　　　　　　　　　　　（　　）

2. 人们常常会效仿渴望群体的消费方式。　　　　　　　　　　　　　（　　）

3. 就卖主而言，消费者市场是法人市场，组织市场是个人市场。　　　（　　）

4. 对技术含量高的产品，为扩大其销售，应当尽量多地利用中间商来进行促销。

　　　　　　　　　　　　　　　　　　　　　　　　　　　　　　　（　　）

5. 影响生产者购买决策的基础性因素是文化因素。　　　　　　　　　（　　）

6. 服务市场的本质是劳务的经营。　　　　　　　　　　　　　　　　（　　）

7. 购买动机就是指人们产生购买行为的原因。　　　　　　　　　　　（　　）

8. 连锁超级市场的分店经理掌握分店一级的采购权。　　　　　　　　（　　）

9. 消费品尽管种类繁多，但不同品种或不同品牌之间不能相互替代。　（　　）

10. 不同亚文化群的消费者生活方式相同。　　　　　　　　　　　　　（　　）

## 二、单项选择题

1. 社会阶层是按一定的社会标准将社会成员划分成若干（　　　）。

A. 社会等级　　　　B. 相关群体　　　　C. 次级群体　　　　D. 初级群体

2. 组织市场需求波动幅度（　　　）消费者市场需求波动幅度。

A. 小于　　　　　　B. 大于　　　　　　C. 等于　　　　　　D. 不等于

3. 对消费者购买行为具有最广泛、最深远影响的因素是( )。

A. 文化因素　　　　B. 社会因素　　　　C. 个人因素　　　　D. 心理因素

4. 家庭成员对人们购买行为影响颇大，家庭成员属于( )。

A. 基本群体　　　　B. 次要群体　　　　C. 向往群体　　　　D. 参照群体

5. 下列影响消费者购买行为因素，哪一项不属于社会因素( )。

A. 参照群体　　　　B. 身份、地位　　　C. 社会阶层　　　　D. 家庭

### 三、多项选择题

1. 组织市场的类型主要有( )。

A. 生产者市场　　　B. 中间商市场　　　C. 非盈利组织市场

D. 政府市场　　　　E. 个人市场

2. 生产者购买行为的主要类型( )。

A. 直接重购　　　　B. 新购　　　　　　C. 修正重购

D. 互惠购买　　　　E. 专业购买

3. 中间商的购买类型有( )。

A. 新产品采购　　　　　　　　　　B. 最佳供应商选择

C. 改善交易条件的采购　　　　　　D. 直接重购

E. 修正重购

4. 非盈利性组织的购买特点是( )。

A. 限定总额　　　　B. 价格低廉　　　　C. 保证质量

D. 受到控制　　　　E. 程序复杂

5. 影响购买力水平的因素主要有( )。

A. 消费者收入　　　B. 居民消费　　　　C. 消费信贷

D. 消费者支出　　　E. 消费者个性

### 四、简答题

1. 简述消费者市场的特点。

2. 消费者购买行为有哪些主要类型？

3. 产业购买者的购买过程分为哪几个阶段？

### 五、论述题

1. 分析消费者购买过程。

2. 服务市场购买行为分析。

### 六、实训项目

分小组对以下不同类型的顾客设计推销技巧。

1. 对商品挑挑拣拣，讨价还价，购买决策时优柔寡断、犹豫不决的顾客。

2. 购买时态度傲慢，而又自以为是的顾客。

3. 当商品推出折价销售活动时，超量购买很多并不常用的廉价商品的顾客。

4. 由于收入较高，喜欢挑选高档价格商品的顾客。

5. 购物较理智，并能冷静客观地指出商品所存在的某些不足之处的顾客。

6. 购物有一定的习惯和偏好，一般只购买自己喜欢或熟悉产品的顾客。

# 项目五　选择目标市场

**【知识目标】**

1. 掌握不同市场及购买者行为市场的细分
2. 掌握如何选择目标市场
3. 了解如何进行市场定位

**【能力目标】**

1. 能理解消费者市场细分的依据
2. 初步学会根据消费者需求了解目标市场的评估要求
3. 能联系实际，认识细分市场对企业营销活动的影响

**【导入案例】**

## 转移目标市场，县城受门窗企业青睐

如果一个杯子水满了，该怎么办？要不倒掉水，要不换个杯子。在门窗市场来看，一二线城市就像这个杯子，水已经满了，不可能倒掉，找个新杯子是最好的办法，于是各大门窗厂商纷纷把目光投向县城。

在过去"躺着"都能挣钱的时代，门窗品牌商只要做好一二线城市，就能获利匪浅。当前随着我国经济增速放缓，门窗品牌商为了不被市场淘汰，必须想方设法寻找新的利润增长点，而进入农村市场被认为是一个不错的选择。

中国以农村为代表的县级消费市场未来的发展前景广阔。来自央视市场研究的数据显示，我国县级市场消费基础庞大，有9亿人口、2.35亿户家庭，比肩整个非洲，相当于两个欧盟或三个美国；县级消费市场贡献的GDP有27万亿元，相当于两个俄罗斯和两个意大利；8万亿元的消费总量相当于8个河南省、10个北京市。

不同于一二线城市营销容量日趋饱和，以农村为代表的县级市场正成为众多门窗品牌商追逐的新方向。"当前以农村为代表的县级市场，消费者的品牌意识正在日渐增强，门窗品牌商只要率先做好传播，就有可能先入为主，获得消费者的认可。"业内人士如是说。

过去由于品牌商忽视县级消费市场，一些山寨品牌在农村市场肆意发展，这对于看重县级市场的品牌商而言，却并非是一件坏事。业内人士认为，在品牌虚虚实实、真真假假的较量中，县级消费者的品牌意识已经被培养了起来，这给门窗品牌正规军未来在县级市场的布局发展打下了基础。

不少业内人士认为以往县级市场被人忽视的主要原因是市场消费能力不强，随着外出务工人员回乡返资建设潮，县级市场对门窗的需求增加，以往的门窗大部分都是传统手工匠人制造的，这样的门窗就地取材，纯手工制，样式也单一，工时长、价格高，就算这样还往往需要等待。门窗企业工时短，机械生产避免误差，批量生产价格低，有设计师设计，产品花样多。比起长久的等待，人们更乐意购买成品。

（资料来源：百度文库，有修改）

**【思考】**

案例中的门窗企业为何将目标市场转移至县城，这些做法对我们有何启发？

# 任务一 认识市场细分

市场细分是指营销者通过市场调研，依据消费者的需要和欲望、购买行为和购买习惯等方面的差异，把某一产品的市场整体划分为若干消费者群的市场分类过程。每一个消费者群都是一个细分市场，每一个细分市场都是由具有类似需求倾向的消费者构成的群体。

市场细分的概念由美国市场学家温德尔·R·史密斯（Wendell R. Smith）于 1956 年最早提出。

市场细分的好处已经被众多企业的营销实践所证实。不论是消费者市场还是产业市场，开展市场细分工作都需要依据一定的细分变量，而且市场细分必须满足一定的条件才是有效的。

## 一、市场细分的利益

首先，市场细分有利于企业发现最好的市场机会，提高市场占有率。企业通过市场营销研究和市场细分，可以了解不同购买者群体的需要情况和目前满足情况，在满足程度较低的子市场上，就可能存在最好的市场机会。

其次，市场细分还可以使企业用最少的经营费用取得最大的经营效益。通过市场细分和目标市场选择，企业可以根据目标市场需求变化，及时、正确地调整产品结构和市场营销组合，使产品适销对路，扩大销售，还可以集中使用企业资源，以最少的经营费用取得最大的经营效益。

最后，细分市场有利于提高企业的竞争能力。在市场细分后，每一个子市场上竞争者的优势和劣势就明显地暴露出来。企业只有看准市场机会，利用竞争者的弱点，同时有效地开发本企业的资源优势，才能用相对较少的资源把竞争者的顾客和潜在顾客变为本企业产品的购买者，提高市场占有率，增强竞争能力。

## 二、消费者市场细分的依据

市场细分要依据一定的细分变量来进行。消费者市场的细分变量主要有地理变量、人口变量、心理变量和行为变量等四类。

### （一）地理细分

所谓地理细分就是企业按照消费者所在的地理位置以及其他地理变量（包括城市农村、地形气候、交通运输等）来细分消费者市场。

地理细分的主要理论根据是：处在不同地理位置的消费者，他们对企业的产品各有不同的需要和偏好，他们对企业所采取的市场营销战略，对企业的产品价格、分销渠道、广告宣传等市场营销措施也各有不同的反应。市场潜量和成本费用会因市场位置不同而有所不同，企业应选择那些本企业能最好地为之服务、效益较高的地理市场为目标市场。

## （二）人口细分

所谓人口细分就是企业按照人口变量（包括年龄、性别、收入、职业、受教育水平、家庭规模、家庭生命周期阶段、宗教、种族、国籍等）来细分消费者市场。人口变量很久以来一直是细分消费者市场的重要变量，这主要是因为人口变量比其他变量更容易测量。

某些行业的企业通常用某一个人口变量来细分市场，比如服装、化妆品、理发等行业的企业长期以来一直按照性别细分市场。更多的公司通常采取多变量细分。

【知识链接】

### 哥弟——专属于中年白领女性的精致服装

哥弟女装是近年来应用市场细分策略比较成功的服装品牌之一。以"儒文化"为品牌内涵，哥弟准确地将目标市场定位在 30 岁以上这一年龄段的女性消费者。我国这一顾客群体人口在 3.3 亿左右，是经济基础最为雄厚的消费群体，她们有较强的购买欲望，生活讲究，需要得体而漂亮的衣着，但传统着衣观念和身材的限制，将她们阻隔在流行与时尚品牌之外，而她们恰恰就是扎扎实实的实力消费群体，哥弟女装的成功秘诀就在于解决了这一群体的穿着问题。

哥弟在对市场进行调研后发现，主打 30 岁以上的年龄段，不仅能够把握较强购买力的女性，而且能满足市场上中高档国内自主品牌的缺失，填补市场空白。因此哥弟从台湾进入大陆市场开始，便在国内女装界占据一席之地。同时以从不打折、不做广告宣传、颜色花而不哨、裁剪贴而不紧、价格高而不贵的设计与营销方式，在大中小城市纷纷落户，广泛分布，完全对准了中年白领女性的"胃口"。

（资料来源：http：//info.cloh.hc360.com/2012/06/141107697083 shtml）

## （三）心理细分

所谓心理细分就是按照消费者的生活方式、个性等心理变量来细分消费者市场。消费者的欲望、需要和购买行为，不仅受人口变量影响，而且受心理变量影响，所以还要进行心理细分。

（1）生活方式细分。来自相同的亚文化群、社会阶层、职业的人可能各有不同的生活方式。生活方式不同的消费者对商品各有不同的需要；一个消费者的生活方式一旦发生变化，他就会产生新的需要。越来越多的企业按照消费者的不同生活方式来细分消费者市场，并且按照生活方式不同的消费者群来设计不同的产品和安排市场营销组合。

企业在进行生活方式细分时，可以借助我们在消费者市场分析中提到的"AIO"模型（也叫"AIO"尺度）来测量消费者的生活方式，即活动（activities），如消费者的工作、业余消遣、休假、购物、体育、款待客人等活动；兴趣（interests），如消费者对家庭、服装的流行式样、食品、娱乐等的兴趣；意见（opinions），如消费者对社会、政治、经济、产品、文化教育、环境保护等问题的意见。企业可派出调查人员去访问一些消费者，详细调查消费者的各种活动、兴趣、意见，然后用电脑分析处理调查资料，从而发现生活方式不同的消费者，也就是说，按照生活方式来细分消费者市场。

（2）个性细分。企业还按照消费者的不同个性来细分消费者市场。这些企业通过广告宣传，试图赋予其产品与某些消费者的个性相似的品牌个性，树立品牌形象。

### （四）行为细分

所谓行为细分就是企业按照消费者购买或使用某种产品的时机、消费者所追求的利益、使用者情况、消费者对某种产品的使用率、消费者对品牌（或商店）的忠诚程度、消费者待购阶段和消费者对产品的态度等行为变量来细分消费者市场。

（1）时机细分。消费者在不同时机所购买和使用的产品是不同的，这就为企业提供了一种根据时机来细分市场的方法。例如，某种产品或服务项目专门用于满足像春节、中秋节、圣诞节、寒暑假等节假日的需求。在现代市场营销实践中，许多企业往往通过时机细分，试图扩大消费者使用本企业产品的范围。

（2）利益细分。消费者往往因为所追求的利益不同而购买不同的产品和品牌。如有些消费者购买防蛀牙膏，主要是为了防治龋齿；有些消费者购买芳草牙膏，则主要是为了防治口腔溃疡、牙周炎。企业可根据自己的条件，权衡利弊，选择其中某一个追求或某种利益的消费者群为目标市场，设计和生产出适合目标市场需要的产品，并且用适当的广告媒体和广告信息，把这种产品的信息传达到追求这种利益的消费者群。

（3）使用者细分。许多商品的市场都可以按照使用者情况，如非使用者、曾经使用者、潜在使用者、初次使用者和经常使用者等来细分。大公司资源丰富，市场占有率高，一般都对潜在使用者这类消费者群发生兴趣，它们着重吸引潜在使用者，以扩大市场阵地；小企业资源薄弱，往往看重吸引经常使用者。当然，企业对潜在使用者和经常使用者要酌情运用不同市场营销组合，采取不同的市场营销措施。

（4）使用率细分。许多商品的市场还可以按照消费者对某种产品的使用率，如少量使用者、中量使用者、大量使用者来细分，这种细分战略又叫做数量细分。大量使用者往往在实际和潜在购买者总数中所占比重不大，但他们所消费的商品数量在商品消费总量中所占比重却很大。研究表明，某种产品的大量使用者往往有某些共同的人格心理特征和广告媒体习惯，企业掌握了这种市场信息，就可以据以合理定价、撰写适当的广告词和选择适当的广告媒体。

（5）忠诚度细分。企业还可以按照消费者对品牌的忠诚程度来细分消费者市场。所谓品牌忠诚是指由于价格、质量等诸多因素的吸引力，使消费者对某一品牌的产品情有独钟，形成偏爱并长期地购买这一品牌产品的行为。按照消费者对品牌的忠诚程度这种行为变量来细分，可以把所有的消费者细分为四类不同的消费者群：

① 坚定品牌忠诚者。假设有 A、B、C、D、E 五种品牌，这类消费者群在任何时候都只购买某一种品牌，一贯忠诚于某一种品牌，如：A、A、A、A、A、A。

② 有限品牌忠诚者。这类消费者忠诚于两三种品牌，如 A、A、B、B、A、B。

③ 游移的忠诚者。这类消费者群从忠诚于某一种品牌转移到忠诚于另一种品牌，如 A、A、A、B、B、B。

④ 非忠诚者。这类消费者群购买各种品牌，并不忠诚于某一种品牌，如 A、C、E、B、D、B。

每一个市场都包含有不同程度的上述四种类型的消费者群。坚定品牌忠诚者为数众多，比重大的市场叫作品牌忠诚市场。显然，某些企业要想进入这种市场是困难的。即使已进入，要想提高市场占有率也不容易。企业通过分析研究上述四种类型的消费者群，可以发现问题，以便采取适当措施，改进市场营销工作。不过，企业分析研究上述四种类型的消费者群时必须持慎重态度。

假设某些消费者连续购买品牌 B，从表面现象看，这类消费者群似乎一贯忠诚于 B 品牌，是铁杆品牌忠诚者，但是如果深入分析研究就会发现他们之所以会这样，是因为这种品牌的价格偏低，或者是因为没有其他代用品，这些消费者不得不购买 B 品牌，所以这种购买类型并不能说明这些消费者是铁杆品牌忠诚者。

假设某些消费者的购买类型是 B、B、B、A、A、A，从表面现象看，这些消费者似乎是转移的忠诚者，但是如果深入分析研究就会发现，这些消费者之所以会这样，是因为有些商店一向经营的 B 品牌暂时断档脱销，或者是因为 A 品牌降价促销，所以这些消费者转向购买 A 品牌。分析研究上述四种类型的消费者群时必须持慎重态度，不要被其表面现象所迷惑，要深入分析研究。

（6）待购阶段细分。在任何时候，人们都处于购买某种产品的不同阶段。在某种产品的潜在市场上，有些消费者根本不知道有这种产品；有些消费者知道有这种产品；有些消费者已得到信息；有些消费者已发生兴趣；有些消费者想购买；有些消费者正决定购买。企业之所以要按照消费者待购阶段来细分消费者市场，是因为企业对处在不同待购阶段的消费者，必须酌情运用适当的市场营销组合，采取适当的市场营销措施，才能促进销售，提高经营效益。

（7）态度细分。企业还可以按照消费者对产品的态度来细分消费者市场。消费者对某企业的产品的态度有五种，即热爱的、肯定的、不感兴趣的、否定的和敌对的。企业对这些持不同态度的消费者群，也应当酌情分别采取不同的市场营销措施，例如，企业对那些不感兴趣的消费者，要通过适当的广告媒体，大力宣传介绍本企业的产品，使他们转变为感兴趣的消费者。

### 三、产业市场细分的依据

细分产业市场的变量，有一些与消费者市场细分变量相同，如追求利益、使用者情况、使用程度、对品牌的信赖程度、购买准备阶段、使用者对产品的态度等。此外，细分产业市场的常用变量还有最终用户、顾客规模等。

#### （一）最终用户

在产业市场上，不同的最终用户对同一种产业用品的市场营销组合往往有不同的要求。例如，电脑制造商采购产品时最重视的是产品质量、性能和服务，价格并不是要考虑的最主要因素；飞机制造商所需要的轮胎必须达到的安全标准比农用拖拉机制造商所需轮胎必须达到的安全标准高得多；豪华汽车制造商比一般汽车制造商需要更优质的轮胎。因此，企业对不同的最终用户要相应地运用不同的市场营销组合，采取不同的市场营销策略，以投其所好，促进销售。

#### （二）顾客规模

顾客规模也是细分产业市场的一个重要变量。在现代市场营销实践中，许多公司建立适当的制度来分别与大客户和小客户打交道。例如，一家办公用品制造商按照顾客规模将其顾客细分为两类顾客群：一类是大客户，这类顾客群由该公司的全国客户经理负责联系；另一类是小客户，由外勤推销人员负责联系。

### （三）其他变量

许多公司实际上不是用一个变量，而是用几个变量，甚至用一系列变量来细分产业市场。现以某家铝制品公司为例来说明企业如何用多变量来细分产业市场。第一步进行宏观细分，按最终用户的不同把铝制品市场分为汽车制造业、住宅建筑业、饮料容器制造业这三个子市场。假设我们选中住宅建筑业为目标市场，第二步是按产品应用将住宅建筑市场进一步细分为半成品原料、建筑部件和铝制活动房屋三个子市场。假设我们选择建筑部件市场为目标市场，第三步是按顾客规模这个变量把建筑部件市场进一步细分为大客户、中客户、小客户三个子市场。假设选择大客户为目标市场，接着，我们还可以在大客户建筑部件市场内进行微观细分。按大客户在质量、价格和服务等方面的不同要求，我们决定为重视产品质量的大顾客服务。这样，经过一系列的变量逐步细分，我们的目标市场就很具体了。

## 四、有效市场细分的标志

从企业市场营销的角度看，无论消费者市场还是产业市场，并非所有的子市场都有意义。有效的市场细分，必须使细分后的市场具备如下条件：

### （一）可测量性

可测量性，即细分后的子市场的大小及其购买力的数据资料应能够加以测量和推算，否则，将不能作为制定市场营销方案的依据。比如，在我国电冰箱市场上，在重视产品质量的情况下，有多少人更注重价格，有多少人更重视耗电量，有多少人更注重外观，或兼顾几种特性。

### （二）可进入性

可进入性，即企业细分后的子市场应能够借助营销努力达到进入的目的，企业的营销组合策略等能够在该市场上发挥作用。譬如，通过适当的营销渠道，产品可以进入所选中的目标市场；通过适当的媒体可以将产品信息传达到目标市场，并使有兴趣的消费者通过适当的方式购买到产品等。

### （三）可盈利性

可盈利性，即细分后的市场有足够的需求潜量且有一定的发展潜力，其规模足以使企业有利可图。这是因为消费者的数量与企业利润密切相关。

### （四）可区分性

可区分性指在不同的子市场之间，在概念上可清楚地加以区分。比如，女性化妆品市场可依据年龄层次和肌肤的类型等变量加以区分。

市场细分的目的在于有效地选择并进入目标市场。所谓目标市场就是企业拟投其所好，为之服务的具有相似需要的顾客群。在市场细分的基础上正确选择目标市场，是目标市场营销成败的关键环节。

【案例赏析】

### 华为的创业思路

我们通常总结华为创业成功的经验就是"以农村包围城市"，这正是华为早期的细分市场策略。华为进入通信市场的时候，中国的电信市场非常广阔，用户的需求多种多样，繁杂无比，但竞争也比较激烈，尤其还要面对强大的国外和合资品牌厂商。华为作为市场后入者和挑战者，不可能在市话市场与强大对手硬碰硬，所以华为选择了对手的薄弱环节——农话市场作为突破口。这时华为细分市场的依据是"地理差异"，同时也包含了"需求差异"。

随着实力的增强，华为从接入网逐步切入市话市场，面对竞争对手的远端接入模块，它细分市场的依据调整为"标准差异"，即强调"V5 接口有利于建立灵活而相对独立于各制造厂商的接入网体系"，从而赢得崇拜这一技术的用户的需求。

当华为以接入服务器进入数据通信产品市场时，它细分市场的依据是"需求差异"，即根据自身对中国电信网络的了解，满足国内运营商对适合国情的接入服务器的需求。

当华为提出"宽带城域网"概念时，它细分市场的依据则是"地理差异""需求差异"、"心理差异"综合考虑的结果。宽带城域网能顺应城市信息化的发展趋势，能满足运营商网络改造的需求，能迎合国内运营商因担心国外运营商竞争而"先下手为强"的防御心理。可见，华为的业务(产品和营销)策略，始终是在市场细分的基础上进行的。

（资料来源：https：//wenku. baidu. com/view/，有修改）

【思考】

华为创业是如何成功？

# 任务二　选择目标市场

进行市场细分的目的就是为了选择合适的目标市场，对于企业开展营销活动而言，根据自身的实力，可以是在一个细分市场开展营销活动，也可以是在几个细分市场开展营销活动。一般情况下，只有与企业的任务、目标、资源能力相符合，并且比竞争对手有更大的优势，能获得最大利益差别的细分市场，才能成为企业的目标市场。

【案例赏析】

### 福特公司目标策略的失误

福特汽车公司原先是美国汽车工业的霸主。该公司 1909 年推出 T 型小汽车，很快风靡全美，到 1926 年，福特公司的汽车已占美国汽车生产量的一半。从 20 世纪 40 年代末，美国汽车市场的重心似乎已从低档向中高档转移，福特公司为了击败通用汽车公司在中高档汽车市场上咄咄逼人的进攻，于 1950 年年初制作了优先发展中高档汽车的决策。这种被命名为"埃德塞尔"的轿车是为富裕的商人或专家及其家眷设计的，车体庞大，拥有当时小汽车中最强大的引擎和自动化的控制装置。

福特公司为推出这种汽车进行了十年的市场调研和设计准备工作，整个开发费用高达2.5 亿美元，仅广告和促销就耗费了 5 千万美元。即使如此，整个 1958 年只售出 3 万多辆，还不及销售计划的 1/5。到 1959 年年底，该车只得停产，造成了 2 亿美元的损失。

福特公司的最大失误在于未能根据已经变化了的市场及时调整优先目标市场。二战以后至朝鲜战争时期，美国经济进入高速增长的繁荣时期，中高档汽车市场确实很兴旺，福特公司正是据此制订优先发展中高档汽车的决策的。但到1958年，美国经济开始走向萧条，当人们需要勒紧裤腰带时，中高档汽车市场就没有需求基础了。人们渴望的是经济实惠、朴素大方的小型交通工具，这从同一时期外国进口的小型轿车一直畅销中得到佐证。

福特公司给我们留下的深刻教训是：企业必须及时捕捉变幻的市场信息，并根据市场的变化调整和确定自己的优先目标，只有这样，方能出奇制胜，赢得市场。

（资料来源：乔洪武．TP策略，武汉：湖北人民出版社，1997：114-115）

**【思考】**

福特公司最大的失误是什么？

# 一、目标市场的含义和评估要求

## （一）目标市场的含义

所谓目标市场，就是企业最有能力或相对优势参与营销活动以达到营销目标所选定的细分市场。选择目标市场就是把企业具有优势的资源能力、营销特长与现有需求容量大、潜在需求也大的细分市场相互匹配的决策过程。并不是任何细分市场都可作为企业的最佳营销对象，这需要通过对各细分市场现行的、潜在的需求容量大小，与本企业的资源能力、营销特长强弱做出全面的评估，才能做出最优化选择。

## （二）目标市场的评估要求

企业选择目标市场要按照一定的要求进行，并不是任何企业都适合在现有的、潜在的、需求容量大的细分市场成功开展市场营销的，这还得看企业的资源能力、营销特长能否匹配。如果一个细分市场现有的需求容量很大，但对商品的技术质量要求很高，而企业的技术水平却低，难以适应这种高要求，那么这一细分市场就不适合作为该企业的营销目标市场。然而，如果一个细分市场现有的需求容量不大，却有一定潜在的需求可挖，尽管竞争者容易进入，但企业的营销能力能适应它，又有利于企业的营销特长发挥，在市场竞争中占有相对优势，那么这一细分市场也可以成为企业选择的目标市场。

通常企业在选择目标市场时，需要依据一定的要求或标准对细分市场进行评估。

**1. 细分市场的规模和增长潜力**

细分市场的规模，必须要与企业自身的规模和实力相接近。对于大企业而言，细分市场的规模过小的话，将无利可图；而对于小企业而言，要想进入较大的市场，竞争实力往往不够。应以规模小的市场为主，这正是小企业的用武之地。

细分市场的增长潜力关系到企业销售和利润在将来的增长趋势。增长潜力大的市场，是各厂商必争之地，导致竞争加剧，使该市场营利机会减少，但若能在竞争中立于不败之地，则能为企业长久地占领市场创造有利条件。

**2. 细分市场要有一定的购买力**

企业选择目标市场就是为了销售自己的产品，实现自己的营利目标。若某一个市场对某种产品有强烈的购买欲望，但支付能力很低，或几乎没有购买力，就形成不了现实的市场，不能实现产品的销售，企业利润也就无从谈起，这样的市场就失去了进入的价值。如一些贫困国家和地区，温饱问题尚未得到解决，经济十分落后，居民收入水平极低，中高档商品在这些国家和地区就很少有市场或根本没有市场。因此，有需求的市场，若没有购买力，也不能选作目标市场。

### 3. 市场竞争状况

一个好的目标市场，不仅要存在着未满足的市场需求，有一定的购买力和市场规模，还要竞争对手少，市场尚未被竞争者完全控制，且企业进入后具有相对的竞争优势，否则，企业一旦进入后，将会使自己陷于进退两难的境地。进入这一市场，企业没有能力赶上和超过竞争者，又没有很好的获利手段，长此下去，企业必将被拖垮。而退出这一市场，前期已经耗费了大量的人力、物力、财力，有些弃之可惜，更何况退出以后是否会有更适合的目标市场，还需论证。

### 4. 企业开拓市场的能力

企业是否具备开拓某一市场的能力，是选择目标市场必备的主观条件，而开拓能力与企业的人力、物力、财力资源以及经营管理水平密切相关。如某个主要从事普通低端服装生产和销售的企业，要想进军化工类高科技产业领域是不适宜的，因其根本不具备进军该领域的内部资源条件，其产品在市场竞争中肯定会处于劣势。

## 二、目标市场的营销策略

企业在确定目标市场后，就要考虑在目标市场上如何来开展营销活动，也就是要选择目标市场营销策略，以使本企业产品更加与消费者的需求相接近，更宜于为消费者所接受。一般有三种营销策略可供选择，即无差异营销、差异营销和集中营销(见图5-1)。

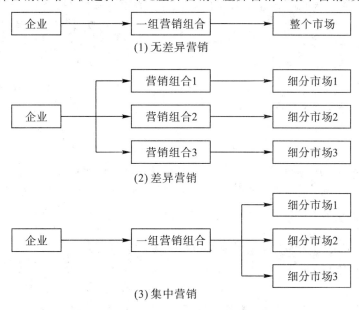

图5-1 目标市场的营销战略类型

### （一）无差异营销

无差异营销也称整一营销，就是把目标市场视为一个整体，生产单一的产品，采用单一的营销策略，去满足全体消费者的需要。采用无差异营销有两种情况：一种是某种产品的需求本来就不存在差异，无须采取差异营销策略；另一种是在大多数情况下需求存在着差异，但企业舍弃这些差异，只抓住各个细分市场中的共同需求，为之生产单一的产品，面向各个细分市场开展营销活动。例如，美国的可口可乐公司在相当长的时间里就采用过这种策略，生产同一种口味，相同的包装、品牌和广告内容的产品，运用最广泛的销售渠道，使可口可乐统治着世界饮料市场，取得了很大的成功。

无差异营销策略的优点是产品品种单一，有利于大规模生产，从而降低生产的成本，获取规模经济效益；可以减少储运成本、销售成本，提高利润率；不需要市场细分，可以节省市场调研费用；不需要研制新产品，科研费用也很低等。但它也有缺点，由于企业产品单一，适应不了消费者的多样化需求，对长期占有市场不利；而忽视了市场需求客观上存在的差别，会给众多的竞争者以可乘之机，会造成整体市场竞争激烈。如美国可乐型饮料市场，当百事可乐公司等产品相继投入市场，使市场竞争加剧，可口可乐公司独霸市场的局面被打破了。在这种情况下，可口可乐公司不得不改变这种无差异的市场营销策略。

### （二）差异营销

差异营销，是指企业把整体市场划分成若干个细分市场，并选择其中两个或两个以上的细分市场作为自己的目标市场，针对不同目标市场的需求特点，设计和生产不同产品，制订不同的营销方案，以满足不同细分市场的需求。目前，世界上越来越多的大企业，如美国的通用汽车、日本的松下电器等，都采用了差异营销策略，取得了营销上的成功。在我国，也有不少企业实行差异营销策略，并取得了很好的业绩，如四川五粮液酒厂以生产高档白酒著称，可因其价格较高，不能适应市场上对白酒多层次的需求，市场较为狭小。后来，该企业改变观念，积极实行差异营销，推出了各种不同包装、不同品牌、不同价格的产品投放市场，迎合了不同消费者的需要，也取得了良好的经营业绩。

采用差异营销的优点是：① 满足不同消费者群体的多种需求，有利于扩大产品销售，提高市场占有率；② 有利于树立起企业的良好形象，提高消费者对企业的信赖感和购买频率；③ 在市场竞争激烈的形势下，使企业的经营针对性强，风险分散，有利于增强企业的竞争能力。

实行差异营销也有不足：① 由于目标市场的分散，产品品种和营销组合的多样化，容易导致生产成本和营销费用增加，从而影响企业的整体营销效益；② 对于企业的生产经营究竟差异到什么程度最适当，则比较难以把握，因而对企业的经营管理水平要求较高。

### （三）集中营销

集中营销也叫密集营销，就是企业在市场细分的基础上，选择一个或几个很相似的细分市场作为目标市场，制订一套营销组合方案，实行专业化经营，进行密集型开发，集中力量争取在这些细分市场上占有大量份额，而不是在整个市场上占有一小部分份额。例如，小汽车市场竞争激烈，许多汽车公司采用集中营销策略，有专门生产高端汽车的，也有专门生产普通汽车的。

采用集中营销策略的优点是可深入了解消费者的不同需求，生产专业化程度高，可有针对性地制订和实施营销组合方案，有利于节约成本，降低营销费用，能够在较小的市场上切实满足一部分消费者的特殊需求，可以在局部市场上占据一定优势地位，提高企业的市场占有率和知名度。但是，集中营销也有不足，主要是企业面对的市场范围狭窄，营销风险较大。由于企业的全部资源与力量均集中在一个或极少的几个子市场上，一旦目标市场风云突变，就可能出现经营危机，使企业陷入困境。早在 20 世纪 30 年代，皇冠公司是美国仅次于可口可乐公司的第二大软饮料公司，但是皇冠公司只经营可乐饮料，而可口可乐和百事可乐等公司的产品线较宽。皇冠公司集中营销没能取得相对竞争优势，而可口可乐公司和百事可乐公司则取得了系列产品共同价值活动的大量好处。皇冠公司在美国软饮料行业的排名由第二位沦为第三位，到 1966 年，当皇冠公司想重整旗鼓时，已力不从心，最后以失败告终。所以，采用集中营销策略时，企业要注意市场环境的变化。

一般而言，集中营销策略主要适用于资源力量有限的中小企业。这些企业无力在整个市场或多个细分市场上与大企业抗衡，转而寻求那些不为大企业所注意或大企业不屑一顾的市场夹缝作为自己的目标市场，集中力量为之服务，往往会取得经营上的成功。

【案例赏析】

### 专注搜索——百度

在互联网上，各企业网站的链接地址出现在搜索引擎网站上搜索结果的位置越靠前，才能带来越多的访问量。百度企业紧紧把握"关键词"和"位置"这两个关键元素，推出的"搜索引擎竞价排名"服务。当网络用户搜索这些关键词，购买了相关"关键词"的网站就将同时出现在百度搜索引擎结果的最前列。如果不同客户购买了同一个"关键词"则采取竞价方式。根据不同客户的出价高低进行动态排名。到 1999 年底，经过多年努力，百度成了中国人最常使用的中文搜索网站，并于 2005 年 8 月在美国纳斯达克成功上市。现在，公司创始人李彦宏正试图将已经在中国搜索引擎市场上牢牢占据了大半江山的百度带入国际市场。

（资料来源：http：//blog. sina. com. cn/s/blog_799f6a4b0100rc3p. html，有修改）

【思考】

百度成功的关键是什么？

## 三、目标市场营销策略的选择因素

上述三种目标市场营销策略各有长短。一个企业究竟采用哪种目标市场营销策略比较有利，必须根据企业的具体情况进行通盘考虑，权衡利弊，才能作出最佳选择。一般地讲，企业在选择目标市场营销策略时，必须综合考虑以下因素：

### （一）企业实力

企业的实力主要包括生产规模、技术力量、财务能力、经营管理能力等。企业实力的强弱，直接影响目标市场营销策略类型的选择。采用无差异营销或差异营销策略的企业一般具有大规模的、单一的生产线，拥有广泛的或大众化的分销渠道，并能开展强有力的促销活动，能做大量的广告和进行统一的宣传，因而往往能在消费者心目中建立起"超级产品"的印象。如果企业力量有限，无法覆盖整个市场，则应扬长避短，以采用集中营销为宜。

### （二）产品性质

产品性质是指产品在性能、特点等方面的同质性或差异性大小。性质相似，或需求差异较小，使用面广的，能够大量生产和销售的产品，如大部分农副产品和基础工业原材料，可采用无差异营销策略。性质差异较大、通用性差的产品，如家用电器、服装、化妆品等，则宜采用差异营销或集中营销策略。

### （三）市场特点

如果市场上所有消费者对产品偏好大致相同，每一时期的购买数量相同，对促销活动的反应也类似，则宜实行无差异营销策略；相反，如果消费者的需求偏好、态度、购买行为等差异较大，则宜采用差异营销或集中营销策略。

### （四）产品生命周期

根据产品在生命周期中处于导入期、成长期、成熟期和衰退期各个阶段的特点，可采取不同的目标市场营销策略。一般地讲，在导入期，市场产品少，竞争者亦少，此时可采用无差异营销策略，以引发和巩固消费者的偏好，树立产品的形象。而针对某一特定细分市场，则可采用集中营销策略。在成长期和成熟期，进入市场的产品增多，竞争者亦趋增多，此时，应采用差异营销策略。进入衰退期后，为保持原有市场，延长产品生命周期，则应以集中营销策略为主。

### （五）竞争状况

当竞争者较少或竞争对手较弱时，企业可采用无差异营销策略；反之，则应选择差异营销或集中营销策略。当然，如果企业实力较强，也可与竞争对手采取相同的营销策略，凭借实力击败对手。

以上所述，只是一般原则，并无固定模式，企业应在实践中根据竞争形势和市场具体情况，灵活运用。

# 任务三　进行市场定位

随着市场经济的发展，在同一市场上有许多同一品种的产品出现。企业为了使自己生产或销售的产品获得稳定的销路，要从各方面赋予产品一定的特色，树立产品鲜明的市场形象，以求在顾客心目中形成一种稳定的认知和特殊的偏爱，这就需要市场定位。

## 一、市场定位的含义

市场定位是指企业针对潜在顾客的心理进行营销设计，创立产品、品牌或企业在目标顾客心目中的某种形象或个性特征，保留深刻的印象和独特的位置，从而取得竞争优势。

市场定位的实质是取得目标市场的竞争优势，确定产品在顾客心目中的适当位置并留下深刻的印象，吸引更多的顾客。市场定位是市场营销战略体系中的重要组成部分，它对于树立企业及产品的鲜明特色、满足顾客的需求偏好、提高企业的市场竞争力具有重要的意义。

## 二、市场定位的步骤

市场定位的关键是企业要塑造自己的产品比竞争者更具有竞争优势的特性。竞争优势一般有两种基本类型：一是价格竞争优势，即在同等质量的条件下比竞争品价格更低；二是偏好竞争优势，即能提供确定的特色来满足顾客的特定偏好。企业市场定位的全过程可以通过以下三大步骤来完成：确认本企业的竞争优势，准确地选择相对竞争优势，明确显示独特的竞争优势。

### （一）确认本企业的竞争优势

这一步骤的中心任务是要回答三个问题：① 竞争对手的产品定位如何？② 目标市场上足够数量的顾客欲望满足程度如何以及还需要什么？③ 针对竞争者的市场定位和潜在顾客真正需要的利益要求，企业应该做和能够做些什么？要回答这三个问题，企业市场营销人员必须通过一切调研手段，系统地设计、搜索、分析并报告有关上述问题的资料和研究结果。通过回答上述三个问题，企业就可以确定自己的竞争优势。

### （二）准确地选择相对竞争优势

相对竞争优势表明企业能够胜过竞争者的现实和潜在能力。准确地选择相对竞争优势是一个企业各方面的实力与竞争者的实力相比较的过程。通常的方法是分析、比较与竞争者在下列 7 个方面的优势与劣势，来准确地选择相对竞争优势。

（1）经营管理方面，主要考察领导能力、决策水平、计划能力、组织能力以及个人应变的经验等指标。

（2）技术开发方面，主要分析技术资源（如专利、技术诀窍等）、技术手段、技术人员能力和资金来源是否充足等指标。

（3）采购方面，主要分析采购方法、物流配送系统、供应商合作以及采购人员能力等指标。

（4）生产方面，主要分析生产能力、技术装备、生产过程控制以及职工素质等指标。

（5）营销方面，主要分析销售能力、分销网络、市场研究、服务与销售战略、广告及营销人员的能力等指标。

（6）财务方面，主要考察长期资金和短期资金的来源及资金成本、支付能力、现金流量以及财务制度与人员素质等指标。

（7）产品方面，主要考察可利用的特色、价格、质量、支付条件、包装、服务、市场占有率、信誉等指标。

### （三）明确显示独特的竞争优势

这一步骤的主要任务是企业要通过一系列的宣传促销活动，将其独特的竞争优势准确地传达给潜在顾客，并在顾客心目中留下深刻印象。为此，企业首先应使目标顾客了解、知道、熟悉、认同、喜欢和偏爱本企业的市场定位，在顾客心目中建立与该定位相一致的企业形象。其次，企业通过一切努力保持目标顾客的了解，稳定目标顾客的态度和加深目标顾客的感情来巩固与市场定位相一致的企业形象。最后，企业应注意目标顾客对其市场定位理解出现偏差或由于企业市场定位宣传上的失误而造成目标顾客理解上的模糊、混乱和误会，及时纠正与市场定位不一致的企业形象。

## 三、市场定位的依据和方法

### （一）市场定位的依据

在营销实践中，企业可以根据产品的属性、利益、价格、质量、用途、使用者、使用场合、竞争者等多种因素或其组合进行市场定位。具体来讲，市场定位的主要依据包括以下几个方面：

（1）产品属性定位。根据产品的某项特色来定位，如某企业推出酒味浓醇、苦味适度的啤酒，用来满足那些不喜欢又苦又浓的啤酒的消费者的需要。

（2）顾客利益定位。根据产品带给消费者的某项特殊利益定位，如一些连锁超市强调"天天平价"，吸引了很多精于计算的顾客。

（3）产品用途定位。根据产品的某项用途定位，如"怕上火喝王老吉"的王老吉凉茶，把自己定位为消暑降火的功能饮料。

（4）使用者定位。针对不同的产品使用者定位，把产品引导向某一特定顾客群。比如，有的企业将温和的婴儿洗发液推荐给留长发而且天天洗头的年轻人。

**【案例赏析】**

### 小生意中的大学问

在一个城市中，有一条热闹的夜市街道，街道两端分别有一家肯德基和麦当劳。

一位下岗职工买了一台身高体重测量仪，每到傍晚就把它摆在肯德基对面，可生意很清淡。

一天，有一个人对他说："肯德基开业已两年多，人们的新鲜感已过去。麦当劳却刚开业几个月，生意兴隆。而且那儿紧靠著名古迹，是这座城市夜晚最热闹的地方。只要你搬到必胜客对面，一定会吸引许多少年儿童来测量，而他们的父母家人也顺便关照一下你的生意，无形中就增加了你的顾客群。你又是独家经营，不愁不发。"

过了几天后，人们发现那位下岗工人已搬到必胜客对面，正在那儿热火朝天地忙着，还有许多小孩在等着。

抓住了机会，未必就能把握市场。只有正确分析该市场上消费者的行为特征，企业才不会坐失良机。

（资料来源：百度文库，有修改）

**【思考】**

案例中的下岗职工应用了哪些依据进行市场空位？

（5）使用场合定位。一些产品可以有多种不同的使用场合，如小苏打可以作为冰箱除臭剂，也可以作为调味汁和卤肉的配料，不同的企业可以据此进行不同的定位。

（6）竞争者定位。以某知名度较高的竞争者为参考点来定位，在消费者心目中占据明确的位置，如七喜饮料的广告语"七喜非可乐"在一定程度上加强了自己在消费者心目中的形象。

（7）质量价格组合定位。如海尔家电产品定位于高价格、高品质，华联超市定位于"天天平价，绝无假货"。

### （二）市场定位的方法

企业开展市场定位的主要思维方式和常用方法有以下几种：

（1）初次定位。初次定位指新企业初入市场，企业新产品投入市场，或产品进入新市场时，企业必须从零开始，运用所有的营销组合，使产品特色确定符合所选择的目标市场。企业要进入目标市场时，往往竞争者的产品已经上市或形成了一定的市场格局，这时，企业就应认真研究同一产品竞争对手在目标市场的位置，确定本企业产品的有利位置。

（2）重新定位。重新定位指企业变更产品特色，改变目标顾客原有的印象，使目标顾客对其产品形象有一个重新的认识。市场重新定位对于企业适应市场环境、调整营销战略是必不可少的。企业产品在市场上的定位即使很恰当，在出现下列情况时也需要考虑重新定位：一是竞争者的市场定位与本企业品牌类似，侵占了本企业品牌的部分市场，使本企业品牌的市场占有率有所下降；二是消费者偏好发生变化，从喜爱本企业品牌转移到喜爱竞争对手的品牌。

企业在重新定位前，还需要考虑两个主要因素：一是企业将自己的品牌定位从一个子市场转移到另一个子市场时的全部费用；二是企业将自己的品牌定位在新位置上的收入有多少，而收入多少又取决于该子市场上的购买者和竞争者情况，取决于在该子市场上销售价格能定多高等。

（3）对峙定位。对峙定位指企业选择贴近于现有竞争者或与现有竞争者重合的市场定位，争夺同一个顾客群体，彼此在产品、价格、分销及促销等各个方面差别不大。

（4）避强定位。避强定位指企业避开目标市场上强有力的竞争对手，定位于市场空白点，开发并销售目标市场上还没有的某种特色产品，开拓新的市场领域。

**【案例赏析】**

#### 宝洁公司的洗衣粉品牌

宝洁公司至少已找到 11 个重要的洗衣粉细分市场以及无数的亚细分市场，并且已开发了满足每个细分市场特殊需要的不同品牌。11 个宝洁品牌针对不同的细分市场分别进行了不同的定位。

（1）汰渍。它是针对洗衣额外费力情况的全能家庭洗衣粉。"汰渍来，污垢出"，源于汰渍"如此强效，能洗白纤维内层"。

（2）护肤快乐。它具有"卓越的清洁和保护功能，使你家中的衣物干净清爽，亮洁如新"。护肤快乐还采用特殊配方，适用于热水、温水和冷水，认为可以带给顾客的是"全能快乐"。护肤快乐"经皮肤学家验证不含刺激性香味，不具有染色作用"。

（3）博德。博德是带织物柔软剂的洗衣粉，具有"清洁、柔软和控制静电"三大功能。液体博德还能"使柔软后的衣物有怡人的清香"。

（4）甘原先。它是宝洁公司的含酶洗衣粉，现在的重新定位是使衣服干净，有怡人清香——像阳光一样清新。

（5）埃拉。它是"天生去污手"，"能去除顽固污渍，也是洗衣的好帮手"。

（6）德洗。它是宝洁公司的价值所在，"能去除顽固污渍"，且"只要很低的价格"。

（7）奥克雪多。它含有漂白剂，可"使你的白衣服更白，使你的各色衣服更亮，所以不必再用漂白粉，只需一盒奥克雪多"。

（8）索罗。它是含织物柔软剂的液体洗衣剂，着重针对主要液体洗衣剂市场所在的东北区。

（9）醉肤特。其配方也适用于婴儿尿布和衣物，它所含的硼砂是"大自然的自然清洁剂"，进行值得你信赖的清洗。

（10）象牙雪。其纯度达 99.44％，是适用于尿布和婴儿衣物的中性温和肥皂。

（11）碧浪。它是针对西班牙裔市场的高效清洁剂，也是墨西哥的第一大品牌，同时还是宝洁公司在欧洲的主要品牌。

通过细分市场和采用多种洗衣粉品牌，宝洁公司吸引了几乎所有偏好群体中的消费者，其品牌总和在全球市场获得了极高的市场占有率。

（资料来源：百度文库，有修改）

**【思考】**

（1）找出洗衣粉产品的所有细分标准，然后列出一张洗衣粉产品的细分表，包括细分标准、具体的细分市场。

（2）根据你列出的洗衣粉产品细分表，分析宝洁公司的产品占有了哪些细分市场，又是如何定位的？

（3）根据你的产品细分表，看看是否还有企业没有进入竞争薄弱的细分市场。如果中国企业加入，应该如何进行产品定位？

# 项 目 小 结

（1）市场细分对企业营销具有积极的意义和作用，有利于发现市场机会。市场细分可以帮助企业发现有吸引力的市场机会，充分发挥企业的资源条件，满足需求，获取良好的营销效益。

（2）在营销实践中，企业可以根据产品的属性、利益、价格、质量、用途、使用者、使用场合、竞争者等多种因素或其组合进行市场定位。

（3）进行市场细分的目的就是为了选择合适的目标市场，对于企业开展营销活动而言，根据自身的实力，可以是在一个细分市场开展营销活动，也可以是在几个细分市场开展营销活动。

（4）市场定位的关键是企业要塑造自己的产品比竞争者更具有竞争优势的特性。

# 巩 固 与 提 高

**一、判断题**

1. 在同类产品市场上，同一细分市场的顾客需求具有较多的共同性。　　　（　　）

2. 产品差异化营销以市场需求为导向。　　　（　　）

3. "反市场细分"就是反对市场细分。　　　（　　）

4. 市场细分对中小企业尤为重要。　　　（　　）

5. 市场细分标准中的有些因素相对稳定，多数则处于动态变化中。　　　（　　）

6. 通过市场细分化过程，细分出的每一个细分市场，对企业市场营销都具有重要的

意义。　　　　　　　　　　　　　　　　　　　　　　　　　　　　　　　（　　）

7. 市场专业化是一种最简单的目标市场模式。　　　　　　　　　　　　（　　）

8. 同质性产品适合于采用集中性市场营销战略。　　　　　　　　　　　（　　）

9. 集中性市场战略适合于资源薄弱的小企业。　　　　　　　　　　　　（　　）

10. 与产品生命周期阶段相适应，新产品在引入阶段可采用无差异性营销战略。

　　　　　　　　　　　　　　　　　　　　　　　　　　　　　　　　　（　　）

**二、单项选择题**

1. 同一细分市场的顾客需求具有（　　　　）。

A. 绝对的共同性　　B. 较多的共同性　　C. 较少的共同性　　D. 较多的差异性

2. "市场同合化"的理论，主张从_____的比较出发适度细分市场。（　　）

A. 成本和收益　　　　　　　　　B. 需求的差异性和一致性

C. 利润和市场占有率　　　　　　D. 企业自身与竞争者资源条件

3. _____差异的存在是市场细分的客观依据。（　　　）

A. 产品　　　　　　B. 价格　　　　　　C. 需求偏好　　　　D. 细分

4. 某工程机械公司专门向建筑业用户供应推土机、打桩机、起重机、水泥搅拌机等建筑工程中所需要的机械设备，这是一种_____策略。（　　）

A. 市场集中化　　　B. 市场专业化　　　C. 全面市场覆盖　　D. 产品专业化

5. 属于产业市场细分标准的是。（　　　　）

A. 职业　　　　　　B. 生活格调　　　　C. 收入　　　　　　D. 顾客能力

**三、多项选择题**

1. 市场细分对企业营销具有以下利益。（　　　　）

A. 有利于发现市场机会　　　　　B. 有利于掌握目标市场的特点

C. 有利于制订市场营销组合策略　D. 有利于提高企业的竞争能力

E. 有利于节省成本费用

2. 细分消费者市场的标准有。（　　　　）

A. 地理环境因素　　　　　　　　B. 人口因素

C. 心理因素　　　　　　　　　　D. 行业因素

E. 行为因素

3. 属于产业市场细分变量的有。（　　　　）

A. 社会阶层　　　　　　　　　　B. 行业

C. 价值观念　　　　　　　　　　D. 地理位置

E. 购买标准

4. 无差异营销战略。（　　　　）

A. 具有成本的经济性　　　　　　B. 不进行市场细分

C. 适宜于绝大多数产品　　　　　D. 只强调需求共性

E. 适用于小企业

5. 市场定位的主要方式有。（　　　　）

A. 产品定位　　　　　　　　　　B. 形象定位

C. 避强定位　　　　　　　　　　D. 对抗性定位

E. 重新定位

**四、简答题**

1. 市场细分对企业市场营销有何积极意义？

2. 细分消费者市场主要依据哪些变量？

3. 细分产业市场依据哪些主要变量？

**五、论述题**

1. 试述市场细分化的产生历程。

2. 企业有哪些市场定位战略可供选择？

**六、实训项目**

1. 选择身边的某一产品，从市场细分选择和定位分析其目标市场战略，要求以 5～10 人为一组，各组以 PPT 或报告的形式进行展示和讲解。

2. 假设一名毕业生准备在学校附近开一所饭店，选你作他的营销顾问。请利用所学的目标市场营销理论寻找它的客户，并实施产品定位策略。要求以 5～10 人为一小组，各组以 PPT 或报告的形式进行展示和讲解。

# 项目六　制定市场营销战略

**【知识目标】**

1. 熟悉和了解市场营销战略
2. 了解市场发展战略的主要影响因素
3. 了解市场竞争战略的主要影响因素

**【能力目标】**

1. 能运用营销战略的知识分析现实营销案例
2. 能初步运用营销战略的内容解决营销活动中的相关问题

**【导入案例】**

### 某纸品制造商的经营战略

苏北地区的一家纸品制造商，主要生产纸板、纸箱、纸盒等产业用品及生活日用品。最初为了降低采购成本，面对供应商时能有更强的议价能力，该制造商加大了工业用纸采购的批量。为了减少库存压力和资金占用，其又把超量购入的工业用纸转手批给周围的同行业者。几年的实践下来，公司感到其中蕴藏着一个绝好的机会，那就是代理、批发工业用纸。制造业有采购业务，自然也有采购部门。公司将其工业用纸采购业务独立出来，不再仅作为制造业务的附属，而是专门运作工业用纸的贸易业务——它既要保障内部供应，又可对外批发盈利。

后来的事实证明，公司由此"一举三得"：充足的、低成本的工业用纸供应，为制造业务提供了强有力的保障；从事工业用纸贸易，开辟了新的利润源；更对竞争者构成了战略威慑——掌握着它们最主要的供应来源，也就控制了它们生产的命脉。进入流通业的举措，使这家公司与上游供应商牢固地发展了战略合作伙伴关系，而同行只能从它这里得到工业用纸的供应。一旦发生恶性竞争，它也能够釜底抽薪，确保自己在当地市场的领先地位。

**【思考】**

该纸品制造商能够在市场竞争中保持领先地位的主要影响因素是什么？

## 任务一　了解市场营销战略

市场营销战略是企业实现营销目标的具体手段和措施。其实就是企业根据营销目标、制订几个不同的战略方案，最后选择一个具体可行又科学的方案。

营销战略很重要，它决定了企业在一个时期的兴衰成败。20世纪石油危机发生前，美、日汽车公司采取了不同的企业战略规划：美国设计、生产大型、豪华、费油、高价的小汽车；而日本考虑到石油是不可再生资源，预测石油会大幅度涨价，因此规划设计、制造小型、经济、省油、廉价的小汽车。20世纪70年代中期，正如日本所预计的那样，世界油价几乎涨了 10 倍，日本的小型车在市场上大受欢迎，从此日本小汽车占领了欧美相当一部分主流市场。

# 一、市场营销战略的概念及特点

许多企业在经营时没有正式的战略规划。在新建的企业中，经理们有时如此之忙以至于没有时间来制订计划。在小企业中，有这样的观念，认为只有大企业才需要正式计划。在成熟企业中，许多经理说他们没有正式计划也做得很好，因此，很多人认为计划并不太重要。他们可能会拒绝花时间制订一个书面计划，认为市场变得太快了，计划只能等着"积灰尘"，根本没用。实际上制定切实可行的市场营销战略与计划是企业开展市场营销管理的一个重要步骤，而市场营销战略规划又受到企业战略规划的制约。因此，在研究市场营销战略与计划之前，必须先了解企业战略规划的内容，为制定市场营销战略规划指明方向。

## （一）市场营销战略的概念

市场营销战略是指企业在分析内外部环境的基础上，确定企业营销发展的目标，作出营销活动总体的、长远的规划，以及实现这样的规划所应采取的宏观行动措施。

企业一般要依据资源供应、利用状况以及内外的环境情况，在一定时期内确定一个最有利、最合理的目标，即企业的长远目标；对于一个既定的企业目标，往往有许多可以达到或实现的方法或路线，但其中必有一种方法或一条路线被企业认为是最适宜、最恰当的能达到这一目标所要采取的方法，即实现目标的手段。如某一企业想在五年后的市场覆盖率提高 20％，可以借助长期的广告攻势来实现，也可以通过产品线的调整来实现，还可以通过提高产品的质量及附加优质的服务来实现等。这里五年后的市场覆盖率就是企业的长远目标，长期广告、产品线调整、提高产品质量和附加优质服务就是企业实现目标的方法。

【案例赏析】

### 小米手机的市场营销战略

小米手机自发行以来，就推崇高性能、良性价的智能手机，手机一经推出就受到广大用户的青睐，改变了以往价低不能购买好的手机的市场环境，且产品在同等价位的手机里，性价比高，质量好，丝毫不输于市面 2000 元以上的手机，解决了用户想用高性能手机的意愿。小米"为发烧而生"的理念召集了一大批青年"米粉"，小米手机也因此成为一种时尚风向标，使用小米手机，就是青春动力、活泼、好动、七彩的代名词，小米手机因此获得了很好的青年粉丝基础。

小米手机从成立那天起就以"高配置＋亲民定价"成为行走江湖的两大杀手锏。小米建立了小米商城、天猫旗舰店和京东旗舰店，开通了官方 MIUI 论坛、并在微博、今日头条等主流新媒体平台积极与粉丝互动，吸引用户，培养了一大批忠实用户。在小米公司成立的头六年时间里，手机几乎全部通过线上渠道销售，通过减少中间环节大幅降低销售成本，让小米手机的定价有了更多的可下沉空间。

随着华为、苹果、OPPO、vivo、三星等多家国内外手机巨头竞争日益加剧，如今仅靠"互联网渠道＋抢购"的销售模式，已经难以再实现突破。互联网渠道销售可以大大降低成本，但也存在线下存在感弱，用户无法第一时间体验到新机，无法第一时间买到新机等致命缺陷。而以互联网销售模式起家的小米，也不得不做出改变了。小米于 2016 宣布将销售渠道延伸到线下，将在 2020 年以前开出至少 1000 家小米之家零售店。对此，小米发言人表示，线下扩张计划得以实施是因为小米在中国已经成了"家喻户晓"的品牌，未来它在市场上的能见度会越来越高。

小米公司的发展历程告诉我们，企业的长远目标既定，实现目标的方法应该随客观形势的变化而变化，要有发现市场的眼光，在很多时候，新市场就在你的面前，只不过你要懂得如何发现这个市场。

**【思考】**

1. 小米公司的长远目标是什么？
2. 小米公司为长远目标采取的方法有哪些？

## （二）市场营销战略的特点

市场营销战略主要有以下几个特点：

### 1. 全局性

市场营销战略规划是以企业全局和营销活动全局的发展规律为研究对象，是为指导整个企业营销总体发展全过程的需要而制定的。它规定的是营销总体活动，追求的是企业营销总体效果，着眼于营销总体的发展。市场营销战略规定了营销发展的总体目标，因而指明了营销的方向，起到统率全局的作用。

### 2. 长远性

市场营销战略规划是对企业未来较长一段时间（一般为五年以上）营销发展和营销活动的谋划，因此，它着眼于未来，谋求企业的长远发展，关注的是企业的长远利益。

### 3. 纲领性

市场营销战略规划中的战略目标、战略重点、战略对策等都属于整体性的、方向性的、原则性的和权威性的。营销战略规划是企业领导者对重大营销问题的决定，是企业营销发展过程的指路明灯。企业市场营销战略精神的领会必须通过展开、分解和落实等过程，才能变为具体的行动计划。

### 4. 竞争性

市场营销战略规划具有如何在激烈的市场竞争中与竞争对手抗衡，如何应对各方的冲击、压力、威胁和挑战的特性。实际上，制定市场营销战略的目的从根本上说是谋求改变企业在市场竞争中的力量，在未来市场竞争中占据有利地位，维持或不断壮大自己的实力，保证自己的生存和发展。现代的市场竞争越来越激烈，市场营销战略规划在激烈的竞争和严峻的挑战中作用和意义显得尤为突出，因此，企业必须使自己的营销战略具有竞争性特征，才能保证立于不败之地。

### 5. 相对稳定性

市场营销战略规划必须具有相对稳定性，才能在企业营销实践中具有指导意义。稳定性并不是完全不可以变动，要求营销战略规划本身具有一定弹性，尽量考虑到可能出现的情况，分别进行适当的指导。如果企业营销战略朝令夕改，会造成企业营销活动的混乱。但企业营销实践活动本身是一个动态过程，指导企业营销实践活动的战略也应该是动态的，以适应外部环境的多变性，所以企业市场营销战略的稳定性是相对稳定性。

**6. 应变性**

市场营销战略规划应具有相对的稳定性，但也不能一经制定就坚决执行，企业内外部环境条件一旦发生变化，可适时加以调整，以适应环境变化的特征是很重要的。市场营销战略是确定企业未来行动的，而未来的企业内外部环境是发展变化的，如由于在规划制订之初对市场机会认识的偏差，容易造成产品投向失误，在之后的运行中发现这一问题，就要及时进行适当的调整，使企业渡过难关。企业能否把握环境变化、作出重大战略决策，带有很大的风险性。成功的战略具有承担更大的风险的能力，但也应在条件变化的情况下适时加以调整，以适应变化后的情况。

上述"六性"是企业营销战略必须具备的基本属性，离开这些属性就不能称为企业营销战略。搞好企业营销战略管理，就必须把握好这"六性"。

## 二、市场营销战略的构成要素

企业市场营销战略规划一般由六个要素构成，各个战略要素相互联系，构成一个完整的战略体系。

### （一）战略思想

战略思想是指导市场营销战略制定与实施的基本思想和观念，是企业整个市场营销战略的灵魂，它对营销战略要素起一个统帅作用。

### （二）战略目标

战略目标是指在市场营销战略思想指导下，根据企业营销的战略分析结果，确定企业营销战略期内所要达到的水平。它是一定战略期内企业完成任务的预期成果，它决定着企业的战略方向、战略重点、战略对策和战略阶段。营销目标应该重点突出，前后一致，并尽量用量化的指标来制定，并且营销目标一定要有资源（人力、物力和财力）的保证，在此情况下制定的目标才有实现的可能性。

### （三）战略方向

市场营销战略方向是指企业制定营销战略方案和战略决策的指导方向，包括企业营销发展方向、经营结构的调整，其中企业营销发展方向是营销战略方向的核心。如根据企业内外部条件发展变化的趋势，确定进入某些业务领域，开拓新市场，扩大经营范围。企业经营结构调整方向主要是指企业根据经营的行业、商品结构的变化调整企业经营结构。

### （四）战略重点

市场营销战略重点是指对实现企业市场营销战略目标具有关键作用，需要着重加强的内容。营销战略重点也是资金、技术和劳动力投入的重点，也正是营销策划人员实行战略指导的重点。

### （五）战略对策

市场营销战略对策是指为实现战略目标而采取的重要方法、措施和策略。市场营销战略对策是战略管理的重要内容，战略制定就是明确对策，而战略实施就是实施对策。战略对策一般来说具有针对性、多重性、预见性、可操作性、灵活性等特征。

### （六）战略阶段

市场营销战略阶段是指实施营销战略或实现市场营销战略目标所必须经历的步骤。任何一个营销战略都是逐步推进、逐步实现的，因此要划分成若干阶段，形成若干个子目标。营销战略阶段的划分，因企业所处的行业和规模不同、市场营销环境的差异、战略目标的差别而有所差别。通常可划分为准备阶段、发展阶段和完善阶段。

准备阶段实际上是将战略目标进一步细化、将企业可控制的资源进行合理的优化配置，并在管理体制和运行机制上相互配合；发展阶段是实现市场营销战略的主要阶段，即在准备阶段工作的基础上，尽力发展企业的市场营销能力，增强竞争实力，提高市场占有率、经济效益和社会效益；完善阶段是经过发展阶段之后，根据上一阶段所表现出的矛盾和问题，对营销战略重新进行平衡和协调，力争使企业在产品结构、增长规模与速度、预期目标等方面保持动态平衡、良性循环，为企业制订新的市场营销目标打下坚实的基础。

## 三、市场营销战略的决策过程

企业的营销战略规划目标依据一定的条件制订后，企业的可控因素与不可控因素会不断发生变化，这就需要不断地进行适当的调整，这就是企业的市场营销战略的决策问题。企业的市场营销战略决策过程是指在企业的目标、自身资源、客观环境不断变化的市场营销机会之间，保持动态调整的过程。

首先，企业要在整体上确定战略目标。例如，企业的主营业务是什么？目标人群是哪些？他们最需要的是什么？本企业未来的发展方向是什么？企业任务若能调动全体职员的积极性、创造性，这就应该是一个非常成功的任务。如京东商城提出"京东只为品质生活"这样的口号，使全体员工感到其工作有利于提升客户的生活质量，并努力为实现目标而奋斗。还有以下几个著名企业为自己设定的战略目标值得参考：

阿里巴巴——让天下没有难做的生意。

小米公司——为发烧而生。

比亚迪汽车公司——新能源行业引领者。

今日头条——信息创造价值。

其次，企业要确定具体营销目标。企业的总任务决定后，要将这些任务具体化为企业各管理层次的具体目标，形成一套完整的、分层次的目标体系，使每个管理人员有明确的工作目标，并对这些目标的实现负有责任，在管理学中这种制度被称为"目标管理"。如为了"提高农业生产力"，一个重要途径是"研究新的化肥"，研究工作需要大量经费、需要增加收入，因此，企业的主要目标是增加收入。增加收入有两条途径：一是扩大销售；二是寻求融资。对营销部门来说，扩大销售是主要途径。为了扩大销售，又可从两方面努力：一是提高原有客户购买量；二是开拓新市场。这就是市场营销目标。

再次，企业要安排好业务组合。在确定战略目标和营销目标的基础上，企业的最高管理层应着手对业务组合进行分析和规划，即确定哪些业务和产品是最能使企业发挥竞争优势，从而最有效地利用市场机会来实现企业的战略目标和营销目标。如果现有的组合完全可以实现这一任务，问题就很简单了；若现有的组合不能很好地完成这一任务，就要具体斟酌哪些业务要维持、哪些业务要减少、哪些业务必须拿掉等，应把有限资金投放到经济效益最高的业务上。另外，还要对未来的业务发展方向作出战略规划，即制订企业增长战略。

最后，企业要制订其他功能性战略计划。企业的战略目标确定了企业的发展方向，并为每一个战略项目确定了具体营销目标。各项目负责人为实现既定目标，还要制订更为详细的营销计划。

## 四、市场营销战略的制定

### （一）制定市场营销战略的重要性

市场营销战略的正确与否，关系到企业的兴衰成败，这对任何企业来说都是至关重要的。

**1. 市场营销战略的制定有利于企业搞好生产，实现营销目标**

企业的营销人员经过调查，结合企业本身生产条件，预测未来发展趋势，所作出的企业经营发展的总体规划和战略必须是正确的、可行的。在实施过程中，加上科学的管理，就能保证生产的顺利进行，企业的一切活动均能稳定地运行，及时把生产出来的产品销售出去，就能给企业带来效益，实现营销目标。如果企业既没有长远打算，也没有近期计划，或制订的营销战略是错误的，企业就很难在市场上立足。有句话说得好，做正确的事远比正确地做事重要。错误的营销战略比无营销战略更加可怕，它能使企业亏损，严重的可以使企业破产倒闭。

海尔集团的发展历程就是一个有着正确战略的成功例子。海尔的前身是一个亏损百余万元的电冰箱厂，从 1984 年以来，海尔集团在正确的营销战略指导下，不断向前发展，成为现在非常成功的企业。它的发展历程大致经历了三个阶段：

第一，名牌战略阶段(1984～1991 年)。企业先树立名牌形象，要求员工树立创名牌的意识。

第二，多元化战略阶段(1992～1997 年)。企业不单独生产电冰箱，而是扩大经营范围，同时生产空调、洗衣机、电视机、手机等产品，扩大企业的声誉，增加企业的效益。

第三，国际化战略阶段(1998 年开始)。企业不但满足国内市场要求，同时分析调查国际市场，经过周密分析后，将产品打入国际市场。这归功于正确的营销战略，即做正确的事。

**2. 市场营销战略的制定有利于企业发挥优势**

企业要想在激烈的市场竞争中取胜，就需要有过人的优势，因此企业要善于发现自身的强项，即在市场上寻找自己的目标客户群，同时要了解自身的生产技术、生产条件、生产资源，将消费者的诉求与自身的条件进行比较，在发挥优势的情况下确立营销目标及制订营销战略，这样才能成功地推动企业向前发展，并能提高企业的竞争能力。

**3. 市场营销战略的制定有利于提高企业的应变能力**

企业的内外部条件都不是一成不变的，随着这些变化的环境因素，企业需要调整相应的生产方案，以使企业在动态变化的环境中生存，这些方案策略就依赖于市场营销战略。在宏观的正确战略的指导下，企业必须善于发现问题和机会，趋利避害，抓住机遇，在同样的战略下运用不同的营销策略，求得企业生存和发展，这就无形中增强了企业应变能力。

**4. 市场营销战略的制定有利于企业改进管理水平，提高企业整体素质**

每个战略下都有相应的策略来完成这一战略，如海尔集团通过名牌战略的实施，树立起"生产不合格产品，是不合格员工"的观念，提高全体员工的思想认识，为提高质量管理奠定基础；通过多元化战略来扩大市场，各自为"阵"，但不各自为政，服从统一指挥，发挥整体优势。由此可见，制定营销战略可改进企业管理水平，提高自身素质。

**5. 市场营销战略的制定有利于企业提高利润，减少损失**

营销战略是长期的、宏观的，所以企业有营销战略，就是对市场的未来情况有所预测推断，虽然各种影响因素是变化的，但企业的营销活动也不会因此而盲目地进行，是有备而来的，这在一定程度上避免了因影响因素的变化而可能带来的损失，为企业增加了利润。

## （二）营销战略的制定

制定有效的市场营销战略是在竞争激烈的市场环境中保证企业资源与环境的平衡，实现企业发展的重要手段。战略制定过程是企业营销工作的重要内容，是企业识别、分析、研究、选择和发掘市场营销机会，以实现企业战略和目标的管理过程。它包括以下五个步骤：

**1. 分析影响市场营销战略的因素**

（1）企业的组织目标和内部环境条件。企业的营销战略目标怎样确定，规划、规模多大都取决于企业内部的各种条件，如资金、技术、生产能力等，所以，制定营销战略时就要充分了解自身的情况，挖掘企业的优势，提升优势的发挥，扬长避短，突出企业的特点或特色，尽量树立企业的形象，提高企业的声誉和知名度，增强竞争能力，击败竞争对手。

（2）企业的外部环境因素。企业的外部环境因素是企业不可控制因素，主要包括社会经济发展水平、政治法律因素、人口因素、居民收入水平和消费心理、文化程度、宗教信仰、风俗习惯、国家有关政策和制度、市场竞争状况等。大多数企业只能去适应这些因素，而没有办法改变，利用得合理、恰当，就可以给企业带来营销机会，相反也会威胁到企业的营销活动。

（3）市场上的消费者。我们营销的理念要"以消费者为中心"，企业要生产什么样的产品，需要根据消费者的需求来确定。因此，企业在制定市场营销战略时，要充分调查、了解消费者多变的需求情况和对产品的特殊要求及建议。

（4）市场上的竞争者。竞争者的经营情况是企业制定营销战略时必不可少的分析因素。企业对竞争者的了解主要涉及生产什么档次的产品、技术如何、资金多少、生产规模如何、设备条件怎样、目标市场容量大小、价格如何等，然后与本企业的产品进行客观比较，在此基础上去挖掘竞争对手未开发的新产品。一方面可填补市场空缺，另一方面也增强了企业的竞争能力，扩大了市场占有率，为企业增加收益奠定基础。

**2. 选择细分市场**

从企业营销的角度看，市场上的消费者受自身条件的影响，对产品的需求各不相同，甚至差异极大。比如，购买汽车的顾客，以家庭代步为目的的顾客需要价格适中、质量好、油耗低的产品；以炫耀身份为目的的顾客则需要具有品牌影响力的产品，质量和油耗不是其主要关注的问题。

可以看出，市场上的需求形形色色，企业凭有限的资源要满足所有的需求是不切实际的。最佳的选择是为某一部分市场服务，企业必须结合自身的优势，选择适当的细分市场，企业一切经营活动都是围绕着目标细分市场进行的。

**3. 市场定位**

企业一旦选定了目标市场，就要进行产品的市场定位。所谓市场定位，是指根据竞争者现有产品在市场上所处的位置，分析顾客对产品各特征或属性的重视程度，强有力地塑造本企业产品与众不同的、形象鲜明的个性或特征，并把这些信息传递给顾客。市场定位也就是强化企业产品在消费者心目中的独特性。

**4. 制订营销目标**

对企业内、外部面临的优势、劣势、机会和威胁进行全面的 SWOT 分析，根据 SWOT 分析结果制订营销目标。营销目标不止一个，而是一个包含多个子目标的目标群，常见的子目标包括销售额、市场占有率、利润率、风险分散、企业形象和声誉等多重目标。营销目标的制订过程就是在研究市场机会威胁的基础上，结合企业的优劣势确定每一个子目标，以及各目标的组合关系。

合理有效的营销目标应满足以下条件：

（1）层次性。各目标应按轻重缓急确定首要目标、关键目标和次要目标，这样即使目标之间存在冲突和不平衡，也可以依据层次性协调相互关系。

（2）可衡量性。目标应尽可能地用数值形式表示，如"企业的市场占有率比去年同期提高 2%"的表述就比"努力提高市场占有率"更明确、更有约束性和激励作用。

（3）可行性。目标水平应该切实可行，过高的、不切实际的目标无法指导行动，必须在科学分析机会和优势的基础上形成，不应是主观愿望的产物。

（4）一致性。各个目标之间应尽量协调一致，避免存在根本性的矛盾和冲突。

**5. 确定营销组合**

制定营销目标后，就要确定市场营销组合策略，综合运用各种营销方案，实现企业战略和营销目标。

# 任务二　规划市场发展战略

市场发展战略，是以扩大市场范围、增加市场销量、提高市场覆盖率和占有率、加强企业的市场地位为重点的长期战略。

## 一、市场发展范围战略

市场发展范围战略，是指企业选择在原有市场范围内发展还是在新市场范围内发展的战略。所谓原有市场范围，指的是某产品已经拥有一定销售份额的市场，包括本企业占有的市场和其他企业占有的市场。而新市场范围，指的是未被企业所开发过的全新市场，以及已开发但未实现、未满足的市场。

企业要扩大市场范围，主要有两种发展战略：一是在原有市场上拓展，即争夺其他企业已占有的市场；二是在新市场上发展，即占领未开发的市场或开发新市场。究竟应采取哪一种战略，则要依据企业自身的实力和市场的状况来定。

## 二、市场发展方向战略

市场发展方向包括正向发展（正增长）、反向发展（负增长）和不发展（零增长）。在三种发展方向中，正向发展是企业主要的选择，企业可以根据自身具体情况，在生产经营的不同时期交替采用这三种战略，也可以在同一时期混合使用三种战略。

市场正增长发展战略也称为企业成长战略，是指通过扩大企业生产经营规模来扩大市场份额的战略。市场正增长战略可分为开拓型和赶超型两种形式。开拓型战略是指处于行业领先地位的企业以自身为对手，不断创新、超越自我、开拓市场的战略。但是，企业在实施开拓型战略时要注意市场饱和度，避免在趋于饱和的市场上投入过多的人力、财力、物力。赶超型战略是指相对落后的企业通过努力，向先进企业看齐，逐步缩小差距，争取超越竞争对手，提高企业在市场上的地位的战略。这种企业成长战略应根据自身的条件和能力灵活采用。

【案例赏析】

### 华为如何迈向全球手机市场领导者

在智能手机增长乏力的大势下，不少手机厂商将目光瞄准了手机外观形态变化较大的折叠屏。西班牙巴塞罗那当地时间 2019 年 2 月 24 日，国产手机领导者——华为，推出了业界期盼已久的 5G 折叠屏手机——HUAWEI Mate X。该款手机是继三星 Galaxy Fold 发布（2019 年 2 月 21 日）后的全球第二款折叠屏手机，该款手机也是华为 2019 年发布的首款 5G 手机，8GB＋512GB 版本售价 2299 欧元。与普通手机相比，折叠屏手机的价格可谓是非常昂贵，该手机将于 2019 年 6 月份进行发售。

华为 HUAWEI Mate X 的设计与三星 Galaxy Fold 是两个截然不同的技术趋势。从外观上看，Galaxy Fold 采用了与华为 Mate X 外翻设计不同的"向内折叠方式"，并采用了气密铰链结构，在折叠状态下是一块 4.6 英寸小屏，将手机展开后，整个内侧变成了一块 7.3 英寸的异形屏。

作为智能手机新形态的折叠屏拥有巨大的前景。多数机构机构认为，2019 年将成为柔性屏元年。市场调研机构 Strategy Analytics 预计，可折叠手机 2019 年出货量有望达到 70 万台，预计 2021 年以及 2023 年将分别达到 3040 万台及 5010 万台的规模。继代表中国拿下世界 5G 通信技术标准后，华为又一次走在全球移动通信科技发展的最前端。

【思考】

在你的认知中，华为公司迈向全球手机市场领导者的核心竞争力有哪些？

市场负增长战略也称为企业紧缩战略，是指缩小企业生产经营规模从而缩小市场份额的战略。这是在企业出现严重不利的内外环境的情况而短期又无法扭转时，不得已而采用的方法。它通过资产重组、抽回资金、出售和出租部分资产、业务分拆、企业分立等途径，把企业有限的资源力量集中起来,克服困难,保存实力,为企业今后的发展准备条件。

市场零增长战略也称为企业稳定战略,是指保持企业生产经营规模基本不变从而巩固现有市场份额的战略,属于短期休整过渡性质的战略。该战略适用于市场环境和企业经营状况都良好但其发展受限制的情况下采用。

## 三、企业增长战略

企业增长战略,是指企业为保持长期稳定发展,不仅要对现有业务进行分析评价,逐步淘汰不能为企业创造价值的业务,而且要发展新的业务,实现新的业务组合。根据新业务与企业现有业务之间的关系,通常有三种新业务发展战略可供企业选择,分别是密集型增长战略、一体化增长战略和多角化增长战略(见表6-1)。

**表 6-1  市场发展方式战略**

| 密集型增长战略 | 一体化增长战略 | 多角化增长战略 |
| --- | --- | --- |
| 市场渗透 | 后向一体化 | 同心多角化 |
| 市场开发 | 前向一体化 | 水平多角化 |
| 产品开发 | 水平一体化 | 综合多角化 |

### (一)密集型增长战略

密集型增长战略是企业在原生产经营领域内,集中力量挖掘市场潜力、改进产品、扩展市场。它是在企业所面对的市场还有潜力可挖的情况下所采取的战略,具体有市场渗透、市场开发和产品开发三种形式。

**1. 市场渗透**

市场渗透是在现有的市场上采取更积极的措施,如提高质量、加强服务、降低售价、增加广告等,设法使老顾客增加购买数量和购买频率,吸引竞争对手的消费者购买和刺激潜在消费者购买。

**2. 市场开发**

市场开发是在现有产品的基础上,努力开拓新的市场,即把企业现有的产品推广到新的目标市场,扩大产品的销路。不过采取这种方式时,需要做大量的市场调研工作,分销和促销费用较大。

**3. 产品开发**

产品开发是企业开发新的产品来维持和提高市场占有率。企业可以通过增加产品的品种、规格、款式、功能和用途等方法,也可以通过提高质量、加强服务甚至改进包装等方法,来吸引并满足消费者的需求。这一战略适用于现有市场已饱和、产品已老化的市场状况,但新产品会挤占现有产品的市场,研发费用和促销费用大,因而风险比较大。

### (二)一体化增长战略

在竞争激烈的市场环境中,企业与企业联合是企业生存发展的一种选择,通过企业的联合实行一体化的发展战略是市场发展战略的趋势之一。一体化增长战略主要包括后向一体化、前向一体化和水平一体化三种形式。

**1. 后向一体化**

后向一体化是企业通过投资、并购或联营等形式，对原材料等供给来源取得控制权或所有权，实行供产一体化的战略。如某农家乐饭店过去一直向供应商购买水产品，现在自办养鱼场，自行养殖。后向一体化的主要作用是企业能够拥有和控制供应系统，降低了原料成本，提高了企业的盈利水平。

**2. 前向一体化**

前向一体化是企业通过一定形式对其产品的加工或销售单位取得控制权或拥有权，从而拥有和控制分销系统，实行产销一体化的战略。如某日用品批发商原来只为各中小型超市提供产品，现在自己也开办了两家小区内的便民超市，直接面向终端消费者。

**3. 水平一体化**

水平一体化是指企业间的兼并联合战略，既可以是一家企业接管或兼并它的竞争对手，也可以是企业与同行业内相类似企业间进行收购、兼并和重组。如某家电子产品企业通过接管或兼并其竞争对手，或者与同类企业合资经营，来寻求增长的机会。这种方式可以扩大产品市场和服务市场，提高规模经济效益，风险较小。

【案例赏析】

### 新美大公司成立

2015年10月8日，大众点评网与美团网联合发布声明，宣布达成战略合作，双方共同成立一家新公司。合并后的新公司将占据中国团购领域80%的市场份额，估值达到170亿美元，成为中国最大的O2O平台公司。本交易得到阿里巴巴、腾讯、红杉等双方股东的大力支持，新公司将在上海和北京设计双总部运营，并采用双CEO的架构，大众点评CEO张涛和美团CEO王兴在新公司拥有共同的话语权，共同担任联席CEO和联席董事长。

【思考】

请分析，美团和大众点评的水平一体化兼并战略给消费者带来哪些方面的利弊？

### （三）多角化增长战略

多角化增长战略是指企业向本行业以外发展，扩大业务范围，向其他行业投资，实行跨行业经营和扩张市场空间的战略。实行多角化增长战略的前提是企业所属行业缺乏有利的营销机会或其他行业更具有吸引力。实行多角化增长战略可以减少风险，增强企业实力，其具体形式有以下三种。

**1. 同心多角化**

同心多角化是企业利用原有的技术、特长和营销力量等，开发与现有产品有协同关系的新产品，由同一圆心向外扩大经营业务范围的战略。实施同心多角化战略能使企业的产品进入多种市场，以吸引更多的消费者。如原来以生产经营电视机为专长的企业，以屏幕图像清晰技术为中心向外扩展业务范围，陆续开发生产出平板电脑、数码相机、手机等产品。

**【案例赏析】**

**小米生态链投资的三大圈层**

小米生态链的投资圈层是围绕手机展开的，通过逐渐摸索，形成了投资的三大圈层，如图6-1所示。

第一圈层：手机周边产品，比如耳机、小音箱、移动电源等。基于小米手机已取得的市场占有率和庞大的活跃用户群，手机周边是小米公司具有先天市场优势的一个圈层。

第二圈层：智能硬件。小米公司看好智能硬件未来的发展，本身也具备打造出色智能硬件的基因。因此投资孵化了多个领域的智能硬件，如空气净化器、净水器、电饭煲等传统的智能化；也投资孵化了像无人机、平衡车、机器人等极客互融类的智能玩具。

第三个圈层：生活耗材，比如毛巾、牙刷等。如果以现在的眼光看这些耗材，也许会觉得小米投资跨越的领域太大，但如果以十年后的眼光看现在，那么围绕着提高个人和家庭生活品质的消费类产品，在消费升级的逻辑下，必然会有巨大的市场。

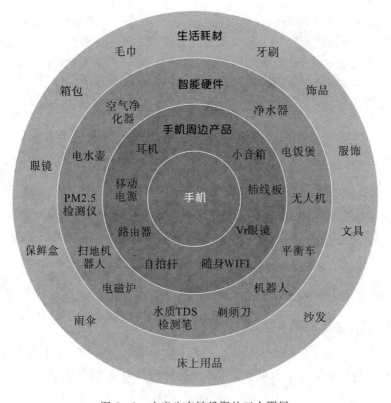

图6-1　小米生态链投资的三大圈层

（资料来源：小米生态链谷仓学院.小米生态链战地笔记.北京：中信出版社，2017）

**【思考】**

小米作为一家以研发和生产高科技智能硬件为核心竞争力的互联网公司，除了材料中提到的原因，请分析还有什么原因促使其投资生活耗材类的产品？

**2. 水平多角化**

水平多角化是企业在原有市场上发展横向的多种经营业务的战略，如大型购物中心在经营百货、超市业务的同时，开设餐厅酒吧、电影院、儿童游乐场、健身房等，以此来稳定老顾客、吸引新顾客，达到扩大营销的目的。

**3. 综合多角化**

综合多角化是企业开发与现有技术、产品、市场完全无关的新业务、新产品的战略，如生产经营家用电器的企业投资经营旅游业、从事餐饮的企业开办居家装潢公司等，这样可减少因行业不景气所带来的威胁。实施综合多角化战略可以发挥企业的多种特长，使企业的人力、物力和财力资源得到充分的利用，增强企业的应变能力，保证企业的长期稳定发展。

# 任务三　规划市场竞争战略

企业开展市场营销活动必然会面临竞争对手的挑战，特别是会遇到经验更为丰富、实力更为强劲、眼界更为宽广的竞争者。因此，企业开展市场营销活动，必须识别竞争对手的特点，分析其战略、目标、优势与劣势，有针对性地制定竞争性的营销战略。

## 一、一般竞争性市场营销战略

在同一市场上竞争的企业，因营销目标、资源和实力不同，采取的市场竞争战略也不相同。美国哈佛商学院著名战略管理学家迈克尔·波特提出三种一般竞争战略，即成本领先、差异化和重点集中战略。

### （一）成本领先战略

**1. 成本领先战略的含义**

成本领先战略也称低成本领先战略，是指企业通过有效途径降低成本，使总成本低于竞争对手，从而获取竞争优势的一种战略。由于成本优势，公司可以利用低定价从竞争对手那里挖掘销售额和市场份额，在价格战中存活下来并获得高于行业平均水平的利润。

**2. 成本领先战略的优劣势**

成本领先战略的显著优势是，公司的低成本战略对于潜在的新进入者形成了较高的进入障碍，从而吓退潜在的进入者，那些生产技术没有突破、缺乏规模经济的企业都很难进入此行业。此外，成本领先战略还可以给公司带来的竞争优势包括两个方面：一是可以在竞争中获得比较优势。由于企业在同行业中成本最低，在竞争对手只能保本的情况下，成本领先企业仍能获利。二是可以提升议价能力。面对强有力买家要求降低价格的压力，或当强有力的卖家（供应商）抬高企业所需资源的价格时，成本领先企业进行交易时握有更大的主动权和更多的灵活性来解决困难。

但是，成本领先战略也有一定的劣势。首先，成本领先战略前期的投资往往很大，成本领先企业一般是通过扩大生产规模来取得低成本优势的，这就需要较大的前期投资，资金不够雄厚的企业显然不适合采用该战略；其次，企业对成本的关注有可能使其降低对消费者所关心的其他利益的重视，例如产品和服务的质量，就会影响顾客的需要，因为消费者的需要除价格因素之外，往往还有更广泛的内容；最后，当市场需求发生较大变化时，由于规模经济等原因而造成的企业退出或缩产障碍较大。

**3. 取得成本领先优势的方法**

企业取得成本领先优势的方法很多，归纳起来可以包括以下几个方面：

（1）规模经济。规模经济是指企业由于扩大规模导致平均成本的降低。一方面，大规模生产可以将固定成本分摊到更多的单位产品上，从而降低单位产品的固定成本；另一方面，大规模生产也可以使劳动分工和设备分工的优点充分体现出来，企业可以雇用具有专门技能的人员，提高劳动生产效率，同时也能使用效率更高的大规模的专用设备，从而会降低单位产品的能耗，而且扩大生产规模能获得原材料供应商、劳务方面的经济性；大规模的生产也往往使企业愿意采用更高效的生产组织方式、更高新的技术，从而大幅降低成本。

（2）生产经验。企业的成本与企业的生产经营经验具有很大的关系，一般而言，经验越丰富，成本降低的可能性就越大，成本与经验成反比关系。企业的生产经营经验来自学习，通过学习可以使员工掌握熟练的操作技术，降低直接人工消耗；可以充分发挥职工的创造性和主动性，提高工作效率，开展创新活动，推进企业挖潜革新；可以使职工更准确地把握企业经营方针、政策、行为规范，提高产品质量，减少废品损失和返回率；可以使管理者更了解市场，提高市场营销的效率。

（3）组织状况。一个企业的组织状况也直接影响企业的成本，这种组织状况主要体现在企业内部各部门及人员之间的相互关系上。责权利是否有效统一，企业内部工作效率的高低，管理宽度和管理层次的多少，组织成员之间的沟通情况等都会对企业成本带来直接影响。

（4）一体化经营。采用后向一体化能保证企业产品生产所需的原材料、零部件供应渠道的稳定，获得供应质量、价格和时间上的优惠；或可以通过统一的技术措施、价格政策和物资分配体系，降低产品成本；采用前向一体化可以向具有更高附加值的产品领域拓展，改善和提高企业的盈利能力，或可以节省企业在销售渠道上的开支，减少促销、运输、仓储、包装等费用，从而降低成本。横向一体化可以扩大企业规模，降低产品成本，吸收联合企业的技术和管理经验，减少竞争对手，避免无序竞争。

（5）地理因素。一个企业所处的地理环境，也是影响企业成本的重要因素。若企业处于原材料所在地，可以大大减少采购成本；若处于消费所在地，则可以减少销售成本；企业总是希望建在经济比较发达、交通比较方便的地区，因为投资环境的选择决定了他们生产、销售产品的成本。同时，企业所处地方的人工成本高低、资金成本大小、市场需求状况也会影响企业的成本。

成本管理是一项非常细致的工作，除了以上几个方面之外，有效的成本约束机制、成本控制导向的企业文化也是企业取得成本优势的重要环节。

## （二）差异化竞争战略

**1. 差异化竞争战略的含义**

差异化竞争战略也称别具一格战略、差异化战略，是指企业凭借自身的技术优势和管理优势，向市场提供与竞争对手相比具有独到之处的产品和服务。这些独到之处有好多表现方式，如设计或品牌形象、技术特点、外观特点、客户服务、经销网络等。差异化竞争战略的重点是借助于高超的质量、非凡的服务、创新的设计、技术性专长，或不同凡响的品牌形象，培养顾客忠诚度，获得高于同行业平均水平的"溢价"。

**2. 差异化竞争战略的优劣势**

差异化竞争战略是一种有效的竞争战略，它的优点主要体现在以下方面：首先，实行差异化竞争战略是利用了消费者对其产品和服务特色的偏爱和忠诚，由此可以降低其对价格的敏感性，使企业避开价格竞争，在特定领域形成独家经营的市场，保持较大的价格弹性，同时，较大的价格弹性又可以使企业取得较高的边际收益，使企业有能力较为主动地适应供应商的产品涨价；其次，消费者对企业或产品的忠诚度为竞争者的进入设置了较高障碍；最后，由于产品或服务具有特色，使企业在与替代品的竞争中处于更有利的市场地位。

但是，实施差异化竞争战略也有一定的劣势。企业往往需要以高成本为代价保持产品的差异性，因为企业需要进行广泛的研究开发、产品设计、购买高质量原料、提供优质的客户服务等工作，但并不是所有的顾客都愿意或能够支付产品差异化所带来的较高的价格，同时，顾客对差异化所支付的额外的费用是有限的，如果采取成本领先战略的企业所提供的产品价格远远低于差异化产品时，顾客就有可能放弃对差异化的追求；其次，企业要想实施差异化战略，往往需要放弃获得较高市场占有率的目标，因为产品差异化而带来的排他性与高市场占有率是矛盾的；最后，竞争对手的模仿行为常常使产品的差异化优势难以长久维系，因此，企业往往需要在若干方面建立差异化。

**3. 实施差异化竞争战略的条件**

（1）顾客和市场竞争。顾客对产品的需求和使用要求是多种多样的，即顾客需求是有差异的，可以有很多途径创造企业与竞争对手产品之间的差异，并且这种差异被顾客认为是有价值的。

（2）企业自身条件。实施差异化竞争战略还需要企业在市场营销、研究开发、产品技术和工艺设计等方面具有强大的实力；在质量、技术和工艺等方面享有良好的声誉；进入行业的历史久远，或从事其他行业时积累的许多独特能力依然有用；可以获得来自销售渠道各个环节强有力的支持和合作。

**【案例赏析】**

### 海底捞的"变态式服务"

海底捞餐饮股份有限公司成立于 1994 年，是一家以经营川味火锅为主、融汇各地火锅特色为一体的大型跨省直营餐饮品牌火锅店。在餐饮行业激烈的市场竞争中，海底捞火锅通过打造"西式化"的优雅环境并提供差异化服务，成为火锅行业的标杆。

"变态式服务"是消费者给予海底捞服务水准的最高评价。不同于以往对火锅店的认知，海底捞将环境因素作为顾客消费体验中最重要的一部分，将其他同类火锅店普遍存在的问题通过服务的方式予以很好地解决。在就餐高峰时候，为等候的客人提供一些温馨服务，比如免费的小吃、饮料，顾客在等候的时候还可以免费上网、下棋，女性顾客甚至可以免费修理指甲。此外，海底捞还首创"HI"捞送的火锅外卖业务，菜品底料、蘸料、电磁炉、围裙、餐布都会送到顾客家中，甚至会有专门的服务员上门拉面条。虽然海底捞为此付出了高昂的配送和人力成本，但是通过这样的差异化服务，其品牌价值得到了消费者充分认可，市场份额也随之扩大。

【思考】

海底捞通过"变态式服务"成为了火锅行业的标杆，但其高昂的价格却往往让学生群体望之却步。请思考海底捞还可通过哪些差异化措施争取大学生市场？

### （三）重点集中战略

重点集中战略是指企业把经营战略的重点放在一个特定目标市场上，并为这个特定的目标市场提供特定的产品或服务，使企业避开在大范围内的竞争，增强相对竞争优势，也是企业为避免与竞争对手发生正面冲突，使企业处于一个缓冲地带而经常采用的一种战略。这科战略围绕一个特定的目标进行密集性的生产活动，要求能够比竞争对手提供更为物超所值的产品或服务。

#### 1. 重点集中战略的优劣势

重点集中战略在企业集中资源、实现专业生产方面具有强大的优势。首先，重点集中战略有利于企业集中精力发挥比较优势。由于企业集中力量服务于少数细分市场，企业能够深入了解需求情况，在生产技术、销售渠道和促销上的专业化可以提供及时、良好的服务，效率更高、效果更好，企业一旦在竞争中居于有利地位，在此势力范围内，其他竞争者不易与其竞争，竞争地位比较稳定。其次，重点集中战略有利于企业实现专业化，节约费用，获得较高收益。在生产和营销上实行专业化，可以节约营销费用增加盈利，使本企业在本行业中获得高于一般水平的收益。

实施重点集中战略的劣势主要体现在以下几点：首先，由于其目标市场相对狭窄，会使企业的市场总量相对较低，存在局限性。如果目标市场过于狭窄，就难以支撑必要的生产规模，从而失去成本优势。其次，由于技术进步、替代品出现、价值观念更新、消费偏好变化等多方面的原因，目标细分市场与总体市场之间在产品或服务的需求差别变小，企业赖以形成重点集中战略的基础也就失去了效用。

#### 2. 实施重点集中战略的关键

企业实施重点集中战略的关键是选择好目标细分市场，一般原则是企业要尽可能地选择那些竞争对手最薄弱且最不容易受替代产品冲击的目标市场。在选择目标市场之前，企业必须确认四个方面的问题：首先，购买者群体之间在需求上存在差异；其次，在此目标细分市场，没有或很少有其他竞争对手试图采取重点集中战略；再次，企业的目标细分市场在市场容量、成长速度、获利能力、竞争强度等方面具有相对吸引力；最后，本企业实力有限，现阶段不适宜追求更大的目标市场。

## 二、市场地位竞争战略

企业经营者通过分析本企业的经营实力、经营目标以及市场环境以后，确立了竞争者，这本身也是一个竞争定位的过程。一般来说，根据企业在市场中的实力，市场竞争地位可分为4种类型，即市场领导者、市场挑战者、市场跟随者和市场补缺者。

### （一）市场领导者

市场领导者是指在一定的目标市场上，在众多企业中，其主要产品或服务的市场占有率最高，在技术、成本、营销渠道以及营销能力方面处于较大优势的企业。一般情况下，被公认为市场领导者的企业在价格调整、新产品开发、分销渠道的建立和促销战略等方面都处在领导地位。它是市场竞争的导向者，也是竞争者挑战、效仿或回避的对象。市场领导者的地位是在竞争中自然形成的，但不是固定不变的。如果它没有获得法定的特许权，必然会面临着竞争者的无情挑战。因此，企业必须随时保持警惕并采取适当的措施。

**1. 市场领导者的特征**

（1）企业规模大，市场占有率高。市场领导者的产量、产值以及销售额在市场占有较高的比重，如格兰仕微波炉占据了国内超过一半以上的市场份额。

（2）先进的市场营销观念。市场领导者不仅满足本国消费者的需求，而且凭借其雄厚的实力、灵活的营销组合，采用适合各国、各地区消费者的特性从而做出不同的营销决策。例如肯德基，其业务遍布全球，不仅制作出适合美国人、欧洲人口味的汉堡包，而且在中国市场有中式口味的套餐。国际市场领导者不仅看重于眼前的消费需求，而且引入了"创造新需求"的市场营销观念。

**【案例赏析】**

### 新零售的探索者——盒马鲜生

生鲜市场作为新零售行业炙手可热的领域，正在经历模式之变。阿里新作——盒马鲜生诞生后，即以颠覆者的姿态出现。

就价格而言，相比于新鲜度和品质相同的生鲜，盒马鲜生具有一定的价格优势，这是主打生鲜O2O的盒马鲜生深受广大顾客喜爱的重要原因之一。盒马鲜生创始人兼CEO侯毅曾表示，盒马鲜生的商品大多是直采模式，尤其是生鲜，直接对标菜市场，价格非常实惠。

超市内的另一大亮点是陈设了业内罕见的超大餐饮区，餐饮区主要有两种经营模式：主打的是与前端的超市卖场结合的模式，其次是以店中店形式展现的餐饮企业为招租模式。所谓与超市卖场结合的模式，即指在店内配备了海鲜代加工"一条龙"服务，方便消费者在店内马上享用最新鲜的食材。而"店中店"招租模式则可以让消费者有更多选择。据了解，盒马鲜生之所以引进这一模式，一是可以弥补实体店体验性不足；二是可以与成熟餐饮品牌实现互相持股，并按投资占比获取利润分成，欲将餐饮业态塑造成为其独特的竞争力。

假如你不想在店内享用美食，或者没有时间到店体验，可以通过盒马APP下单，盒马的承诺是3公里内30分钟送达。价格和实体店一样。有业内人士对记者表示，盒马鲜生"超市零售＋餐饮体验＋智能物流配送"的商业模式有一定优势。通过实体店与消费者建立认知与信誉度，再将消费者引流到线上消费，成为具有黏性的用户，并依托3公里配送的网上订单模式来实现高频消费。

**【思考】**

盒马鲜生如何颠覆传统模式？盒马鲜生为什么受到追捧？

（3）重视保持优势。市场领导者不仅以现有产品、服务来赢得市场优势，更着眼于保持这种优势，如波音公司着重于更大型、更安全、更舒适的飞机研制生产工作，继747型飞机以后，又推出767、787等大型客机，在新产品的研制上取得了绝对的主动权。

（4）注重创新。市场领导者往往通过争夺专利技术、专有配方等来控制市场，如为争夺世界 5G 通信技术标准，华为公司和美国高通公司展开激烈的竞争。

**2. 市场领导者的策略**

市场领导者的地位是令人羡慕的，它是市场竞争的导向者，也是其他企业挑战、效仿的对象。在激烈的市场竞争过程中，市场领导者为了保持其在市场中的优势，决定了它时刻关注市场，并采取相应的行动，因而它不但是防御者，更重要的是它经常以进攻者的身份出现，消极的防守经常会给市场领导者带来灾难。

资料表明，在传统产业领域，如钢铁、汽车、化学等行业，市场领导者的地位相当稳定，而在高科技产业领域，例如互联网、人工智能领域，市场领导者的地位变更速度很快。

（1）创造新需求。市场领导者有其资金、技术的优势，它总是通过提供更新、更好的产品来激发消费者潜在的需求，将消费者的需求概念不断扩展。

（2）扩大现有产品的需求量。市场营销总是假设一家企业不能满足所有消费者的需求，因而就只能选择一部分消费者作为目标市场，而要增加企业的利润就必须扩大现有市场需求和现有产品的销售量。一般说来，扩大市场需求量主要可从以下 3 个方面入手：

① 增加使用者。发现潜在的使用者，例如，通过宣传，可使更多的人使用漱口水清洁口腔、保护牙齿，或者调整价格、完善性能，或提供更多系列化产品以满足各个年龄层次的需求。

② 开辟新用途。为产品开辟新的用途，可扩大需求量并使产品经久不衰，如矿泉水销量大增得益于人们保健意识的增强，进而对富含（人体所需）各种矿物质产品需求的增加。

③ 增加使用者的使用量。牙膏生产企业提倡要保持牙齿健康应每天多次刷牙（饭后即刷），可增加牙膏的销售量。

（3）保护和提高市场占有率。市场领导者必须时刻注意主要竞争者的挑战，因为许多行业的市场领导者发现它和主要竞争者的实力十分接近。而且，市场领导者普遍感到企业过于庞大而使管理成本居高不下，从这个角度上看，市场领导者处于劣势。保持市场占有率绝非易事，但市场领导者仍然可通过以下一些途径来达到目的。

① 确保在成本上的优势。市场竞争到一定阶段，必定会以价格战的形式出现。从规模经济的角度来看，市场领导者更有可能在成本上取得优势，例如 NIKE 公司通过在美国设计，在发展中国家生产，然后返销美国的方式，取得了成本上的优势从而取代阿迪达斯成为美国运动鞋市场的领导者。

② 灵活地运用防御策略。在不能保全整个市场阵地的情况下，市场领导者必须善于准确地辨认哪些市场值得耗费巨资进行保护。有六种防御策略可供市场领导者选择：

a. 阵地防御，即在现有阵地周围建立防线。这是一种静态的防御，是防御的基本形式，但不能作为唯一的形式。纵观可口可乐公司，虽然已经发展到年产量占全球软饮料半数左右的规模，但仍然积极从事多角化经营，如打入酒类市场、兼并水果饮料公司、从事塑料和海水淡化设备的生产等，从而稳居软饮料业的霸主地位。

b. 侧翼防御，指市场主导者除保卫自己的主阵地外，还应注意保卫自己较弱的侧翼，防止对手乘虚而入。例如，20 世纪 70 年代美国的几大汽车公司就因为没有关注节能的客户需求，遭日本小型汽车抢占市场，失去了大片市场份额。

c. 先发防御。这是一种"先发制人"式的防御，即在竞争者尚无足够能力进攻之前，先主动攻击它。具体做法是，当竞争者的市场占有率达到某一危险的高度时，就对它发动攻击，或者是对市场上的所有竞争者全面攻击，使人人自危。例如，今日头条平台在"创作内容智能分发"领域内致力于不断创新，抢在竞争者之前开发出更好的用户体验感和丰富创作者的变现途径，从而稳坐市场领导者的地位。

d. 反攻防御。当竞争对手无视市场主导者的侧翼防御和先发防御措施而发动进攻时，市场主导者可采用反攻防御策略，具体可分为正面反攻、侧翼反攻，或发动钳形攻势以切断进攻者的后路。例如，当美国西北航空公司最有利的一条航线——明尼波里斯至亚特兰大航线受到另一家航空公司的降价压迫时，该公司不在这条航线上采取应变措施，而在明尼波里斯到芝加哥的航线上降价报复，因为该航线是那家进攻者的主要市场阵地，结果迫使该进攻者不得不恢复原价，停止进攻。

e. 运动防御。这种策略的做法是不仅防守目前的阵地，而且扩展到新的市场阵地，作为未来防御和进攻的基地。市场扩展可通过市场扩大化和市场多角化的方式实现。市场扩大化，即企业将其注意力从目前的产品上转到有关该产品的根本需要上，并全面研究与开发有关该项需要的科学技术。例如，把"石油"公司变成"能源"公司就意味着市场范围的扩大，不限于一种能源——石油，而是要覆盖整个能源市场。但是，市场扩大化必须有一个适当的限度，否则将发生"营销远视症"。市场多角化，即向无关的其他市场扩展，实行多角化经营。

f. 收缩防御。在所有市场阵地上全面防御有时会得不偿失，在这种情况下，最好是实行战略收缩——收缩防御，即放弃某些本企业实力较弱的市场阵地，把力量集中到实力较强的市场阵地上去。

### 3. 提高市场占有率

市场主导者设法提高市场占有率，也是增加收益、保持主导地位的一个重要途径。美国的一项研究表明，市场占有率是与投资收益率有关的最重要的变量之一，市场占有率越高，投资收益率也越大。

总之，市场主导者必须善于扩大市场需求总量，保卫自己的市场阵地，防御挑战者的进攻，并在保证增加收益的前提下，提高市场占有率，这样才能持久地占据市场主导地位。

## （二）市场挑战者策略

市场挑战者是指在市场上处于次要地位的企业。如果以取代市场领导者作为竞争目的，则被认为是市场挑战者。

### 1. 市场挑战者的特点

（1）实力雄厚，充满活力。一般来说，市场挑战者有较雄厚的实力，有比较灵活的管理体制，能适合时代的需要或者在某些管理方法上走在时代的前列，企业充满活力，技术创新、产品开发能力较强，普遍有"拳头"产品，企业成长快。从竞争的角度来看，挑战者往往努力地从一个市场着手，建立根据地，采取稳扎稳打战术，从一个市场积聚经验然后向其他市场渗透。

（2）经营灵活，善于创新。从开发产品的顺序上看，市场挑战者往往从市场领导者忽略的或未加重视的产品着手，然后向核心产品进军。如果直接向市场领导者的核心产品进军，不但容易引起市场领导者的严厉反击，而且在竞争上也没有优势可言，除非很有把握。

国际市场挑战者在其初创阶段，往往采用进口市场领导者产品的关键部件进行改装，从市场领导者那里学技术和管理，甚至引进市场领导者的人才等方法。例如，一些小型房地产开发企业的最初几个项目都是从竞争不太激烈的四五线城市起步。从促销手段的选择上，市场挑战者往往以提高售后服务、低价促销等方法争夺消费者。

**2. 市场挑战者的战略**

战略目标同进攻对象密切相关，对不同的对象有不同的目标和策略。一般来说，挑战者可在下列三种情况中进行选择：

（1）攻击市场主导者。选择市场主导者作为进攻目标风险很大，然而吸引力也很大。挑战者必须具有确实高于主导者的竞争优势。同时，挑战者必须有办法将主导者的反攻限制在最小范围内，否则所获得的利益不会长久。

（2）攻击与自己实力相当者。挑战者对一些与自己势均力敌的企业，可选择其中经营不善者作为进攻目标，设法夺取它们的市场阵地。例如，沃尔玛超市在广州的快速扩张目标，就是靠吞并广州原有的好又多连锁超市实现的。

（3）攻击地方性小企业。对一些地方性小企业中经营不善、财务困难者，可夺取它们的顾客甚至小企业本身。

总之，战略目标决定进攻对象，如果以主导者为进攻对象，其目标可能是夺取市场主导者地位；如果以小企业为对象，其目标可能是将它们逐出市场。但无论在何种情况下，如果要发动攻势，进行挑战，就必须遵守一条军事上的原则，即每一项营销行动都必须指向一个明确的和可达到的目标。

**3. 选择进攻策略**

在确定了战略目标和进攻对象之后，挑战者要考虑进攻的策略问题。选择进攻策略的基本原则是集中优势兵力于关键的时刻和地点。图6-2为几种进攻策略示意图。

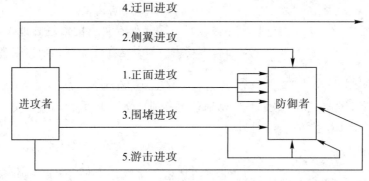

图6-2 挑战者可选择策略

（1）正面进攻。正面进攻是指集中兵力向对手的重点市场进行攻击，打击对手的强项。比如，以更好的产品、更低的价格、更大规模的广告攻击对手的拳头产品。决定正面进攻胜负的是"实力原则"，即享有较大资源（人力、财力和物力）的一方将取得胜利。当进攻者比对手拥有更大的实力和持久力时才能采取这种策略。

进攻者如果不能采取全面的进攻策略，那么降低价格也是一种有效的正面进攻策略。如果让顾客相信进攻者的产品同竞争者的产品质量相同但价格更低，这种进攻就会取得成功。

（2）侧翼进攻。侧翼进攻是指集中优势力量攻击对手的弱点，有时也可正面佯攻，牵制其防守兵力，再向其侧翼或背面发动猛烈攻击，即"声东击西"策略。通常有两种进攻方式：一种是地理性的侧翼进攻，即在全国或全球寻找对手相对薄弱的地区发动进攻。一些挑战者就是选择一些被大公司忽视的中小城市建立强大的分支机构，最终取得全面胜利。另一种是细分性侧翼进攻，即寻找市场领导企业尚未很好满足的细分市场，例如，日本汽车生产厂商就是通过发掘当时尚未被美国汽车公司重视的细分市场，生产节油节能的小型汽车，而获得了成功。

侧翼进攻强调更广泛地满足不同的市场需求，所以它更能体现现代市场营销观念，即"发现需求并满足它们"。侧翼进攻也是一种最有效和最经济的策略，有时它比正面进攻具有更多的成功机会。

（3）围堵进攻。围堵进攻是一种全方位、大规模的进攻策略，它是在多个领域同时发动进攻以夺取对手的市场，迫使对手在正面、侧翼和后方同时全面防御。进攻者可以向市场提供竞争者能供应的一切，甚至比对方还多，使自己提供的产品无法被拒绝。当挑战者拥有比竞争者更好更多的资源，并确信围堵计划的完成足以打垮对手时，这种策略才能奏效。

（4）迂回进攻。迂回进攻是一种间接的进攻策略，主要是通过避开对手已有的业务领域和现有的市场，进攻对手尚未涉足的业务领域和市场，来壮大自己的实力。迂回进攻主要通过3种方法实施：① 发展无关联的产品，实行产品多元化经营；② 用现有产品进入新的市场；③ 用高新技术产品替换现有的产品。

在高新技术领域实现技术飞跃是最有效的迂回进攻战略，这样可以避免单纯地模仿竞争者的产品和正面进攻造成的重大损失。挑战者应致力于开发新一代的技术，待时机成熟后就向竞争对手发动进攻，把战场转移到自己占据优势的领域中。

（5）游击进攻。游击进攻主要是通过向对方不同地区发动小规模的、间断性的攻击来骚扰对方，逐渐削弱对手，使自己最终夺取永久性的市场领域。游击进攻策略主要适用于规模较小、力量较弱的企业。在打击大公司时可以选择的方法主要有三种：① 在某一市场上有选择地降价；② 开展突袭式的促销行为；③ 向对手采取相应的法律行动等。应该指出的是，尽管游击进攻可能比正面围堵或侧翼进攻节省开支，但如果想打倒对手，光靠游击战不可能达到目的，还需要发动更强大的攻势。采取游击进攻必须在开展少数几次主要进攻和一连串小型进攻之间做出决策。通常认为，一连串的小型进攻能够形成累积性的冲击，效果会更好。

由此可知，市场挑战者的进攻策略是多种多样的。一个挑战者不可能同时运用这些策略，但也很难单靠某一种策略取得成功，通常是设计出一套策略组合，通过整体策略来改善自己的市场地位。

### （三）市场跟随者战略

由于新产品的开发和商品化都需要大量资金、人力和技术的投入，这样就使得市场领导者必须承受相应的代价。从某些角度上来讲，有时产品模仿和产品创新一样有利，模仿或改进一种产品，可以不用承担新产品创新的高额费用而获得很高的利润，并且由于挑战市场领导者可能会遭到领导者的强烈报复，结果是无功而返，甚至一蹶不振，因此不是所有在行业中处于第二位的公司都会向市场领导者挑战。这些公司可以采取跟随领导者的战略来维持现有顾客，并在此基础上争取一定数量的新顾客。

市场跟随者是指在产品、技术、价格、渠道和促销等方面，采取模仿或跟随市场领导者的公司。市场跟随者在很多情况下会考虑避开市场领导者，通常在资本密集且产品同质性高的行业中相互形成一种"自觉并存"的状态，这种状态可以降低由于产品同质性带来的价格高度敏感性。因此，这些行业中的企业通常形成一种默契，相互间很自觉地不去打价格战，不相互争夺客户，不以短期市场占有率为目标，而是通过提高产品和服务质量、便利性、融资和信誉等维持老顾客，从而引来新顾客，在保证产品和服务质量的前提下尽可能地降低成本以提高自己的竞争力。

市场跟随者在市场中必须找到一条不致引起竞争性报复的成长途径。以下是常见的三种跟随策略。

**1. 紧密跟随**

这种跟随策略是在各个子市场和营销组合方面，尽可能仿效领导者。这种跟随者有时好像是挑战者，但只要它不从根本上侵犯到主导者的地位，就不会发生直接冲突，有些甚至被看成是依赖市场领导者的寄生者，基本上不去开发市场，完全依赖市场领导者的市场努力而生存。

**2. 有距离的跟随**

这种跟随策略是指在市场营销的基本方面，如目标市场、产品创新和分销渠道等都追随领导者，但在包装、广告等方面保持一定的差异。在跟随的同时为了避免直接的正面竞争而具有相应的独创性。此类追随者只要不对领导者发起挑战，就不会被领导者锁定作为目标。

**3. 有选择的跟随**

这种跟随者在某些方面紧跟主导者，而在另一些方面又自行其是。也就是说，它不是盲目跟随，而是择优跟随。它们通常会先接受领导者的产品、服务和营销战略，再有选择地改进它们，并避开主战场销售产品。当然，这类追随者中也有可能发展成为挑战者的。

尽管市场跟随者一般不会有太大的风险，但也存在明显的缺陷。一些市场分析数据表明，市场份额处于第二、第三甚至后位次的公司，与处于首位的领导者在投资报酬率方面具有较大的差距。市场跟随者不能总是被动地、单纯地追随主导者，它必须找到一条适合自己的发展道路。

### （四）市场补缺者战略

几乎每个市场都不可能被市场领导者、挑战者或是跟随者完全包揽，这是因为某些细分市场被忽视，或者是较大企业没有开发。这样使一些企业在这种小市场上通过专业化经营能获取最大限度的利益，专业化营销是市场补缺者主要的立身之道。

**1. 市场补缺者的含义与补缺市场的特征**

市场补缺者是指专门为规模较小的或大公司不感兴趣的细分市场提供产品和服务的公

司，它们在这些小市场上通过专业化经营来获取最大限度的利益。每个行业几乎都有些小企业充当市场补缺者的角色，它们精心服务于市场的某些细小部分，而不与主要的企业竞争，只是通过专业化经营来占据有利的市场位置。这种市场位置不仅对于小企业有意义，而且对某些大企业中的较小部门也有意义，它们也常设法寻找一个或几个这种既安全又有利的补缺。

一个最好的"补缺"应具有以下特征：① 市场具有一定的潜量和购买力，能够使企业盈利；② 市场规模能保证一定利润，并有增长的潜力；③ 本企业可为这个市场提供优质产品和有效服务；④ 对主要竞争者不具有吸引力；⑤ 当这个市场补缺成长到具有更大吸引力时，企业所具备的技术和信誉足以对抗主要竞争者的进攻。

**2. 市场补缺者竞争战略选择**

一个企业如何补缺呢？进取补缺的主要策略是专业化营销。为了取得补缺，可在市场、顾客、产品或渠道等方面实行专业化。下面是几种比较常见的专业化方案：

（1）按最终使用者专业化，专门致力于为某类最终使用者服务，如计算机行业，有些小企业专门针对某一类用户(如诊疗所、银行等)提供服务。

（2）按顾客规模专业化，专门为某大型客户服务，如有些银行专门为像南方电网这样的大企业成立专门的电力支行。

（3）按特定顾客专业化，如江博士公司就专为儿童提供各式各样的童鞋、书包。

（4）按产品专业化，如广州的百万葵园景区专注于种植向日葵，通过打造不同的主题花园以满足各种客户群的游玩需求。

（5）按质量和价格专业化，专门生产经营某种质量和价格的产品，如专门生产高质高价产品或低质低价产品；如保时捷、法拉利、玛莎拉蒂等公司专注于豪车市场。

（6）按服务项目专业化，专门提供某一种或几种其他企业没有的服务项目，如摩拜公司专门提供自行车短时租赁业务。

（7）按分销渠道专业化，即专门服务于某一类分销渠道。例如，以携程旅游网为代表的OTA平台专门提供线上旅行社服务。

由于市场补缺者比较弱小，它面临的主要风险是当竞争者入侵或目标市场的消费习惯改变时有可能陷入绝境。如果能在多种补缺市场上发展，企业则可以规避一定的风险，即企业在选择市场补缺时，多重补缺比单一补缺更能减少风险，增加保险系数。因此，营销者通常选择两个或两个以上的补缺，以确保企业的生存和发展。总之，只要营销者善于经营，小企业也有许多机会可以在获利的条件下提供优质服务。

企业也应在注意竞争者的同时时刻保持对顾客的关注，不能单纯强调以竞争者为中心而忽视以顾客为中心。以竞争者为中心的企业行为完全受竞争者行为支配，逐个跟踪竞争者的行动并迅速做出反应；这种模式的优点是使营销人员保持警惕，注意竞争者的动向；缺点是被竞争者牵着走，缺乏事先规划和明确的目标。以顾客为中心的企业以顾客需求为依据制定营销战略；其优点是能够更好地辨别市场机会，确定目标市场，根据自身条件建立具有长远意义的战略规划；缺点是有可能忽视竞争者的动向和对竞争者的分析。在现代市场中，企业营销战略的制定既要注意竞争者，更要关注顾客。

# 项　目　小　结

(1) 市场营销战略的含义和特点：企业为实现自己的总任务和总目标所制定的长期性、全局性的营销规划，具有全局性、长远性、纲领性、竞争性、相对稳定性和应变性。

(2) 市场营销战略的内容和步骤包括规定企业任务、确定企业目标、安排业务或产品组合、制定职能计划等。

(3) 市场发展战略中的三个层次，即市场发展范围战略、市场发展方向战略、企业增长战略。

(4) 不同类型市场中的市场竞争战略，即一般竞争性市场营销战略、市场地位竞争战略。

# 巩　固　与　提　高

**一、单项选择题**

1. 某企业在生产空调的同时，还生产冰箱，这种战略称为（　　）。

A. 水平一体化　　　B. 同心多角化　　　C. 复合多角化　　　D. 前向一体化

2. 把企业现有产品投放到新市场上进行销售，这种战略被称为（　　）。

A. 产品发展　　　B. 市场发展　　　C. 市场渗透　　　D. 多角化经营

3. 成为"新能源行业引领者"是比亚迪公司给自己制定的（　　）。

A. 短期目标　　　B. 企业任务　　　C. 经营策略　　　D. 战略目标

4. 某生产食品的企业试图通过自产自销业务来寻求新增长，这属于（　　）。

A. 后向一体化　　　B. 前向一体化　　　C. 水平一体化　　　D. 多角化

5. （　　）决定了企业一个时期的兴衰成败。

A. 企业任务　　　B. 营销战略　　　C. 职能计划　　　D. 业务组合

**二、多项选择题**

1. 企业取得成本领先优势的方法很多，具体包括（　　）。

A. 规模经济　　　　　　　　　　B. 生产经验

C. 组织状况　　　　　　　　　　D. 地理因素

2. 美国战略管理学家迈克尔·波特提出的三种一般竞争战略包括（　　）。

A. 成本领先战略　　　　　　　　B. 差异化战略

C. 重点集中战略　　　　　　　　D. 市场跟随战略

3. 根据新业务与企业现有业务之间的关系，通常有三种新业务发展战略可供企业选择，分别是（　　）。

A. 密集型增长战略　　　　　　　B. 多角化增长战略

C. 差异化竞争战略　　　　　　　D. 一体化增长战略

**三、案例分析**

**有点大胆，小米电视竟然和"友商"PPTV一起走联合定制之路**

受彩电市场整体走势不顺的影响，互联网电视品牌遭遇了巨大的"困难"。不过在"行业整体不景气"的局面下，不是所有互联网电视品牌都深陷"困境"，例如 2017 上半年，小米电视线上销量同比大涨 91.2%，涨势迅猛，无论销量和份额都在上升通道，成为互联网彩电市场的"另类"。

为了更好地迎合市场新的变化，小米除了在价格上做优惠促销之外，还在产品布局上有一些新的"想法"，而且这个想法很"大胆"。小米在 2017 年 9 月首次和自己的"友商"PPTV 一起推一款"定制版电视"，宣称"为发烧友定制一版高配的好电视"。

行业人士分析认为，小米和 PPTV 合作肯定主要是在体育内容上有看点。早在 2017 年 6 月 PPTV 就高调宣布，将开放百亿元的内容及操作系统，要在内容软实力率先成为业界标杆。据悉，PPTV 把 100 亿大内容版权和各路终端电视厂商一起分享和合作，首批合作伙伴就有小米。PPTV 是内容上布局上最猛烈的企业之一，尤其在体育内容上已经取代乐视成为"招牌"。目前集齐了意甲、德甲、中超、欧冠等各大赛事的版权，现在小米和PPTV 联合定制电视，肯定会在体育内容布局会有新的"举措"。

（资料来源：今日头条）

【思考与分析】

1. 在市场地位竞争战略中，小米电视属于哪一种角色？PPTV 属于哪一种角色？

2. 2017 年小米电视和 PPTV 一起走联合定制之路，与 2016 年巅峰期的乐视电视相比有何先进性？

3. 如果你是职业经理人，你会给小米电视提供哪些差异化建议，让他们在竞争中更具有优势？

**四、实训项目**

1. 通过查阅资料结合实地走访的方式，收集华为、小米、OPPO、VIVO 和魅族几大国产手机品牌商在我国市场的竞争战略资料，找出手机行业的领导者、挑战者、追随者和补缺者分别是哪些公司，分析各家公司采用了哪些竞争战略。

2. 要求以 6~8 人为一组，各组结合实地走访和查阅资料综合所得，形成调查分析报告，以 PPT 的形式进行展示和讲解。

# 项目七 设计满足需求的产品

【知识目标】

1. 掌握产品整体的概念和产品的生命周期的内涵
2. 掌握产品生命周期不同阶段的营销策略
3. 了解几种常用的新产品开发策略
4. 掌握基本的产品组合和包装策略
5. 掌握品牌策略的相关知识

【能力目标】

1. 能够对产品所处的生命周期阶段作出分析
2. 具有产品营销策略的设计能力
3. 具有设计产品包装策略的能力
4. 具有为企业撰写产品营销策略方案的能力
5. 能运用品牌运营的规则塑造企业品牌形象

【导入案例】

### 海底捞捞什么?

四川海底捞餐饮股份有限公司是一家以经营川味火锅为主,融汇各地火锅特色于一体的大型跨省直营餐饮品牌火锅店。公司董事长张勇始终秉承"服务至上、顾客至上"的理念,以创新为核心,提倡个性化的特色服务,致力于提供贴心、温心、舒心的服务,在管理上,倡导双手改变命运的价值观,为员工创建公平公正的工作环境,实施人性化、亲情化的管理模式,提升员工价值。海底捞特色服务如下:

最"常见"——去过海底捞的顾客就会发现,等待区等待就餐的顾客可自取免费水果、饮料和零食;如果是几个朋友一起,服务员会主动送上棋牌等;点餐时,皮筋、手机袋、围裙都已经全部送到手边,饭后还会送上口香糖。这些是每个去海底捞就餐的顾客都会享受到的服务,难能可贵的是海底捞持之以恒几年如一日的高品质服务。

最"贴心"——"双日木闺女"的网友在博文中称,一小时前我发了微博说自己肚子很痛,不确定和昨晚吃的海底捞火锅有没有关系。没过几分钟就收到海底捞在微博上的邀请,询问我的情况。很快店员就联系了我,说如果很难受就先去看病,他们给报销医药费。还问我在什么地址,他们可以过来看看我。天哪,人类已经不能再阻止海底捞了!

最"诚挚"——一个服务员上错了汤,居然送上了个玉米饼,上面写着3个大字"对不起"表达歉意,令顾客不仅不会指责他服务的小失误,反而感动于他的诚挚。

最"感动"——海底捞的服务因人而异,许多特别服务感动了很多人。如果顾客中有孕妇,他会为你送上柔软的靠枕;有小孩的时候会送上小礼物。有网友夸道,海底捞居然搬了张婴儿床给儿子睡觉。为顾客解决每一个问题,结果就是创新!

最"实惠"——有网友称,在海底捞欲将吃剩的西瓜打包,服务员笑言切片的西瓜不能打包，继而端上了整个西瓜。

（资料来源：http：//baike. baidu. com）

【思考】

"海底捞捞什么？"谈谈你对这一问题的看法。

# 任务一　理解产品的整体概念

从市场营销的角度分析，产品是指能够提供给市场供人们使用或消费且能满足某种欲望或需要的任何事物。它可以是有形的，也可以是无形的，有形的产品是指看得见摸得着的实物，无形的产品是指服务、软件、知识产权等。

## 一、产品的三个层次

企业营销人员应该从三个层次来研究产品，即核心产品、有形产品和外延产品，这三个层次的融合称为产品的整体概念，如图 7-1 所示。

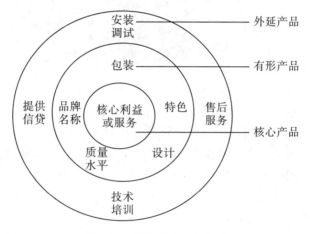

图 7-1　整体产品概念示意

### （一）核心产品

所谓核心产品，也称为实质产品，指产品能为消费者带来的基本利益和效用，是消费者真正要购买的核心所在。消费者购买产品不是为了占有或获得产品本身，而是为了获得能满足某种需要的效用或利益。比如，消费者购买化妆品，不是为了获得标有化学成分的瓶子，而是为了保养皮肤，达到使自己显得年轻漂亮的目的。因此，在营销活动中，营销人员必须明确消费者购买某一产品时所追求的基本效用和核心利益是什么。

### （二）有形产品

有形产品也称形式产品，产品的核心利益是依靠有形产品来实现的。有形产品是围绕核心产品制造出来的实体物品，主要通过五大特征来体现，即质量水平、设计、特色、包装及品牌名称。因此，有形产品实质上是核心产品的形式和外壳，是核心产品的外在表现。

### （三）外延产品

外延产品也称附加产品，是指消费者在购买某一特定有形产品时所得到的全部附加利益的总和。产品营销者必须围绕核心产品和有形产品，通过附加的消费者服务和利益来建立外延产品。从营销角度来看，外延产品包括咨询服务、产品介绍、提供信贷、送货服务、安装调试、技术培训、产品保证、售后服务和技术支持等。

下面举例说明产品是一个整体的概念。以麦当劳产品为例，消费者去麦当劳享受汉堡包、薯条、可乐，除了汉堡包可以填饱肚子之外，还看中麦当劳的就餐环境、免费赠送的儿童玩具、可以举办生日聚会等附加的产品，麦当劳也是从整体上来设计产品概念的，如图7-2所示。

麦当劳的整体产品设计

· 就餐环境
· 饲料
· 儿童玩具
· 儿童乐园
· 生日会
· 生日会
· 周末儿童歌舞

图7-2　麦当劳的整体产品设计

产品整体概念是建立在满足消费者需求的基础上的，将产品看作是能满足消费者需要的各种利益的集合。在市场营销活动中，营销人员首先必须了解消费者要满足的核心需求，然后设计和生产出能满足各种需要的实际产品，在市场营销中通过向消费者提供各种附加利益以扩大产品的外延，最大限度地满足其需求，使企业在竞争中取胜。

## 二、产品组合

在现实生活中，没有哪家产品是绝对单一的。企业为了满足目标市场的需要、扩大销售、分散风险和增加利润，往往要经营多种产品。如果产品组合不当，就可能造成产品滞销积压，致使企业亏损。

### （一）产品组合的概念

产品组合指一个企业提供给市场的全部产品线和产品项目，即企业生产经营的全部产品的组合搭配。要理解产品组合的概念，必须理解与之相关的两个概念：产品系列和产品项目。

（1）产品系列：又称产品线，是指产品组合中的某一产品大类，其功能相似或相同，但是型号、规格各不相同。

（2）产品项目：指产品线内不同的品牌、规格、式样、型号、价格的特定产品。比如，电视机产品系列，不同的型号、规格、价格的电视机便是不同的产品项目。

### （二）产品组合的广度、深度、长度和相关度

产品组合的具体方式是由产品组合的广度、深度、长度和相关度所决定的。

（1）产品组合的广度：也称为宽度，是指产品线数目的多少。如果一家企业拥有牙膏、肥皂、除臭剂、洗涤剂 4 条产品线，则产品组合的广度是 4。

（2）产品组合的深度：指每条产品线下的不同产品规格的产品项目数。例如，牙膏这条产品线下有 A1、A2、A3、A4 四种产品，肥皂有 B1、B2、B3 三种产品，除臭剂有 C1、C2 两种，洗涤剂有 D1、D2 两种，则产品组合的深度分别为 4、3、2、2。

（3）产品组合的长度：指企业产品组合中产品项目总数的多少，多则长，少则短。如上例中产品组合的长度为 11。

（4）产品组合的关联度：指一个企业的各个产品线在最终使用、生产条件、分销渠道和其他方面相互关联的程度。如上例中，产品组合的关联度较大；如果某公司同时生产洗发水和凉茶，则其产品组合的关联度较小。

# 任务二 分析产品生命周期及其营销策略

## 一、产品生命周期的概念、内涵及特点

### （一）产品生命周期的概念

产品生命周期又可以称为产品的寿命周期，是指一项新产品研究开发成功后，从投入市场销售开始，经过销售成长阶段直至被市场淘汰最终退出市场为止所经历的全部时间。任何产品在市场营销的过程中都会有一个从开始、发展到被淘汰的过程。在市场上，同一种用途的新产品推出并逐步取代了旧产品之后，旧产品的生命周期也就结束了。根据产品市场销售曲线的典型规律，市场营销学将产品生命周期分为四个阶段：投入期、成长期、成熟期和衰退期，如图 7-3 所示。

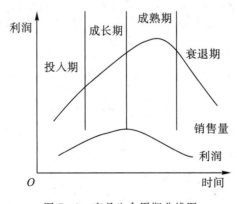

图 7-3 产品生命周期曲线图

### （二）产品生命周期的内涵及特点

#### 1. 投入期

内涵：投入期又称为导入期，是指产品刚刚引进市场时的销售缓慢增长阶段。在投入期，产品销售呈现缓慢增长状态，销售量也很有限。企业由于投入了大量的产品研发费用

及初期生产营销成本，在这个阶段几乎无利可赚，甚至亏损。

特点：第一，由于新产品刚刚投入市场，顾客对于产品了解甚少，只有少数追求新奇的顾客购买，产品知名度低，产品销路短期内难以打开。同时，生产企业为了避免过大的风险往往也不会进行过分的批量生产及扩张；中间商也不敢贸然进行分销。第二，引入期产品处于微利或亏损，前期投入及销售推广费用大、销量小、资金回笼慢，存在亏损的风险。第三，处在投入期的产品，在后期会存在两种可能：一种情况是通过科学合理的经营销售顺利地进入到成长期，还有一种情况可能就是不幸夭折，在引入期就被市场淘汰。所以，引入期的产品不一定都能够走完所有的生命阶段，在开发引入过程中会存在很多风险因素，如市场预测的误判、产品自身的缺陷、宣传推广不力、资金链断裂、营销渠道受阻等。因此，对于引入期的产品，企业在生产经营上要谨慎地对待，及时跟踪市场动态和产品动态，帮助产品顺利渡过引入期。

**2. 成长期**

内涵：成长期又可称为发展期，是产品被市场迅速接受、销量激增以及利润大幅增加的阶段。在成长阶段，消费者对于产品已经比较熟悉，大量消费者开始购买，市场逐步扩大。

特点：第一，消费者对于处在成长期的产品相对熟悉，市场迅速打开，销售额快速上升，是产品生命周期中销售增长率上升最快的阶段。产生这一现象的原因有很多：首先，引入期购买产品的消费者出于对产品的喜爱出现再次购买的行为；其次，产品的知名度和品牌效应，由于产品逐渐被人们所熟悉，从众购买的消费者也会越来越多。当然，成长阶段产品的销售渠道往往会比引入阶段要好得多，销售力度也能够随之加大。第二，成长期产品的销售利润不断增长。销售量的增加使得企业能够大规模地批量生产从而降低单位成本，同时，成长阶段的产品往往已经脱离初期研发的高成本阶段，销售额的大幅上升加上成本的大幅降低使得企业利润呈现增长态势。第三，成长阶段企业的竞争者会逐步增多，显著的销量增长和市场扩张使得竞争者看到了盈利的机会，从而参与到市场竞争中来。

**3. 成熟期**

内涵：成熟期又可称为饱和期，是指产品已经被大多数的潜在消费者所接受，同时竞争加剧从而导致成长缓慢，后期甚至呈现销售下降的趋势。

特点：第一，成熟时期的产品销售额达到整个产品生命周期的峰值。成熟时期，市场被完全开拓，产品的销售在经历了之前的快速成长后逐步缓慢下来，并在达到峰值后呈现缓慢下降的趋势，少部分消费者开始转向替代品的购买。第二，成熟时期产品的利润也最高，不过在达到峰值后也会随着销量呈现下降的趋势。第三，成熟期存在行业内产能过剩的风险，这就迫使生产企业必须采取一定的措施维持市场占有率，所以，这个阶段市场竞争也很激烈。

**4. 衰退期**

内涵：衰退期又可称为快速下降期或者淘汰期，是指产品销量开始呈现快速萎缩的趋势并且利润不断下降的阶段。在这个时期，产品往往已陈旧老化，销售额下降开始变快，利润随之大幅降低，维持市场占有的费用却在增加，所以产品利润在后期往往趋向于零甚至亏损，市场竞争逐步淡化，产品即将被市场淘汰。

特点：第一，衰退时期，产品的销售额会呈现明显下降的趋势，并且会越来越急剧。消费者逐渐对产品失去购买兴趣。第二，产品销量逐渐下降，但是平均成本却在增加，使得产品利润大幅下滑。第三，市场竞争逐步淡化，竞争者相继退出市场。

综上所述，产品生命周期的阶段特征如表 7-1 所示。

**表 7-1　产品生命周期的阶段特征**

| 特　征 | 导入期 | 成长期 | 成熟期 | 衰退期 |
| --- | --- | --- | --- | --- |
| 销售额 | 低 | 快速增长 | 缓慢增长 | 衰退 |
| 利润 | 易变动 | 顶峰 | 下降 | 低或无 |
| 现金流动 | 负数 | 适度 | 高 | 低 |
| 顾客 | 创新使用者 | 大多数人 | 大多数人 | 落后者 |
| 策略重心 | 扩张市场 | 渗透市场 | 保持市场占有率 | 提高生产率 |
| 营销支出 | 高 | 高 | 下降 | 低 |
| 营销重点 | 产品知晓 | 品牌偏好 | 品牌忠诚度 | 选择性 |
| 竞争者 | 稀少 | 渐多 | 最多 | 渐少 |

## 二、产品生命周期各阶段的营销策略

### （一）投入期营销策略

一般来说，产品一旦进入投入期，企业便想迅速扩大销量并希望盈利，该阶段营销策略的目标是让顾客认识并接受新产品；营销重点突出"快"和"准"，快速打开市场，扩大销路，准确定位，精准传播。根据价格及促销两方面，基本分为快速撇脂策略、缓慢取脂策略、快速渗透策略及缓慢渗透策略。

**1. 快速撇脂策略**

快速撇脂策略又称快速高价策略。该策略以高价格配合大规模的促销活动，先声夺人，占领市场，希望能在竞争者反应过来之前就能够收回投资。高价是为了获取高额利润，大规模促销是为了使消费者能够接受新产品的高价格定位，加速市场对于产品价格和品质的认可。快速高价策略一般适用于市场容量大、产品需求弹性小、产品具有独特吸引力，同时又存在潜在竞争者的情况。

**2. 缓慢取脂策略**

缓慢取脂策略又称缓慢高价策略。该策略是指以高价格推出产品，但是促销力度相对较低。企业为了早日收回投资，将产品以高价问世，同时减少促销成本，指望获取高额毛利。这种策略往往适用于市场容量不大、消费者对该类产品有一定认知、产品具有吸引消费者的特质，能够使消费者有意愿出高价来购买产品，同时市场竞争较小的情况。

**3. 快速渗透策略**

快速渗透策略又称快速低价策略。该策略是指产品以较低定价及较大的促销力度快速向目标市场进行渗透，并在短时间内为企业带来最大的市场占有率。采用这一策略需满足以下条件：市场容量较大，消费者对商品不是特别熟悉，消费者对于产品价格比较敏感，低价能够刺激消费，同时企业扩大量产能够降低成本，通过低价能够有效击退竞争者。

**4. 缓慢渗透策略**

缓慢渗透策略又称缓慢低价策略。该策略是指产品以低价格和低水平的促销力度推出，低价格是为了使消费者能够尽快接受该产品，而低促销则是为了减少费用。采用该策略的一般条件包括目标市场容量较大、消费者对该类产品有一定认知、消费者对于价格比较敏感，而且不存在潜在竞争。

**【知识链接】**

### 屈臣氏的快速扩张和市场渗透

屈臣氏个人护理店是屈臣氏集团首先设立的旗舰零售品牌，凭借其准确的市场定位，其"个人护理专家"的身份深入人心，以至于人们一提到屈臣氏便想到"个人护理专家"，其品牌影响力由此可见一斑。

中国早期的化妆品市场不成熟，鱼龙混杂，许多消费者饱受不良商家劣质产品的伤害，屈臣氏的崛起恰好填补了消费群体这一心理空白，客户消费价值在屈臣氏零售店内得到很好的满足。

（1）市场定位。屈臣氏个人护理店以"探索"为主题，提出了"健康、美态、快乐"三大理念，协助热爱生活、注重品质的人们塑造自己内在美与外在美的统一。在国内，屈臣氏是第一家以"个人护理"概念经营的门店，其独特而准确的市场定位，令人耳目一新。商店的目标顾客锁定在18～35岁的女性，她们注重个性，有较强的消费能力，但她们时间紧张不太爱去大超市购物，追求的是舒适的购物环境，而这与屈臣氏的定位非常吻合。

（2）产品策略。屈臣氏个人护理店经营的产品可谓包罗万象，有来自多个国家的各种商品，如化妆品、药物、个人护理用品、时尚饰物、糖果、心意卡及礼品等。其商品主要分为两部分：一是屈臣氏自创品牌商品，有化妆品类和个人护理用品类等；二是其他品牌的护理用品，宝洁的产品就不在少数，还有美宝莲、雅芳等品牌的产品。当然，产品也不仅是为女士提供，各种国外原产的食品也足够让男性食客大快朵颐。

## （二）成长期营销策略

产品进入成长期，企业应当及时采取相应策略以应对销量的连续性大幅增长。营销策略的重心要突出一个"好"字。具体策略如下：

（1）改良产品质量，丰富产品的款式、型号、用途，增加产品的特性，使产品在目标市场更具竞争力。

（2）拓展新的目标市场，扩大销售渠道，科学设计和管理所有的分销渠道，提高产品的市场占有率。

（3）加强促销环节，树立良好的企业形象和品牌形象。对产品的品牌商标进行一定的宣传，提高产品品牌的知名度，挖掘潜在消费者的从众购买行为。

（4）适当调整价格，如果是高价入市的产品，可以降低价格增强竞争优势；反之，低价入市的产品，如果市场销售稳定，则可取消优惠，增加企业盈利空间。

### （三）成熟期营销策略

产品进入成熟期，企业需要对市场策略进行相应的改进，营销重点突出一个"改"字。在产品的消费者数量以及消费者使用产品的用量上均应采取不同的策略。具体策略如下：

（1）改进产品。对产品的性能、品质、花色、造型等方面进行改革，满足顾客不同的需求，并能吸引新顾客，从而扩大销售量。

（2）改进市场，即开发新市场或寻求新用户。比如，从用户饱和的地方走向不饱和的地方，摩托车从城市走向农村。

（3）改进产品的营销组合。产品进入成熟期，企业需要重新设计相应的营销组合方案，对产品因素以及非产品因素进行一定的整合。在这一时期，比较适合采用竞争性的价格策略，同时想办法扩大销售渠道，增加促销的力度等。

### （四）衰退期营销策略

产品进入衰退期，销量大幅下降，企业应采取相应措施以减少产品衰退对企业带来的负面影响，营销重点突出一个"转"字。具体策略如下：

**1. 维持策略**

维持策略即继续维持过去的策略，继续维持产品的生产和市场的销售，直到产品被彻底淘汰为止。

**2. 集中化策略**

产品一般不可能在所有的细分市场同时、同步衰退，当部分子市场出现衰退时，可以将企业资源的重心转移到相对而言衰退较慢的市场，这样有利于企业集中收回投资，同时又不至于在快速衰退的市场上浪费时间和精力，缩短了产品退出市场的时间。

**3. 收缩策略**

企业在衰退阶段采取大幅降低促销力度的方法，从而减少促销费用，以维持一定的利润或减少亏损。这么做会使产品的衰退加速，不过忠实的消费者仍然会在衰退时期为企业贡献一定的利润。

**4. 放弃策略**

不同产品衰退时期的衰退速度和衰退的程度都不一样，当遇到衰退较快的产品时，企业应当当机立断，及时地放弃该产品的生产经营。放弃的方式可以是直接停产或者转让产品线和销售渠道，也可以逐步停产，即逐步转移产品所占有的资源，将其投入到其他产品的生产中。

# 任务三 开发新产品

开发新产品是企业发展的前提，也是企业在竞争中取胜的重要法宝。目前大多数企业销售收入的三分之一来自于新产品，创新成为企业发展的真正动力，努力开发新产品，对于企业的生存发展有极为重要的意义。美国著名的企业管理学者德鲁克说过，"任何工商企业具有两个——也仅有两个基本的功能：市场营销与创新。"科技进步和市场需求快速增长，导致产品生命周期越来越短，企业必须不断开发新产品以迎合不断变化的需求，如果企业不致力于发展新产品，就会在竞争中淘汰。通用电气、微软、英特尔、宝洁和杜邦等国际性企业无一例外都在产品创新方面成为行业领导者。我国的许多企业也正在开始走上自主创新之路。

# 一、新产品的含义

## （一）新产品的内涵

新产品的内涵十分丰富，对新产品的概念可以从不同的角度加以界定。从技术角度看，只有采用了新技术、新工艺、新材料，从而使产品的功能、结构、技术特征等发生了显著变化的产品，才算是新产品。市场营销学对新产品概念的解释，与科学技术发展上所称的新产品的含义不完全相同，前者的内容要广泛得多。

从企业市场营销的角度看，除了真正的全新产品之外，整体产品中任何一部分的创新或改进的产品以及本企业向市场提供的过去未生产过的产品都可以称为新产品。

## （二）新产品的种类

新产品按其创新的程度，可以划分为以下六类：

### 1. 全新型新产品

全新型新产品是指应用新原理、新技术、新材料制造的，具有新结构、新功能的、前所未有的产品。全新型新产品是同类产品的第一款，如手机、MP3 等最初上市时都属于全新型新产品。例如，现任美国爱瑞通信公司董事会主席兼首席执行官的马丁·库珀先生于1973 年在摩托罗拉公司发明了世界上第一部移动电话，经过二十多年的研发和市场推广，移动电话已经成为全球最普及的便携式通信设备。马丁·库珀先生也成为业内公认的"移动电话之父"。对大多数企业来说，独立开发这种新产品是很困难的，因为一项新的科学技术的发明应用于生产，需要经历较长的时间，要花费巨大的人力和资金，它占新产品的比例约为 10％。

### 2. 改进型新产品

这是指采用新技术对原有产品进行改进，以适合新用途、满足消费者的新需要，或者只是对现有产品的品质、性能、款式、品牌等作一定的改进，以适应消费者的不同偏好而制造出来的新产品。改进型新产品易为消费者接受，是企业开发新产品的重点，但是也易于被竞争者仿效，因此竞争比较激烈。这类新产品约占全部新产品的 26％。电子计算机问世以来，经历了以电子管为主要原件的第一代，以晶体管为主要原件的第二代，以集成电路为主要原件的第三代，以大规模集成电路和超大规模集成电路为主要原件的第四代，具有人工智能的第五代产品，标志着产品的性能有了重大突破。

### 3. 仿制型新产品

仿制型新产品是指市场上已有的产品，由企业模仿而再生产，也称为该企业的新产品。一般通过引进或模仿别人的技术，并稍加改进，冠以自己的品牌，创出自己的产品。仿制企业不刻意追求市场上的领先，不把投资用在抢先研究新产品上，而是绕过新产品开发这个环节，专门模仿市场上刚刚推出并得以畅销的新产品，进行追随性竞争，以此分享市场收益。它绝不是纯粹的模仿，而是在模仿中有创新。从市场竞争和企业经营来看，仿制在新产品发展中是不可避免的。更重要的是，它通过对市场领先者开发的创新产品进行了许多建设性的改进，有可能后来者居上。企业采取竞争性模仿策略，既可以避免市场风险，又可以节约研究开发费用，还可以借助竞争者领先开发新产品的声誉，顺利进入市场。如目前一些地方生产的冰箱、洗衣机等，都是模仿他人的产品而生产的。这类新产品约占全部新产品的20％。

### 4. 形成系列型新产品

形成系列型新产品是指在原有的产品大类中开发出的具有新的品种、花色、规格等的产品项目。企业通过开发这种新产品与企业原有产品形成系列，扩大产品的目标市场。如海尔空调分智慧风系列、金元帅系列、节能风系列、静享风系列、鲜风宝系列、奥运风系列、感人系列等，每一系列还有若干产品项目。这种新产品与原有大类产品的差别不大，所需开发投资不大，技术革新程度也不高。该类型新产品占新产品的26％左右。

### 5. 降低成本型新产品

降低成本型新产品是指以较低的成本提供同样性能的新产品，主要是指企业利用新科技，改进生产工艺或提高生产效率，削减原产品的成本，但保持原有功能不变的新产品。这种产品占新产品的11％左右。

### 6. 重新定位型新产品

重新定位型新产品指企业的老产品进入新的市场而被称为该市场的新产品，需要在新市场上重新定位。该类新产品没有技术开发过程，主要在于产品营销创新。这类新产品占新产品的7％左右。

## （三）新产品开发的趋势

随着经济的不断发展，市场竞争更加激烈。产品作为企业参与竞争的载体，在竞争中起着举足轻重的作用。认识和研究新产品开发趋势，对企业成功进行营销策划具有重要的意义。

### 1. 高科技智能化产品

采用高新科技开发有超前特征的新产品，实现产品的高性能化，引导消费潮流是现代产品开发的一大趋势，如无人驾驶汽车、机器人保姆、智能化住宅、指纹锁等。

### 2. 个性化产品

个性化需求时代已经来临，大规模生产的产品已不能满足消费者日益增加的个性化需求，从服饰到家居，人们无不希望有自己的风格，进行创意DIY，企业应注意开发满足消费者个性化需要的产品，如可随意组装的住房和家具、电脑量身定做的服装和皮鞋、个性化的汽车造型等。

### 3. 多功能产品

增加产品功能，由单一功能发展成为多用途、多功能的产品，一机多用。例如，随着技术的不断进步，电视机具有收、录、放等功能。

### 4. 舒适便捷产品

现在人们更讲究产品使用的舒适方便，企业应注意利用新技术、新材料、新工艺，简化产品结构，方便使用，达到性能高、操作简便、体积小、重量轻的特点。例如，数码照相机、手机、全自动洗衣机、电脑等产品的发展正说明了这一点。

**5. 节能与环保产品**

由于能源的紧张和环境污染越来越严重，全球倡导低碳生活，因此节电、节煤、节油、节水、节气的节能产品和降低排放的环保产品是产品开发的重要方向。开发便利而充分节能的产品是产品开发的一大关键领域，如太阳能产品、风能产品的开发。

## 二、新产品开发的方式

### （一）独立研制

独立研制是指采用新技术、新材料、新工艺创造出具有特色的全新型产品。企业独立研制的产品投资多、难度大、风险高，但研制成功往往能给企业提供高速发展的机会。

### （二）引进技术

引进技术是指利用国内外已有的成功的制造技术，通过购买专利、合资经营方式，尽快地把产品制造出来。特别是发展中国家可以利用与发达国家存在的技术差距，通过技术模仿、引进来获得技术创新，很多技术模仿、引进不需要花费成本，因为超过专利保护期的技术引进不需要购买成本。这种方式能使企业迅速地掌握原来没有的技术，缩短与竞争对手的差距，节约研制费。

### （三）自主创新与引进技术相结合

这是指先把国外先进技术引进，然后加以改进和创新。这比单纯引进技术更为有利，是企业开发新产品的重要途径。

## 三、新产品的开发程序

一般来说，一个新产品从创意到研制成功需要经过八个阶段，即构思、筛选、形成产品概念、制订营销策略、商业分析、产品开发、市场试销、大批投产正式上市。如图7-4所示。

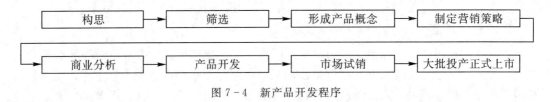

图7-4　新产品开发程序

### （一）构思创意

新产品研发的第一步是寻求创意。创意就是新产品的设想，有效的创意是开发新产品的前提，没有新的创意很难开发出新的产品。创意的来源有很多，主要有以下几种：

**1. 来自顾客**

顾客的需求是寻求新产品构想的重要来源。可以通过直接向顾客调查以及接待顾客来信、来访，了解他们的需求，并进一步预测和了解消费者的潜在需求，从而得到对原产品进行改进或直接开发新产品的创意。

**2. 来自科研机构和科研人员**

科学技术的进步是新产品开发的动力。把科学技术成果用于产品的开发也是产品创意的一个重要来源。科研人员的新发现、新发明对企业开发新产品很有益处。如电话、电视、电脑等的出现，就是基于新的科学技术的应用。

**3. 来自竞争对手**

通过对竞争者现有产品的分析，了解其产品的成功与失败之处，给企业有益的借鉴；也可以通过各种渠道刺探竞争者的新产品开发信息，以获取比竞争者更新、更完善的新产品的创意。

**4. 来自企业的推销人员和经销商**

中间商是企业与顾客的联系纽带，此外还有发明专利权代理人、大学及科研机构、市场营销研究机构等。由于他们经常和顾客接触，容易了解市场需要。企业应注意了解顾客需求，训练企业员工的创造技巧，广开思路，广泛收集新产品设想。

企业的内部人员、咨询公司，各种传播媒体、专利机构等，往往也能提供有价值的信息，成为新产品创意的来源。

创意的方式主要有灵感、联想、偶发事件、顾客需求与创造力技巧。如钢琴的出现，启发了意大利人拉维扎的发明灵感。这位来自皮埃蒙特的律师，参考钢琴的敲击琴键原理，在 1855 年创制出世上首部打字机。

## （二）创意的筛选

企业在广泛征询新产品设想的基础上，必须对出现的新产品构思进行筛选，以便将目标集中在有开发前途的产品上。因此，要尽可能地吸收企业各个部门有经验的管理人员和有关专家参加，对新产品设想就质量目标、技术水平、市场规模、竞争状况、技术能力、资源状况、发展前景等逐一进行评价。既要防止对那些好的设想的潜在价值估计不足，以致将其漏选而失去机会，又要防止误选了缺乏营销前途的设想，以致造成营销失败。

## （三）产品概念的形成

筛选后的设想需经过进一步的开发程序，以形成具体的产品概念。产品设想是人们以语言表述拟推向市场的一种可能性产品，而产品概念则是企业欲使顾客接受而形成的关于产品的一种主观意志。一种产品设想可能衍生出许多产品概念。产品概念的设计应该恰如其分地反映产品的功能或特点，能让人们直接产生合乎逻辑的联想，如酸奶机、煮蛋器、豆浆机的概念准确地反映了产品的功能，而不要设计令人费解的概念。产品概念形成以后，还要进行概念的检验，常用的方式是邀请各种潜在的顾客及专家讨论评价产品概念，根据他们反映的意见和提出的问题，与相似产品的属性进行相互比较，选择最佳产品概念，最后通过实物模型和文字表达出来。经过测试后，不能准确反映产品功能和特点的产品概念需要重新定义，及时修正，否则会影响产品的市场扩展。如多士炉，英文名字 Toaster，其实就是烤面包机。如果能准确定义并传播产品概念，市场销售会大大增加。

## （四）制定营销策略

营销计划即对企业选择的最佳产品概念的产品制定初步的市场营销计划。它一般包括以下几个方面：

（1）目标市场预测。目标市场预测包括市场的规模、消费者的购买行为、产品的市场定位以及销售量、市场占有率、利润率预期等。

（2）短期市场营销预算。短期市场营销预算主要包括产品预期价格、分配渠道及一季度和一年的营销预算。

（3）长期市场营销预测。长期市场营销预测即长期的销售额、投资收益率和不同时期的营销组合策略等。

## （五）商业分析

商业分析又称经营分析，是企业对概念已基本定型的产品的市场需求、生产和销售成本、盈利能力以及投资回收期等所进行的预测性的分析。其目的是判断拟开发新产品是否有发展前途，进行综合权衡后才能正式作出开发新产品的决策。此外，还要考虑"机会成本"问题和竞争对手问题。

## （六）产品开发

如果说以上各阶段还是纸上谈兵阶段，那么这一阶段则是进行实战演练，对产品概念进行研究并制造出产品样品实物，并设计好商标、品牌及包装等；同时还要进一步检查新产品中存在的问题，判断产品概念在技术上和商业上的可行性，以决定是否继续试制或及时加以改进。

## （七）市场试销

市场试销指的是新产品的样品经过部分顾客试用基本满意后，将正式产品投放到有代表性的小范围市场上所进行的试验性销售。试销的目的主要在于了解顾客对产品的购买和再购买情况，以便决定是否大批量生产。但新产品试销可能带来以下问题：一是试销有时不能正确反映市场需求；二是试销的代价很大；三是容易泄露企业的新产品信息，易被竞争者所利用。试销不是企业新产品的必经阶段，特别是技术含量不高、容易仿制的产品。

## （八）大比投产，正式上市

新产品经部分顾客试用成功后，应根据试销试用中收集到的顾客意见，进一步提高产品的功能和质量，对产品的整体设计再做进一步修改，然后大批量生产，全面投放市场。由于新产品初上市，产品概念推广、品牌培育仍需要大量资金投入，因此企业要权衡优势和自身的不足。

### 1. 选择投放时机

新产品选择什么时机进入市场，概括地说有两种情况：一种是企业新产品试制成功后，以最快的速度把产品推向市场；另一种是新产品试制成功后，并不急于投放市场，而是等待销售时机。这类产品多属换代产品，因为在原有产品未进入衰退期前，大批量推出它的换代产品会影响原有产品和其他同类产品的市场销量，从而减少企业盈利。

### 2. 选择投放地区

新产品不一定立即向全国市场投放，可以先向某一地区市场推出，进行集中性的广告宣传，取得相当的市场占有率以后，再扩大到其他市场。

### 3. 选择目标市场

新产品的潜在消费者有四种类型，即最先采用者、大量购买者、有影响的带头购买者和对价格敏感的购买者。企业应根据新产品的特点，选择最有潜力的消费者群，作为自己的目标市场。

### 4. 选择策略

企业要采取适当的营销组合策略来推出新产品。首先要给营销组合的各因素分配预算，然后安排各种营销活动的先后顺序，使新产品上市活动有计划、有序地进行；同时，针对不同的营销环境，企业应采用不同的营销策略。

# 任务四　设计品牌名称

## 一、品牌的概念

品牌是产品整体概念的一个重要组成部分，属于产品整体概念中的形式产品。品牌在企业营销活动中有独特的魅力，是销售竞争的有力武器，所以，有必要先对品牌及相关的几个概念进行阐述。品牌是一个集合概念，包括品牌名称、品牌标志、商标。

### （一）品牌及相关概念

#### 1. 品牌

品牌是用以识别某个销售者或某群销售者的产品或服务，并使之与竞争对手的产品或服务区别开来的商业名称及其标志，通常由文字、标记、符号、图案和颜色等要素或这些要素的组合构成。深入了解品牌，还需充分了解和掌握与品牌相关的术语。

#### 2. 品牌名称

品牌名称是指品牌中可以用文字表述并被读出声音的部分，如索尼（SONY）、日立、海尔（Haier）、联想、五粮液、红双喜、TCL 等。

#### 3. 品牌标志

品牌标志是品牌中可以被认出、易于记忆但不可以发声的部分，包括符号、图案或明显的色彩或字体，如耐克的一钩造型、小天鹅的天鹅造型、IBM 的字体和深蓝色的标准色等。

#### 4. 商标

商标是一个法律术语，是指已获得专用权并受法律保护的一个品牌或一个品牌的一部分，代表商标所有者对品牌名称和（或）品牌标志的使用权。企业在政府有关主管部门注册登记以后，就享有使用某个品牌名称和品牌标志的专用权，这个品牌名称和品牌标志受到法律保护，其他任何企业都不得仿效使用。我国习惯上对一切品牌不论其注册与否，统称商标，而另有"注册商标"与"非注册商标"之分。《中华人民共和国商标法》规定，注册商标是指受法律保护、所有者享有专用权的商标。非注册商标是指未办理注册手续、不受法律保护的商标。

### （二）品牌与商标的关系

品牌与商标是两个既有联系又有区别的概念。它们的联系在于品牌包括商标，它们的对象都是商品，它们的功能都在于与其他竞争者的商标相区别，其设计都是由名称、文字、图形、符号构成的，是企业的无形资产。它们的区别在于：品牌侧重于名称，商标侧重于标志（或标记）；品牌与企业联系在一起，往往品牌与厂牌统一，而商标与具体商品联系在一起；品牌侧重于名称宣传，商标侧重于防止他人侵权。

## 二、品牌设计

品牌通常由三大部分构成：一是品牌名称，二是字体图案，三是色彩组合。企业一旦决定使用自己的品牌，就要对品牌进行命名和设计。

### （一）品牌命名的原则

（1）易于发音、识别和记忆。根据人们的记忆规律，一般以不超过五个字为宜。

（2）独特新颖，寓意深刻。好的品牌要有独特的风格，不要盲目模仿他人的品牌，更不要与其他品牌雷同，独特的品牌便于记忆和识别。

（3）提示产品特色。品牌名称不允许直接用来表达产品性能、状态、质地。但是，好的品牌名称又必须与产品本身有某种联系，能暗示有关产品的某些优点。

（4）差别多样性。企业一般只有一个品牌，但一般不止一种产品。品牌与产品是一荣俱荣、一损俱损的关系。为了减少风险，创造成功的机会，生产多种产品的企业可以设计系列化的品牌。

（5）不触犯法律，不违反社会道德和风俗习惯。一旦选择不慎，所用品牌便可能触犯目标市场所在国家或地区的法律，违反当地社会道德准则或风俗习惯，使企业蒙受不必要的损失。

### （二）品牌设计的要求

品牌不仅要有好的名字，还要有好的造型和色彩，并与产品相映生辉、相得益彰。品牌标志的设计要求主要表现在以下方面。

#### 1. 独特性

品牌是企业形象的典型概括，反映企业个性和风格。好的品牌标志应该与众不同，能反映产品个性特色，这样才能给消费者以强烈的印象。例如：埃克森石油公司标志的特点在于两个 X 字母；戴尔计算机标志的特点在于倾斜的"E"字母；IBM 计算机的独特之处是"虚线"；一汽汽车的特点是巧妙地将"1""汽"构成对称图形。Benz（本茨）先生作为汽车发明人，以其名字命名的奔驰汽车，一百多年来赢得了顾客的信任，其品牌深入人心。那个构思巧妙、简洁明快、特点突出的圆形的汽车方向盘似的特殊标志，已经成了豪华优质的高档汽车的象征。圣马龙品牌 1968 年创始于意大利，2001 年 5 月进入中国大陆。经过几年的筹备，已经实现了产品系列化、市场规模化、生产自动化。圣马龙商标图案是由一个手持利斧的神兽和皇冠组成的。它出自一个神话，一支正义的欧洲某国军队遭到敌军伏击，在突围中前面是一座大山难以翻越，后有敌军追兵，在危难关头，一位手持利斧的神兽从天而降，用手中的斧头劈开大山，使正义军队得以通过，后又将山推拢，以一斧挡万军。它象征着"决不放弃，大道光明"的奋斗勇气，并将此理念上升为"励精图治，终成大器"的服装内涵。只有构思上勇于创新，才能够推出美观大方、风格独特的品牌设计，给消费者以美的享受。

**2. 通俗性**

品牌标志设计要讲究通俗易懂，容易让消费者理解其含义，能用一句话或一个词来概括。例如金山软件、奥迪汽车、花花公子、标致汽车、别克汽车的标志，这些标志图案尽管不同的人可能存在不同的描述，但它们均可用一个词或一句话来表达。金山软件的标志像一顶"帽子"，奥迪汽车的标志是"四个圆圈"，花花公子是"一只戴着领带的兔子"，标致汽车的标志是"一只站立起来的狮子"，别克汽车的标志是"三颗子弹"。

**3. 简洁性**

品牌的重要作用是有助于识别商品，为此，要使人们见到后在短时间内留下深刻的印象，起到广告宣传的作用，就必须简洁明了，一目了然。在语言上，文字要精练，要易于拼读、辨认、记忆，并朗朗上口、悦耳动听；画面要色彩匀称，图案清晰，线条流畅，和谐悦目。例如，"美加净""佳洁士"，其品牌简洁易懂，被誉为商品品牌的文字佳作。

**4. 帮助传达品牌的象征意义**

一个品牌拥有者，在为产品或公司设计一个品牌标志时，一般希望通过该标志向消费者传达某种含义，以便让消费者尽早了解该品牌是从事何种行业的公司，是什么类别的产品，或具有什么样的属性、特点。因此，在标志设计时，就要运用适当的符号来传达设计者希望传达的信息。例如：微软视窗产品的标志就像许多重叠的窗口，这一标志形象地说明了产品的微软视窗功能；耐克的标志是一个"钩"，它容易让人产生穿鞋运动时脚步落地的感觉，以及发出的"刷刷声"，这种感觉和声音给人进一步的联想是"高品质"；奔驰的标志是一个方向盘，让人一看就知道是汽车。

## 三、创意品牌名称设计

与传统的老字号品牌不同，现代品牌命名不单是给某一产品取名，还要使企业能更好地塑造品牌形象、丰富品牌内涵、提升品牌知名度等。因此品牌命名应遵循风格确定原则、价值取向原则、文化内涵原则和个性化差异原则，运用系统的方法提出并进行评估，最终选择适合品牌的名称。

### (一) 小名称，大创意

好名称对于一个品牌来讲至关重要。一个好名称不仅易于记忆和传播，而且能增加消费者对品牌的好感，为品牌省下一大笔广告费。

**1. 我国品牌名称的发展阶段**

改革开放之后，我国的品牌名称大体经历了以下三个发展阶段。

（1）崇洋媚外阶段。凡是进口的都是值得信赖，凡是和外国沾边的都是洋气的，于是出现了海尔(Haier)、格力(GREE)、罗西尼(ROSSINI)等洋气的名称。

（2）经济发展之后的自信阶段。这一阶段的品牌名称恢弘大气，中国的企业家开始憧憬自己的企业发展壮大，不再是小作坊的模式。例如，万达、恒大、华为、盛大、新东方、长虹等。都是豪气冲天的名称。

（3）互联网时代的个性化阶段。企业家开始寻求个性化，用产品的某一特征命名品牌，如滴滴、饿了么、去哪儿等。另外，开始出现了大批用动物、食品等命名的品牌，如三只松鼠、天猫、小米、瓜子、咸鱼、豌豆等。这些名词在生活中可令人产生亲切感，所以很容易被记住并产生好感。

**2.“互联网＋”时代创意品牌名称的特征**

在“互联网＋”时代，企业家、创业者们都在使出浑身解数吸引眼球、传播品牌，品牌名称也出现多元化、个性化、娱乐化的表达形式。总结起来，品牌名称凸显出以下三个特征：

（1）简单。纵观目前互联网上比较知名的品牌，如京东、天猫、小米、唯品会、聚美优品等，其品牌都有一个共同的特征——简单，给受众第一印象是一目了然。

（2）有趣。有趣是互联网时代又一个明显的趋势，如饿了么、苹果、虾米、土豆、滴滴、三只松鼠等。这些企业使消费者对品牌名称所体现的事物产生认知，并快速地产生共鸣。

（3）直接。很多品牌的广告语放弃了多年推崇的华丽、押韵形式，变成了目前的口语化，更多地使用网络语言的形式，表达的内容更加直接，少了高高在上的感觉，这样的品牌塑造使企业品牌在众多品牌中脱颖而出，如淘宝网、聚美优品、赶集、汽车之家等。这样塑造有什么好处呢？显然，这样可以达到品牌名称的呼出与品牌的内涵无缝对接，与消费者的品牌联想达到完美的结合，挖掘出消费者心智里的品牌密码。如淘宝网与汽车之家是体现“直接”这一特征的典型品牌名称。

## （二）创意品牌名称设计的“格调术”

在移动互联网时代，所有营销的终极状态都是口碑传播，好名称是口碑传播的起点。在这个讲情怀和品位的时代，一个有格调的品牌名称自然有粉丝追捧和传播。下面结合案例进行说明。

**【案例赏析】**

### 云海肴、全聚德，一流餐饮品牌命名的秘密

*云海肴主打云南菜。“云南＋洱海＋佳肴”的组合，具备了地域属性、非常具有画面感，使人产生美好的联想。店内装饰独具一格的西南风情，如跳民族舞的铁板剪影、被称为活化石的东巴文化、朴素无华的蜡染布等，让云海肴的视觉效果发挥到极致。云海肴的商标图示及店内装饰如图7-5所示。*

*吃烤鸭，自然而然让人想起全聚德，但是大多数人不知道的是，烤鸭鼻祖是一家叫“便宜坊”的烤鸭店。这家店已有六百多年，但是被“全聚德”抢了风头。这是为什么呢？全聚德选择在品牌名称上注入更多的文化内涵，使产品和中国文化相融合。全聚德的深刻内涵是“全而无缺、聚而不散、仁德至上”。后来周恩来总理在国宴上宴请外宾时这样解释全聚德的含义：（1）所谓“全”，即菜品全、服务全，全心全意为人民服务；（2）所谓“聚”，即积聚人才、积聚贤才、积聚天下的美食；（3）所谓“德”，即仁德至上，童叟无欺、货真价实。*

图 7-5　云海肴的商标图示及店内装饰

图 7-6　全聚德品牌

（资料来源：林海．移动商务文案写作．北京：国家开放大学出版社，2017）

**【思考】**

具有格调的品牌具备哪些特征？

从以上案例来看，一个有格调的品牌名称一般符合三个规律：

规律一，品牌人格化。品牌人格化也就是品牌拟人化或品牌个性化，是为了增加品牌的温度与亲和力，赋予了品牌各种人格化的特征，如标志、广告语、代言人、吉祥物等。比如"褚橙"，由于褚时健的传奇人生及人格魅力，他那坚定、淡然、顽强的人格魅力塑造了甜橙的人格化特征。

规律二，具有画面感。人们对具有画面感的品牌特别容易形成记忆，并且口口相传，可以用语言准确地描述。例如：看到麦当劳，人们很快就会记起那个红鼻子的小丑；提到肯德基，就会想到白胡子上校。

规律三，具有地缘属性。在品牌定位理论提到国家的心智资源。例如：提到法国，就会想起美酒、时装、艺术；提到德国，就会想起汽车、啤酒；提到瑞士，就会想起手表；提到中国，就会想起茶文化、瓷器、饮食文化等。而在中国各个地区又有不同的区域心智资源，如北京烤鸭、南京板鸭、赣南脐橙、四川麻辣火锅、广州甜品等。

那么，我们该如何设计一个有格调的品牌名称呢？下面从品牌名称设计的四个维度阐述创意品牌名称设计的"格调术"。

（1）口语化，接地气。

一个好的名称首先要读起来朗朗上口。"你好芒"这个农产品品牌可以说几乎无人不知、无人不晓，品牌创始人张凯带领团队从 2015 年 3 月 6 日至 4 月 24 日，创造了 300 万元的销售奇迹，2 万箱芒果卖到脱销。

（2）名称即服务。

当消费者听到这个名称时就能猜出它是干什么的。例如："卖包包"就是卖包的；"饿了么"就是与填饱肚子有关的；"易到用车"即很容易叫到车。名称和服务的关联性高，用户需要这项服务时自然会想到该品牌。

（3）拟人化。

一个产品品牌具有拟人化特征，那它就在市场中塑造了具有亲切感的品牌形象，成为了有"温度"的品牌。在农产品品牌塑造的过程中，也涌现出一批拟人化的品牌，如梅州金柚——李金柚、茂名荔枝——荔枝妹妹等。

（4）有故事，有情怀。

有"锤子"这个品牌名称时，罗永浩并没有做手机，后来罗永浩有了数量众多的粉丝，他在粉丝心目中有了确定的形象，罗永浩也成了"老罗"。有了情怀，不管老罗做的是手机还是相机，都不重要了，有了情怀，就有了粉丝，有了粉丝就成功了一大半。

# 任务五　制定品牌策略

为了使品牌在市场营销中更好地发挥作用，必须采取适当的品牌策略。品牌策略是企业产品策略的重要组成部分，一般包括品牌化决策、品牌归属决策、家族品牌决策、品牌延伸决策、多品牌决策、品牌再定位决策等。

## 一、品牌化决策

对于一种新产品，有关品牌的第一个决策就是决定是否给产品建立品牌。企业为其产品设立品牌名称、品牌标志，并向有关机构注册登记取得商标专用权的业务活动，称为品牌建立。一般来说，品牌化虽然会使企业增加成本费用，但品牌作为企业及其产品的形象标识，在营销活动中发挥着重要作用，既有对营销者的作用，也有对消费者和市场的作用。品牌是企业开展宣传的基础，强有力的品牌有利于树立企业形象，便于企业管理订货，获得经销商和消费者的信任，从而更容易推出新产品；有助于企业细分市场，有利于产品组合的扩展，是购买者获得商品信息的一个重要来源；品牌化有利于企业创造品牌忠诚度和有助于建立较为巩固的顾客群，增加重复购买的消费者；品牌化可使企业的产品特色得到法律保护，防止被竞争者仿制、假冒，是保护企业及其产品信誉的重要武器。

品牌所起的作用在商品经济高度发达的今天显得十分突出，一切产品几乎都有品牌。一方面，越来越多的传统上不用品牌的商品纷纷品牌化；另一方面，名牌也成为一种无形资产。名牌是产品质量的反映，是企业信誉的标志，它可以去收购、兼并别人的有形资产，从而扩大自己。世界一流企业无不是以名牌打天下，如美国的可口可乐、德国的奔驰、日本的丰田等。

尽管品牌化有以上好处，但有一些类型的产品可以不使用品牌，如进入消费领域的初级产品，直接供应给厂家的原料型产品，生产简单而且差异性、选择性不大的商品，本身并不具有因生产者不同而形成不同特点的产品，消费者习惯上不是认知了品牌而才去购买的产品，临时性、一次性小批量生产和出售的产品。虽然这些产品可以不使用品牌，但企业应尽可能在产品上标明厂名、厂址等。

## 二、品牌归属决策

实行品牌化首先面临的一个问题就是品牌归属问题，即品牌归谁所有，由谁负责。品牌归属决策，又称品牌使用者决策，是企业决定用本企业（制造商本身）的牌号，还是用经销商的牌号，或者是一部分产品用本企业的牌号，另一部分产品用经销商的牌号的决策。确定品牌归属的方式一般有以下三种：

### 1. 使用制造商品牌（或称生产者品牌）

生产者品牌由制造商推出，并用自己的品牌标定产品进行销售。制造商是该品牌的所有者。从传统上看，不论中外，因为产品的质量特性总是由制造商确定的，所以制造商品牌一直支配着市场，绝大多数制造商都使用自己的品牌，如海尔、长虹等。制造商采用此策略是为了获取品牌所带来的利益，以利于新产品上市。当品牌打响后，产品极受欢迎时，销售者也乐意推销生产者其他品牌的产品。制造商所拥有的注册商标是一种工业产权，享有盛誉的著名商标可以租借给他人使用，但要收取一定的特许权使用费。

### 2. 使用经销商品牌（或称中间商品牌、私人品牌）

这种方式即中间商向制造商大批购进产品或加工订货后，中间商又将产品套上他们自己的品牌上市，如沃尔玛、家乐福等。近来，大型零售商、批发商都在发展自己的品牌，这种做法当然要付出代价，如要增加投资用于大批量订货和储备存货，要为宣传私人品牌增加广告费用，还需承担私人品牌被顾客否定的风险等。但是，由于中间商常能找到生产能力过剩的企业为其生产中间商品牌的产品，降低了生产成本和流通费用，从而能以较低售价取得较高的销售额和利润；并且中间商有了自己的品牌，可加强对价格和制造商的控制；还能利用有限的陈列空间充分展示自己品牌的产品。因此，中间商还是喜欢使用自己的品牌，以增加利润。西方国家已有越来越多的中间商使用自己的品牌，如美国著名的大零售商西尔斯公司已有90％以上的产品使用自己的品牌。

### 3. 制造商品牌与经销商品牌混合使用

这可能有以下三种情形：

（1）制造商品牌与经销商品牌同时使用，兼收两种品牌单独使用的优点。日本索尼公司的电视机初次进入美国市场时，在美国最大的零售商店西尔斯出售，用的是西尔斯牌。以后索尼公司发现其产品很受美国人的欢迎，就改用自己的品牌出售了。许多大型零售商店，如北京王府井百货大楼出售数以万计的商品，有不少商品同时使用两种品牌。商品上除了使用制造商品牌外，还标明北京王府井百货公司监制或经销。这种混合品牌策略对产品进入国外市场也很有帮助。

（2）制造商在部分产品上使用自己的品牌，另一部分则以批量卖给经销商，使用经销商品牌，以求既扩大销路又能保持本企业品牌特色。

（3）为进入新的市场，先采用经销商品牌，待产品在市场上受到欢迎后即改用制造商品牌。

### 三、家族品牌决策

制造商在决定给产品使用自己的品牌之后，面临着进一步的抉择，即对本企业产品是分别使用不同的品牌，还是使用统一的品牌或几个品牌。一般来说，可以有以下四种选择。

#### （一）个别品牌策略

个别品牌策略是指企业按产品的品种、用途和质量，分别采用不同的品牌。如洗发水，宝洁的品牌有海飞丝(定位于去头皮屑)、飘柔(定位于使头发柔顺)、潘婷(定位于使头发营养健康)、沙宣(定位于造型)。采用这种策略的优点是能严格区分高、中、低档产品，可以适应市场上不同的消费需求，使用户易于识别并选购自己满意的产品，而且不会因个别产品声誉不佳影响到其他产品及整个企业的声誉。这种策略的缺点在于企业要为每一个产品设计品牌，为每一个品牌做广告宣传，费用高，消费者也不易记住，难以树立企业的整体市场形象。图7-7所示的宝洁公司的部分品牌。

图7-7　宝洁公司部分品牌

#### （二）统一品牌策略

统一品牌策略，是指企业生产的一切产品均统一使用一个品牌名称。美国通用电气公司是最好的例子，这个多年来一直位列世界500强前三甲的企业巨人从飞机引擎、广播、军事电子产品、电视、工厂自动化设备到照明设备、机车、家用设备以及财务服务等各个领域的产品及服务都使用"GE"这个品牌。采用这种策略的优点是可以广泛传播企业的精神和特点，让产品具有强烈的识别性，提高企业的声誉和知名度；还可以利用市场上已经知名的品牌推出新产品，有利于节省品牌的设计和广告费用。但是如果其中一种产品的质量出现问题则会牵连到其他产品。采用这种策略，企业必须具备以下两个条件：一是这种品牌必须在市场上已获得一定信誉；二是采用统一品牌的各种产品具有相同的质量水平。

#### （三）分类品牌策略

分类品牌策略是指企业的各类产品分别命名，一类产品使用一个牌子。例如，安利公司，其营养保健品的品牌是纽崔莱，而美容化妆品的品牌是雅姿。使用分类品牌策略主要是企业生产或销售许多不同类型的产品，如果都统一使用一个品牌，这些不同类型的产品就容易互相混淆。例如，美国斯威夫特公司同时生产火腿和化肥，这是两种截然不同的产品，需要使用不同的品牌名称，火腿品牌用"普莱姆"（Premium）化肥品牌用"维哥洛"（Vigoro）分别销售，以免互相混淆。

### （四）企业名称与个别品牌名称并用的策略

这种策略即企业决定生产经营的各不相同的产品项目或产品大类分别使用不同的品牌名称，同时在各种产品品牌名称的前面加上企业的名称。这种策略实际上是个别品牌名称策略与统一品牌名称策略的一种结合形式，因而它兼有两种品牌名称策略的优点。如美国通用汽车公司生产的各种小轿车分别使用"凯迪拉克""欧宝""别克""雪佛莱""潘蒂克"等品牌，而每个品牌前都另加"GM"字样，以表明是通用汽车公司的产品。

### （五）品牌延伸决策

品牌延伸决策是指企业利用其成功品牌名称的声誉来推出改良产品或新产品。企业采取这种策略，可以节省宣传介绍新产品的费用，使新产品能迅速、顺利地打入市场。若企业拥有一个强势品牌，绝对应该考虑发展和保护它在市场上的地位。品牌延伸可能有助于这一点，例如诺基亚、摩托罗拉、西门子等各手机知名厂商争先将品牌延伸至新一代的WAP手机，使企业科技领先的形象得以维持和发展。但这种策略用得不好，就会适得其反。浙江纳爱斯集团推出雕牌牙膏失利之根本原因就是品牌延伸策略的失误。雕牌在洗涤市场的成功，其中最主要的原因在于其长期的大规模的广告轰炸策略，结果成就了高知名度的同时，将雕牌的产品属性深深套在了洗涤类产品上。因此，消费者一听到雕牌牙膏，嘴里就会有一股洗衣粉的味道，"用洗衣粉牙膏"显然是消费者无法"容忍"的。因此，在进行品牌延伸策略时，一定要进行市场调查，弄清消费者对改良产品或新产品的接受度。

品牌延伸可能因以下两种情况削弱原有品牌。

#### 1. 削弱原有品牌的声誉

品牌延伸的失败会使消费者失去对原品牌产品的信任。如果新产品质量性能等不能令用户满意，就可能影响到消费者购买同一品牌命名的其他产品的态度；同时品牌延伸可能只是从原品牌抢走销售额，即"同室操戈"，使原品牌产品更加虚弱。

#### 2. 在时间及空间上减少对原有品牌的管理

管理时间和总的预算时间将在原产品和新产品间分配，经理和工人们的注意力分散了，他们不像以前那样集中在原品牌产品上了。零售厂商只有有限的货架空间，而每一条新的产品线都会提出额外的货架需求。零售商们可能不愿意接受该品牌的延伸产品，或只把原先分给该品牌的货架划出一部分给这些新产品，这样显然侵害到了原品牌产品的利益。

### （六）多品牌决策

多品牌决策是指企业对同一种或同一类产品同时使用两种或两种以上的品牌。制造商之所以愿意同时经营多种互相竞争的品牌，原因是制造商可以获得更多的货架面积，而使竞争者产品的陈列空间相对减少；提供几种品牌可以赢得品牌转换者而扩大销售，事实上大多数消费者都不会因忠诚于某品牌而对其他品牌毫不注意，他们都是不同程度的品牌转换者；通过将品牌分别定位于不同的细分市场上，每一品牌都可能吸引许多消费者；新品牌的建立会在企业内部形成激励，并促进效率的提高。不同的品牌经理们在竞争中共同进步，从而使企业产品销售业绩高涨。然而，并不是品牌多多益善，如果每一品牌仅能占有很小的市场份额，而且没有利润率很高的品牌，那么采用多品牌对企业而言是一种资源的浪费。

# 任务六　设 计 包 装

包装是商品生产的继续，商品只有经过包装才能进入流通领域，实现其价值和使用价值。设计良好的包装能为消费者创造方便价值，为生产者创造促销价值。因此，许多营销人员把包装化（packaging）称为4P之后的第5个P。

## 一、包装概述

### （一）包装的含义及种类

#### 1. 包装的含义

包装是指对某一品牌商品设计并制作容器或外部包装物的一系列活动。也可以说，包装有两个方面的含义：一是指为产品设计、制作包装物的活动过程；二是指包装物本身。

#### 2. 包装的种类

包装有多种类型，按产品包装的不同层次划分，可分为以下三种：

（1）首要包装，即产品的直接包装，如牙膏皮、啤酒瓶。

（2）次要包装，即保护首要包装的包装物，如包装一定数量牙膏的纸盒或纸板箱。

（3）运输包装，即为了便于储运、识别某些产品的外包装，也叫大包装。

按产品包装在流通过程中的不同作用划分，可分为以下三种：

（1）运输包装。运输包装主要用于保护产品品质安全和数量完整。运输包装又可分为单件运输包装和集合运输包装。

① 单件运输包装，指采用箱、桶、袋、包、坛、罐、篓、笼、筐等容器对商品进行的包装。按其使用的包装材料不同，又可分纸、木、金属、塑料、化学纤维、棉麻织物等制成的容器和绳索。

② 集合运输包装，指为了适应运输、装卸现代化的要求，提高工作效率，将若干单件包装组合成一件大包装。这是一种新的包装方法，货物整批包装，可以降低成本。目前常用的集合运输包装有集装包（或集装袋）、托盘和集装箱。

（2）销售包装。销售包装又称小包装，它随同产品进入零售环节与消费者直接见面，实际上是零售包装。因此，销售包装除要求符合保护产品的条件外，更重要的是必须具备适于直接销售的各项条件，在造型结构、装潢画面和文字说明等方面，都有较高的要求。

① 保护产品。选用包装首先要考虑保持质量完好、数量完整。包装材料及包装制作必须适合产品的物理、化学、生物性能，保证产品不损坏、不变质、不变形、不渗漏等。

② 便于使用。为方便顾客和满足消费者的不同需要，包装的体积、容量和形式应多种多样。包装大小轻重要适当，便于携带和使用。在保证包装封口严密的条件下，力求容易

打开。为适应不同需要，可采用单件、多件和配套包装。

③ 便于运输、保管与陈列。销售包装一般要排列组合成中包装和运输包装，才能适应运输和储存的需要。因此，销售包装的造型结构应与运输包装的要求相吻合，以便于运输和储存。在保证产品安全的前提下，应尽可能缩小包装体积，以便节省包装材料和运输、储存费用。产品零售前，一般要陈列在货架上，成千上万的产品，通过堆叠、悬挂、摆放，构成琳琅满目的商品海洋。因此，销售包装的造型结构既要便于陈列摆设，又要便于消费者识别、选购，如采用透明包装、"开窗"包装等。

④ 美观大方。商品包装的好坏，既能反映一定的生产技术水平，也是文化艺术、科学文明的一种标志。销售包装具有美化、宣传产品的作用，应使顾客看了之后有美的感受，有艺术的吸引力。某些精巧美观的双重用途包装，不仅能提高产品的身价，而且包装本身也可做装饰品，具有陈列与欣赏价值。特别是礼品包装，要求外形新颖、大方、美观，有较强的艺术性，能增加产品的名贵感。根据不同产品的属性和档次，应采用既实用又美观的销售包装，以促进销售。

⑤ 社会效益。商品包装在一定程度上反映了生产者、设计者的思想境界。包装设计和使用应注意维护消费者的利益，增进社会福利。要防止增加不必要的昂贵的包装成本，努力减轻消费者的负担，节约社会资源。对有害的包装应禁止使用，对易造成污染者应加以限制和取缔。

此外，销售包装还应做好文字说明。包装的文字说明是严肃细致的工作，应根据国家政策法令和有关规定，参照国内外市场习惯，区分不同产品，正确撰写合适的文字说明，以求切实有效地向消费者介绍和宣传产品。销售包装通常要有关于产品名称、数量、规格、成分、产地、用途、使用方法等的文字说明。说明要求应做到准确、统一、清晰、协调，文字布局适合展销要求。文字说明既要严谨，又要简明扼要，同时还应根据各种产品的特性和销售习惯，各有侧重。

## （二）包装的作用与要求

### 1. 包装的作用

包装在市场营销过程中可以发挥以下作用：

（1）保护产品。保证产品在生产过程结束后，转移到消费者手中，直至被消费掉以前，产品实体不致损坏、散失和变质。如易腐、易碎、易燃、易蒸发的产品，有了完善的包装，才能保护其使用价值。这是包装的基本功能。

（2）促进销售。产品包装具有识别、美化和便利的功能。包装是产品的延伸，是整体产品的一部分。独特的包装，能够使产品与竞争品产生区别。优良的包装，经过精心设计与印制，不易被仿制、假冒、伪造，有利于保持企业信誉。在商品陈列中，包装是货架上的广告，是"沉默的推销员"；包装材料的色彩和包装图案具有介绍商品的广告作用。良好的包装，往往能引起消费者的注目，激发购买欲望。在商品销售中，包装是传递信息、争取顾客的重要工具。科学合理的包装，可起到方便顾客携带、保管的作用。有的商品无法试用、品尝，主要靠包装进行说明与说服工作，包装能兼收广告宣传的效果。例如，食品包装化，可以保持食品清洁卫生，定额包装还能方便销售，有利于推广自动售货、自助服务等。美国最大的化学工业公司杜邦公司的一项调查表明，63%的消费者是根据商品的包装来选购商品的，这一发现就是著名的"杜邦定律"。另据英国市场调查公司报道，一般上超级市场购物的妇女，由于受精美包装的吸引，所购物品通常超出进门时打算购物数量的 45%。这些都充分说明了包装在促进销售中的重要作用。

（3）增加利润。包装还有增值的功能。优良的包装，不仅能够与优质的产品相得益彰，避免"一等商品，二等包装，三等价格"，而且往往能提升商品身价，使商品卖个好价钱，超出的价格远高于包装的附加成本，且为顾客乐意接受。另外，包装产品的存货管理，也比较单纯和方便。完善的包装，可使产品损耗率降低，使运输、储存、销售各环节的劳动效率提高，从而增加企业的盈利。

**2. 包装的要求**

在市场营销中，包装要考虑满足不同对象的要求：

（1）消费者的要求。由于社会文化环境的不同，不同国家和地区的消费者对包装的要求是不同的。在作包装决策时，应该分析消费者的特性，区别国内、国外，不同民族，城市、乡村，使包装的形状、图案、颜色、语言等都适应目标市场的要求。例如，在发达国家，应注重包装的美观，而在发展中国家，双重用途包装较受欢迎，它有可能被顾客用做容器。包装的大小一般也因国家而异。

（2）运输商的要求。运输部门主要考虑能否以最少的费用将商品安全运达目的地。要满足这个要求，必须采用有效的包装方法。因此，企业应弄清以下问题：这些货物运往哪里？是否需要堆积？是露天堆放还是仓库堆放？装卸方式是什么？有时这些问题是不容易回答的，只能请教有关行家。

（3）分销商的要求。分销商要求商品包装既符合运输包装又符合销售包装的要求。

（4）政府的要求。政府对包装的要求通常与标签（labeling）有关。标签是指附着或系挂在商品上和商品包装上的文字、图形、雕刻及印制的说明。为了防止冒名顶替和欺蒙顾客，把包装内商品的数量如实地告诉消费者，便于消费者进行比较，许多国家制定了商品标志条例，规定商品标签应记载某些指定的项目，有的国家还要求有两种语言的标签，不同国家对度量要求的单位也是不同的。

一般商品标签的内容主要包括制造者或销售者的名称和地址、商品名称、商标、成分、品质特点、包装内数量、使用方法及用量、编号、储藏应注意的事项、质检号、生产日期和有效期。有些标签上还印有彩色图案或实物照片。为了便于识别货物，方便运输、仓储和检验，防止意外事故的发生，通常在货物包装上采用运输标志以及指示性、警告性标志。运输标志又称为唛头，它是由各种不同的几何图形和一些特定字母、数字以及简短的文字组成。在商品外包装上刷制收货人和发货人、目的地或中转地、件号、批号、产地等内容。指示性标志是根据商品的特性，对一些容易破碎、残损、变质的商品，用文字、图案做出标志，以便指示有关人员在装卸、搬运、储存、作业中引起注意。常见的有向上（this side up）、防湿（keep dry）、小心轻放（handle with care）等。警告性标志是指在易燃品、易爆品、腐蚀性和放射性等危险品的运输包装上刷制标志以示警告，常见的有爆炸品（explosive）、易燃品（inflammable）、有毒品（poison）等。

## 二、包装的设计与装潢

包装是产品的"外衣"，是无声的推销员。包装的设计与装潢的重要作用显而易见。

## （一）包装的设计

产品包装的设计，应依据科学、经济、牢固、美观和适销的原则，对以下方面进行创造或选择。

**1. 包装形状**

包装形状主要取决于产品的物理性能，如固体、液体，其包装形状各不相同。包装外形应能美化商品，对用户有吸引力，方便运输、装卸和携带等。

**2. 包装大小**

产品包装的尺寸，主要受目标顾客的购买习惯、购买力大小以及产品的有效期等因素的影响，应力求让消费者使用起来方便、经济。过大或过小的包装都不利于销售，甚至影响企业的利润。

**3. 包装构造**

产品包装的构造设计，一方面要突出产品的特点；另一方面要具有鲜明的特色，使产品外在包装和内在性能完美地统一起来，给用户留下深刻的印象。

**4. 包装材料**

包装材料的选用，其要求有三点：① 能充分地保护产品，如防潮、防震、隔热等；② 有利于促销（如能显示产品的性能和优点等），开启方便，便于经销商储存和陈列等；③ 节约包装费用，降低售价。

**5. 文字说明**

应根据不同产品的特点，使用的文字说明既要严谨，又要简明扼要。文字说明主要包括产品的名称、数量、规格、成分、产地、用途、使用与保养方法等。某些油脂类、食品类通过商品检验后，应实事求是地在包装上注明"不含黄曲霉素"或"无胆固醇"等字样；在某些药品的包装上注明"没有副作用"；在糖制食品上注明"没有使用糖精"等，借以增加顾客对该商品的信任感。禁止使用对人体有害的包装材料和弄虚作假的文字宣传，对造成污染者应予以取缔。

**【知识链接】**

### 部分国家对图案色彩的禁忌

产品要进入国际市场，在设计方面首先要了解各国的色彩、图案禁忌。

美国：在美国，一般浅洁的颜色受人喜爱，如象牙色、浅绿色、浅蓝色、黄色、粉红色、浅黄褐色。纯色系色彩比较受人欢迎。

加拿大：枫树是加拿大的国树，人们就用火红的枫树图案进行装饰，以欢迎王子的光临。此后，枫叶的标志就被广泛应用，也为世界所周知。

意大利：意大利人喜欢绿色和灰色，国旗是由绿、白、红三个垂直相等的长方形构成。据记载，1796 年拿破仑的意大利军团在征战中使用绿、白、红三色旗，这面旗是拿破仑本人设计的。意大利人忌紫色，也忌仕女像、十字花图案。意大利人对自然界的动物有着浓厚的兴趣，喜爱动物图案，尤其是对狗和猫异常偏爱。

中国香港地区：白、黑、灰色不大受欢迎，红黄和鲜艳的色彩则很受欢迎。

日本：在日本，黑色被用于丧事，红色被用于成人节和庆祝60大寿的仪式上。日本人喜爱红、白、蓝、橙、黄等色，禁忌黑白相间色、绿色、深灰色。习惯上，红色被当作吉庆幸运的颜色，如红小豆饭、红白年糕或系在礼品上的红白硬纸绳，节日里高大建筑物垂下的竖幅语式红色灯笼，以及庆祝77大寿时，穿在和服外面的红色无袖短褂等，都带有节庆的意思。在日本，给初生的婴儿穿衣服要用黄色，给病人的被子要用黄棉花，这是自古以来就有的风俗，这是因为黄色被认为是阳光的颜色，可以起到保温的作用。在日本，蓝色意味着年轻、青春或小孩子，表示将走向社会，开始生活。白色是表示纯真和洁白的颜色。神官和僧侣穿白色的衣服，给人以洁净感。自古以来，在表示身份地位的色彩中，白色曾是作为天子服装的颜色。日本工业规格（JIS）所规定的安全色的意义为：红色表示灭火、停止；橙黄色表示危险；黄色表示注意；绿色表示救护、通行；蓝色表示小心；白色表示道路在修整中。

蒙古：蒙古人喜欢借颜色来寄托自己的愿望和感情，将不同的颜色赋予了不同的意义。红色象征亲热、幸福和胜利，许多蒙古人喜欢穿红色的蒙古袍，姑娘们爱用红色缎带系头发；黑色被视为不幸和灾祸的标志，故蒙古人不穿黑色衣服。

泰国：泰国人喜爱红、黄色，禁忌褐色。人们注意到广告、包装、商标、服饰都使用鲜明的颜色，并习惯用颜色表示不同日期，星期日为红色，星期一为黄色，星期二为粉红色，星期三为绿色，星期四为橙色，星期五为淡蓝色，星期六为紫红色。群众常按不同日期，穿着不同色彩的服装。过去白色用于丧事，现在改为黑色。泰国的国旗由红、白、蓝三色构成，红色代表同族和象征各族人民的力量及献身精神；白色代表宗教，象征宗教的纯洁；泰国是君主立宪制国家，国王是至高无上的，蓝色代表王室。蓝色居中象征王室在各族人民和纯洁的宗教之中。

新加坡：由于新加坡居民中华侨居多，人们对色彩想象力很强，一般红、绿、蓝色很受欢迎，视紫色、黑色为不吉利；黑、白、黄为禁忌色。

缅甸：缅甸人喜爱鲜明的色彩，如传教徒所穿的番红、黄色装束。越南的村寨路悬挂有绿色树枝时，是禁入的标志，外人不得进入。

印度：他们认为红色表示生命、活力、朝气和热烈，蓝色表示真诚；阳光似的黄色表示光辉壮丽；绿色表示和平、希望；紫色表示心境宁静。印度人在生活和服装色彩方面喜欢红、黄、蓝、绿、橙色及其他鲜艳的颜色；黑、白和灰色则被视为消极的不受欢迎的颜色。

（资料来源：http://www.docin.com/p-200594617.html，有修改）

## （二）包装的装潢

装潢是指对产品的包装进行装饰和艺术造型。由于当前产品向系列化、多样化、美观化方向发展，消费者购买时不仅讲究质量，还注重包装造型与装潢，因此，包装装潢发展到现在，其功能远远不止是保护商品。随着经济发展和生活水平的提高，消费者对美的追求也日趋明显。包装造型与装潢能否为广大顾客所欣赏、接受，已成为产品能否得到社会承认的必要条件之一。因此，许多企业十分重视包装造型与装潢，并以此作为市场营销的一种重要竞争手段。当然，包装装潢要与产品内在质量相符，不可"金玉其外，败絮其中"，否则，将损害企业形象，使企业丧失信誉。

包装装潢结构和图案设计的要求如下：

**1. 独特新颖，美观大方**

图案画面生动形象，色泽鲜艳夺目，具有艺术性并富有吸引力；尽量采用新材料、新工艺；画面设计突出产品的特点，文字说明与装潢内容相互衬托。

**2. 表里一致**

包装与产品价值相称。对于高档、贵重商品和工艺品、特殊品，应设计优美、精细的包装装潢，从而给人以名贵的感觉。低档商品采用高档优质包装会增加成本，提高价格，反而会影响销售。

**3. 设计科学合理，经济、美观、牢固**

包装通常有堆叠式包装、挂式包装和展开式包装。堆叠式包装在包装物的顶部与底部都设有吻合部分，陈列时可以节省货位。挂式包装具有独特的结构，加吊钩、吊带、挂孔、网兜等便于悬挂。常见的有贴体包装、起泡包装、盒形包装、袋形包装、套形包装、卡纸形包装等。运用多种形式的包装，可扩大商品展销的空间。展开式包装具有特殊造型和结构形式，既可以关闭，便于装运，又可以展开，非常方便灵活。

包装应便于识别商品。如透明包装和开窗包装，目的是让顾客直接看到里面商品形态和外观质量，便于顾客挑选，方便携带和使用。携带式包装的造型备有提手，为消费者提供方便。便于使用的包装设计有易开包装（如罐头盒上加开启带）、喷雾包装（将液体或气体、粉状产品装入按钮式喷雾容器内，使用时会自动喷出）、礼品包装（专门为赠送礼品而设计的包装，并配有吊牌、彩带、花结和装饰衬垫等）、一次性包装（如采用纸或塑料制的餐具）。此外，还有压缩包装、真空包装和充气包装等。

**4. 尊重民族习惯和风俗习惯**

不同国家或地区的消费者对图案、色彩有着不同的爱好和习惯，这与包装、装潢的设计有着密切的关系。例如，在我国红色表示吉祥，日本人却喜欢互赠白毛巾；法国用蓝色象征天空、海洋象征着自由，而忌用墨绿色（它代表纳粹军服颜色）；埃及喜欢绿色而禁忌蓝色（蓝色是恶魔的象征）；伊斯兰教地区喜欢绿色和白色，很少用黄色（黄色代表死亡）；巴西忌用紫色（表示悲伤）、黄色（表示绝望）、褐色（表示将有不幸）；瑞士忌用猫头鹰（死亡的象征），法国人忌用孔雀（代表祸鸟），北非、利比亚忌用狗的图案（表示不洁之物）；红三角在捷克和斯洛伐克是毒品的标志，而绿三角在土耳其则是免费样品，可不付钱随便拿。

**5. 真正体现社会和消费者的利益**

包装应真实说明产品的性能、特色，做到表里一致，不能弄虚作假，欺骗消费者。当前，尤其要注意控制包装成本，避免包装物与所装商品费用结构失衡。否则，过度包装虽在一时刺激了销售，给企业带来一定效益，但从长远来看，既浪费了社会资源、污染环境，也增加了企业的销售成本。企业应树立绿色包装观念，增强生态环境保护意识，删繁就简，"适度"包装。

## 三、包装策略

符合设计要求的包装固然是良好的包装，良好的包装只有同包装策略结合起来才能发挥应有的作用。可供企业选择的包装策略有以下几种：

### 1. 相似包装策略

相似包装策略即企业生产的各种产品在包装上采用相似的图案、颜色，体现共同的特征。其优点在于能节约设计和印刷成本，树立企业形象，有利于新产品的促销。但有时也会因为个别产品质量下降而影响到其他产品的销售。

### 2. 差异包装策略

差异包装策略即企业的各种产品都有自己独特的包装，在设计上采用不同的风格、色调和材料。这种策略能够避免由于某一商品推销失败而影响其他商品的声誉。但相应地也会增加包装设计费用和新产品促销费用。

### 3. 相关包装策略

相关包装策略即将多种相关的产品配套放在同一包装物内出售，如系列化妆品包装，这样可以方便顾客购买和使用，有利于新产品的销售。

### 4. 复用包装策略或多用途包装策略

复用包装策略即包装内产品用过之后，包装物本身还可作其他用途使用，如奶粉铁盒包装，这种策略的目的是通过给消费者额外利益而扩大产品销售。

### 5. 分等级包装策略

分等级包装策略即对同一种商品采用不同等级的包装，以适应不同的购买力水平，如送礼商品和自用商品会采用不同档次的包装。

### 6. 附赠品包装策略

附赠品包装策略即在包装上或包装内附赠奖券或实物，以吸引消费者购买。

### 7. 改变包装策略

当某种产品销路不畅或长期使用一种包装时，企业可以改变包装设计、包装材料，使用新的包装。这样可以使顾客产生新鲜感，从而扩大产品销售。

# 项 目 小 结

（1）从产品三个层次去理解产品的整体观念，即产品含核心产品、形式产品及延伸产品。

（2）产品组合应从广度、深度、长度及相关度上进行决策。

（3）任何产品都有产品生命周期，一般会经过四个阶段，分别是投入期、成长期、成熟期及衰退期。在不同的产品周期阶段具备不同的特征，围绕不同的特征开展不同的营销策略，在投入期营销重点应突出"快"和"准"；在成长期应突出"好"；在成熟期应突出"改"；在衰退期应突出"转"。

（4）品牌是企业的无形资产，对于品牌的命名要掌握原则和方法，特别是互联网时代，品牌命名的规律性及命名的格调术是营销人员要掌握的重要内容。

（5）新产品按其创新的程度划分的种类有全新产品、改进新产品、仿制新产品、形成系列型新产品降低成本型新产品和重新定位型新产品。新产品开发程序需要经历构思、筛选、形成产品概念、制订营销策略、商业分析、产品开发、市场试销和大批投产正式上市等八个阶段。

　　（6）包装的分类有按产品包装的不同层次分类和按流通过程的不同作用分类两种。符合设计要求的包装固然是良好的包装，良好的包装只有同包装策略结合起来才能发挥应有的作用。

# 巩 固 与 提 高

**一、判断题**

1. 产品的使用寿命比产品的经济寿命长。　　　　　　　　　　　　　　（　　）

2. 产品线又称具体产品。　　　　　　　　　　　　　　　　　　　　（　　）

3. 新产品就是新发明的高科技产品。　　　　　　　　　　　　　　　（　　）

4. 企业营销人员应该从三个层次来研究产品，即核心产品、有形产品和外延产品。

　　　　　　　　　　　　　　　　　　　　　　　　　　　　　　（　　）

5. 产品组合的广度也称为宽度，是指产品线数目的多少。　　　　　　（　　）

6. 个别品牌策略可以利用市场上已知名的品牌推出新产品，有利于节省品牌的设计和广告费用。　　　　　　　　　　　　　　　　　　　　　　　　　　（　　）

7. 品牌延伸决策是指企业利用其成功品牌名称的声誉来推出改良产品或新产品，采用品牌延伸决策要注意新产品与原来产品在成功优势上是否一致。　　　（　　）

8. 统一品牌策略可以适应市场上不同的消费需求，使用户易于识别并选购自己满意的产品。　　　　　　　　　　　　　　　　　　　　　　　　　　　（　　）

9. 品牌命名要体现时代特征，要与时俱进。　　　　　　　　　　　　（　　）

10. 包装与产品价值相称。对于高档、贵重商品和工艺品、特殊品，应设计优美、精细的包装装潢，从而给人以名贵的感觉。　　　　　　　　　　　　　　（　　）

**二、单选题**

1. 某公司增加了产品的规格，这是改变了公司产品的（　　　　）。
A. 宽度　　　　　　B. 长度　　　　　　C. 深度　　　　　　D. 相关度

2. 人们购买空调所获得的核心产品是（　　　　）。
A. 空调机　　　　　B. 制造新鲜空气　　C. 购买心理因素　　D. 升降温度

3. 销售量缓慢增长的阶段是（　　　　）。
A. 导入期　　　　　B. 成长期　　　　　C. 成熟期　　　　　D. 衰退期

4. 利润以较大幅度增长的阶段是（　　　　）。
A. 导入期　　　　　B. 成长期　　　　　C. 成熟期　　　　　D. 衰退期

5. 通常产品销售增长速度最快的时期是产品生命周期中的（　　　　）。
A. 投入期　　　　　B. 成长期　　　　　C. 成熟期　　　　　D. 衰退期

6. 企业产品组合中所拥有的产品线数目是（　　　　）。
A. 产品组合的广度　　　　　　　　B. 产品组合的密度
C. 产品组合的深度　　　　　　　　D. 产品组合的相关性

7. 产品能够提供基本效用被称为（　　　　），它是购买者所追求的中心内容。
A. 核心产品　　　B. 有形产品　　　C. 附加产品　　　D. 心理产品

8. 下列不是成熟期开展的营销策略的是（    ）。

A. 改进产品                 B. 维持策略

C. 改革市场                 D. 改革市场营销组合

**三、多选题**

1. 投入期的营销策略有（    ）。

A. 不快不慢      B. 快速掠取      C. 缓慢掠取      D. 快速渗透

E. 缓慢渗透

2. 产品组合决策的内容有（    ）。

A. 宽度         B. 长度         C. 深度         D. 关联度

E. 知名度

3. 下列属于衰退期的营销策略的有（    ）。

A. 集中策略      B. 收缩策略      C. 快速取脂策略      D. 产品改进策略

4. 下列属于产品整体概念中的有形产品层次的有（    ）。

A. 包装         B. 设计         C. 品牌         D. 售后服务

5. 包装装潢设计要符合（    ）。

A. 独特新颖      B. 表里一致      C. 科学合理      D. 经济美观

**四、简答题**

1. 如何理解产品的整体概念？举例说明。

2. 统一品牌与个别品牌策略各有哪些优缺点？

3. 包装的注意事项有哪些？

**五、案例分析题**

### 宝洁的品牌策略

宝洁公司是世界 500 强之一，它的经营特点一是种类多，从牙膏、洗发水到橙汁、蛋糕粉、土豆片，再到纸尿布、纸巾、感冒药等，横跨了清洁用品、食品、纸制品、药品等多种行业；二是许多产品是一类产品多个牌子。表 7-2 列出了宝洁公司的部分产品。

**表 7-2 宝洁公司的产品系列表**

| 产 品 系 列 | 产 品 项 目 |
| --- | --- |
| 洗发水系列 | 飘柔、潘婷、沙宣、海飞丝、润妍 |
| 洗衣粉系列 | 汰渍、碧浪、洗好、波特、欧喜朵、世纪 |
| 牙膏系列 | 佳洁士草本配方、防蛀配方、美白配方 |
| 化妆品系列 | SK-Ⅱ；玉兰油 |
| 纸巾系列 | 护舒宝 |

问题：

1. 宝洁公司采用了什么品牌策略？采用这种策略有何优缺点？

2. 计算宝洁公司产品组合的广度为多少，以及洗发水、洗衣粉产品线的深度是多少。

**六、实训项目**

1. 由学生任选身边的某种产品进行层次结构分析，指出该产品中哪部分属于核心产品，哪部分属于形式产品，哪部分属于附加产品，并说明对自己有何启迪。

　　要求：① 指认复述准确，印象深刻；② 能举一反三，对各类商品均能指认分析到位。

　　2. 调查统一和康师傅的产品组合策略，并进行比较分析。

　　要求：参加的学生分为两组，以小组为单位到各大超市和零售店调查，比较各品牌所使用的产品组合策略。

　　3. 品牌是企业的无形资产，根据品牌的价值排行榜搜索 2020 年世界 500 强品牌前 10 名的品牌分别是什么？中国有多少家品牌入围 500 强？分别是哪些品牌？哪个国家入围最多？如何看待这个问题？

　　要求：① 问题分析要基于客观数据基础上；② 需要运用品牌的相关知识和理论对问题进行分析和解释。

# 项目八　制定价格策略

【知识目标】

1. 了解影响产品定价的因素
2. 了解产品定价的程序
3. 掌握产品定价的各种策略

【能力目标】

1. 掌握并能运用三种基本定价方法
2. 能为产品撰写定价方案

【导入案例】

## 中国酒类产品的价格之谜

近几年，中国酒类刮起了"涨价风"，白酒、啤酒纷纷推出中高端产品。然而摆在中国酒类企业面前的现状是：高档产品推出一个死一个，或者是昙花一现，高调上市、低调销售。安徽明光酒业集企业所有资源、花费数千万元打造的老明光酒也没有改变企业的命运。

另外一个比较鲜活的案例就是河南金星啤酒，用了22年时间将金星啤酒打造成中国啤酒行业老四的地位，年销啤酒150万吨，旗下16家全资子公司布局全国市场。金星啤酒座立河南，由于受经济消费水平的影响，金星啤酒在河南以及中部地区以低价作为竞争武器，成功立足啤酒市场。但在走出河南后，遇到了雪花、青岛、百威等强势高端品牌，是正面竞争，还是侧面突围？金星也试图通过推出系列高端产品拉动其品牌形象，提高渠道操作空间，由于品牌高度受限以及消费习惯的影响，其实际效果并不是很理想。而国内白酒的例子更是数不胜数，沱牌大曲、红星二锅头等均是在低端产品上占据国内大部分市场份额。

价格是企业赖以生存的法宝，产品价格的制定一定是建立在企业生存与发展战略基础上的，无论是低端产品价格战略还是高端产品价格战略，其本身要和企业战略吻合，与企业资源吻合，对于企业来说，可以作茅台、五粮液等高端产品领袖，也可以作沱牌低端产品领头羊。毕竟，生存是第一要务，先生存后发展。价格策略恰当与否，不仅直接影响消费者的购买，还会影响企业营利状况，甚至关系到企业的生死存亡。因此，企业应在周密、全面分析的基础上，围绕明确定价目标展开。

（资料来源：市场营销原理与实务，清华大学出版社，有修改）

【思考与分析】

1. 企业定价时需要考虑哪些因素？
2. 价格之争中企业关键要注意哪些问题？

企业的定价策略，是市场营销组合中最敏感、最活跃的因素。由于技术进步迅速，产品生命周期越来越短，当今市场上竞争对手之间运用最多、最普遍的竞争手段是价格竞争。价格是吸引顾客的重要手段之一，同样的产品，谁的产品和服务质优价廉，谁就会赢得市场。有些产品的失败，可能不是产品本身问题，而是由于定价不合理导致，产品的定价合理与否直接影响消费者的购买行为，影响企业营销目标的实现。

# 任务一 分析影响产品定价的因素

企业制定产品价格，必须综合考虑各种因素，影响企业产品定价的因素很多，包括内部因素（定价目标、营销组合策略、成本等）和外部因素（市场需求、竞争对手、宏观环境等）。

## 一、影响产品定价的内部因素

### （一）成本

成本是指产品在生产和销售过程中所耗费的物化劳动和活劳动的总和，不仅包括生产成本，还包括营销成本、储运成本等。产品的价格底线取决于产品的成本费用，产品定价必须考虑产品成本。长期来看，在正常情况下，产品的定价应高于成本，只有这样才能补偿生产费用和经营费用，这是企业再生产的必要条件，因此，企业产品定价必须估算成本，成本是制定价格的基础。

### （二）企业的定价目标

定价目标就是企业通过为自己生产经营的产品定价要达到的目的和标准，它是企业进行价格决策的指导思想和原则。企业定价的一般目标是，在符合社会利益的前提下，实现长期目标利润最大化。但现实中，任何企业都不能只考虑单一的因素，孤立地定价，而必须按照企业的市场竞争战略来进行合理定价。一般来说，企业的定价目标有以下几种：

#### 1. 以获取最大利润为定价目标

以获取最大利润为定价目标分为长期利润最大化和短期利润最大化。企业短期利润最大化的目标要求产品价格定得较高，短期内获得最多的利润。选择这一目标的条件是：企业的生产技术和产品质量在市场上居领先地位，同行业中竞争对手的力量较弱；消费者对商品的需求较高或商品供不应求。不具备这两个因素，盲目地提高产品价格，不仅难以扩大当前利润，还会阻塞产品的销路。企业长期利润最大化的目标要求产品进入市场时将价格定得低一些，以扩大销售，建立声誉，短期内情愿承受并有能力亏损，最终实现长期较高利润。选择这一目标的前提是企业能够实现规模化生产和经营，产生规模效益。

#### 2. 以提高市场占有率为定价目标

以提高市场占有率为定价目标，要求企业产品的价格要低于其他企业同类产品的价格水平，通过低价来赢得市场认同，提高市场占有率，从而有效降低成本和实现长期利润最大化，同时能够有效防止竞争。实现这一目标需满足以下四个条件是：（1）企业具备规模化生产的能力，随着产量、销量扩大，降低平均固定成本，产生规模效应；（2）企业能够承受一定时间内低价造成的损失；（3）该产品的价格弹性较高，低价能有效刺激需求，扩大销售；（4）低价能够有效低抑制现实和潜在的竞争者。

**3. 以获取投一定资收益率为定价目标**

投资收益率是指企业的预期收益占投资额的比率。以获取投资收益率为定价目标的企业，追求的是收回一定的投资报酬。

**【案例赏析】**

### 雷军宣布：小米硬件综合利润率永远不超过5%！

2018年4月，小米公司创始人雷军在武汉大学演讲时宣布了一个震撼性的承诺：小米整体硬件业务的综合净利率，永远不会超过5%。

今天，对小米而言，是历史性的一天。我们为什么要这么做？因为我们的名字叫小米。

雷军表示，5%硬件综合净利率红线是小米公司商业模式的必然选择。在发布会之前，小米董事会批准了一项决议，"从现在起，小米正式向用户承诺，每年整体硬件业务，包括手机及IOT（物联网）和生活消费产品的综合税后净利率不超过5%，如超过，我们将把超过5%的部分用合理的方式返还给小米用户。"

雷军表示，"我们紧贴成本定价，把实惠留给用户，用户会始终支持我们。利小量大利不小，利大量小利不大，薄利多销也会有合适的利润。我们不同于传统的硬件公司，并不单纯依靠硬件获取主要利润。小米本质上是一家以手机、智能硬件和IOT平台为核心的互联网公司。这就是我们独创的"铁人三项"商业模式：硬件＋互联网服务＋新零售，把设计精良、性能品质出众的产品紧贴硬件成本定价；通过自有或直供的高效的线上线下零售渠道将产品直接交付到用户手中；持续为用户提供丰富的互联网服务。"

**【思考】**

请查阅相关资料后回答，小米公司设定硬件综合利润率不超过5%的定价目标，可以给自己在竞争中带来哪些优势？

**4. 以产品质量的最优化为定价目标**

有些企业还以产品质量的最优化作为自己的经营目标，并在生产和市场营销过程中始终贯彻产品质量最优化的指导思想。这就要求用高价格来弥补产品研究开发和质量提升的成本。一分价钱一分货，好货不便宜的思想在消费者心中根深蒂固。高价格往往代表着高品质，容易被追求高品质产品的消费者接受。

**5. 以维持企业生存为定价目标**

在经济不景气或市场竞争激烈的条件下，企业的生存尤为重要。维持企业生存的定价目标要求企业必须制定较低的价格，通过大规模的价格折扣来保持企业的活力。企业制定的销售价格可能会低于成本，只要能高于可变成本和弥补部分固定成本，企业生存就可以维持。一旦经济形势好转，企业就有机会抢占市场先机，度过困难时期。

**6. 以应付和防止竞争为定价目标**

在市场竞争日趋激烈的形势下，企业在实际定价前要广泛收集资料，仔细研究竞争对手产品价格情况，从有利于竞争的目标出发制定价格。究竟制定什么价格，要看竞争者的情况。一般来说，竞争能力弱者，大都采取跟随或稍低于强者的价格；竞争能力强者，具备某些优越条件，可采取低于、等于或高于竞争者的价格出售产品。

### （三）产品的特色

制定产品价格时，必须考虑产品本身的特征。在个性消费时代，消费者更钟情有特色的产品。一般来说，差异化的产品具有独特的属性，形成产品的特色，能满足消费者个性化需求，进而刺激消费者的购买欲望，实现购买。因此，特色产品在定价中一般处于比较有利的地位。

### （四）渠道与促销

企业的销售渠道越多、越长，流通环节越多，产品价格越高。促销费用直接影响产品价格，开展促销活动越多，产品价格越高。

## 二、影响企业定价的外部因素

### （一）需求价格弹性

成本是制定价格的基础下限，而市场需求情况则是制定价格的上限，因此企业在进行价格决策时要注意产品的需求价格弹性，不同种类的产品，其需求价格弹性存在差异，是进行产品定价时要重点关注的因素。

需求价格弹性是用于衡量商品需求量对商品自身价格变动的敏感程度的指标，一般用 $E_d$ 表示。需求价格弹性分为五种类型：

（1）$E_d > 1$，此类商品需求富有弹性，商品价格变动幅度小于需求量变动幅度。高档品、奢侈品和新产品都属于此类商品，适合采用薄利多销的策略。例如，滴滴打车刚上市的时候由于价格便宜，选择乘坐的人非常多。

（2）$E_d < 1$，此类商品需求缺乏弹性，商品价格变动幅度大于需求量变动幅度，即消费者对此类商品价格并不敏感。需求缺乏弹性的商品不适合采用薄利多销的策略，生活中的必需品属于此类商品。例如，一般情况下我们不会因为牙膏价格的小幅变动，而增加或减少对牙膏的购买量。

（3）$E_d = 1$，单位需求弹性，即商品价格变动幅度恰好等于需求量变动幅度。

（4）$E_d = \infty$，需求无限弹性，即只要价格稍有变化，此类商品的需求量就变得无穷大。

（5）$E_d = 0$，需求完全无弹性，即无论价格如何变化，商品需求量都不会变化。

在现实中，最后两种价格弹性的商品是非常罕见的，通过需求价格弹性定价时，主要考虑商品是否属于前两种类型。

### （二）市场竞争状况

竞争因素对定价的影响取决于市场的竞争程度。产品经营者在作出价格决策时，需要考虑竞争者的成本、价格及对自身价格变动可能作出的反应等。市场竞争程度由产业中竞争者的数量和竞争环境所决定。

### （三）其他因素

企业的定价策略除受成本、需求以及竞争状况的影响外，还受到其他多种因素的影响，包括政府干预、消费者心理和习惯、企业或产品的形象等。

### 1. 政府干预

政府为了维护经济秩序，或为了其他目的，可能通过立法或者其他途径对企业的价格策略进行干预。一些贸易协会或行业性垄断组织也会对企业的价格策略进行影响。

### 2. 消费者心理和习惯

消费者心理和习惯也是制定价格策略应考虑的因素。消费者心理和习惯上的反应是很复杂的，某些情况下会出现完全相反的反应。例如，在一般情况下，涨价会减少需求量，但有时涨价又会引发抢购，反而会增加购买。因此，在对产品定价时，也要仔细了解消费者心理及其变化规律。

### 3. 企业或产品的形象因素

企业需根据企业理念和企业形象设计的要求，需要对产品价格作出限制。例如，共享单车企业为了树立热心公益事业的形象，将产品租赁价格定得非常低；又如某些高档餐厅，为了打造高档形象，将价格定得较高。

# 任务二　分析企业定价的程序和定价方法

企业在确定产品价格时，需要按照一定的程序来进行，而定价方法则是企业为实现其定价目标所采用的具体方法。根据企业定价时对产品成本、市场需求和竞争状况等定价影响因素侧重程度的不同，可将企业的定价方法大体分为成本导向定价法、需求导向定价法和竞争导向定价法三种主要类型。

## 一、企业定价的程序

### （一）明确定价目标

企业在制定价格之前，必须明确定价目标。企业应根据不同的市场状况、不同的产品，选择不同的定价目标，从而采用不同的定价方法和技巧。

### （二）测定需求

需求的测定主要是调查了解市场容量，即调查该产品有多少现实和潜在的消费者；分析产品价格变动对市场需求的影响；掌握不同价格水平上的需求量，即测定需求价格弹性。

### （三）估算成本

成本是制定产品价格的最低限度，是定价的基础。一般情况下，价格不能低于成本，否则企业将出现亏损。

### （四）掌握竞争者的产品和价格

企业定价必然要受到竞争者同类产品价格的制约。要想在市场竞争中取胜，企业就必须"知己知彼"，掌握并认真分析竞争者的产品价格和特色，经过比质比价，为自己的产品制定出具有竞争力的价格。

## （五）选择定价方法

企业定价方法主要有三种，即成本导向定价法、需求导向定价法和竞争导向定价法。在每一种方法中又有不同类型，企业应根据自己的定价目标选择不同的定价方法。

## （六）确定最终价格

企业运用一定的方法制定出基本价格后，还要定性地考虑一些因素的变化，采用定价技巧对基本价格进行适当的调整，确定出最终的价格。例如。制定的价格是否符合国家有关政策法规，是否符合消费者近期的消费习惯、竞争者近期的产品定价等。

# 二、企业定价方法

## （一）成本导向定价法

成本导向定价法，就是以产品的总成本为中心来制定价格。这一定价法主要包括以下几种：

### 1. 成本加成定价法

这种方法要求企业先确定单位产品成本，再加上一定毛利率确定商品价格。其计算公式为

$$商品价格＝单位产品成本×（1＋成本加成率）$$

例如，已知某产品单位产品成本为 20 元，成本加成率为 20%，则该产品单价为

$$20×（1＋20\%）＝24（元）$$

### 2. 盈亏平衡定价法

盈亏平衡定价是以企业总成本和总收入保持平衡为定价原则的。总收入等于总成本，此时利润为零。企业不盈不亏，收支平衡。盈亏平衡法的优点是计算简便，可使企业明确在不盈不亏时的产品价格和产品的最低销售量。其计算公式为

$$商品价格＝\frac{固定成本}{预计销售数量}＋产品单位变动成本$$

例如，某产品的固定成本为 50 万元，单位变动成本为 20 元，预计销售量为 10 万件，则该产品在收支平衡时的价格为

$$\frac{500\,000}{100\,000}＋20＝25（元）$$

### 3. 边际贡献定价法

边际贡献是指产品售价高于变动成本的差额。边际贡献定价是一种只计算变动成本，而暂不计算固定成本，也就是按变动成本加预期的边际贡献来定价的方法。其计算公式为

$$商品价格＝单位变动成本＋边际产品贡献$$

只要变动成本低于市场价格，企业即可获得一定的边际贡献来弥补固定成本，在这种情况下做总比不做好，因为不管生产与否，固定成本总是要如数支付的。边际贡献等于零是极限，如果边际贡献小于零，则做得越多就赔得越多，那就毫无经济意义了。

例如：企业生产某产品，固定成本为 10 000 元，单位变动成本为 0.6 元，预计销售量

为 10 000 件，根据市场条件，只能定价为 1 元/件，则边际贡献为

$$10\ 000 \times (1-0.6) = 4000(元)$$

这 4000 元虽不能全部弥补固定成本，但可减少企业的亏损额，故该项目可行。在实践中，边际贡献定价法往往能刺激产品销售量的增加。

### （二）需求导向定价法

需求导向定价法，即把市场需要状况及消费者对商品价值的理解作为定价的主要因素和依据。一般可采用认知价值定价法、差别定价法、反向定价法这三种方法。

#### 1. 认知价值定价法

认知价值定价法是根据消费者对商品价值的感受和理解程度而不是以商品成本为依据来制定商品价格的。消费者购买商品总是选择那些既能满足其需要又符合其支付能力的商品。当消费者对某种商品的理解程度高于或至少不低于其支付的价值标准时，就会顺利接受这种价格，否则就不会接受这一价格，商品也就难以销售出去。因此，根据认知价值定价法，某种商品的价格，一定程度上取决于该商品对消费者的影响程度，或者说取决于消费者对商品价值的认知程度。消费者对商品价值的认知程度越高，其愿意支付的价格限度也越大。

为了加深消费者对商品价值的认知程度，提高其愿意支付的价格限度，企业定价时，应首先搞好市场定位，突出产品特色，并综合运用各种营销手段，不断加深消费者对商品的印象，使消费者感到购买该商品能带来更多的利益和好处。

有效的市场营销活动可以提高产品可认知的价值。例如，市场上一件法国名牌男衬衫售价约 1500 元，中外合资名牌男衬衫约 500 元，而无名的普通衬衫只能卖几十甚至十几元。这样大的差价并不是来自成本和质量的差别，而是根据消费者所理解和认可的价值来确定的。又如某品牌冰箱，其成本低于竞品，竞品每台定价 2600 元，而该产品却定价 3000 元，其结果是其销量反而比竞品高，原来是下面的这张清单起了作用：（1）2600 元仅相当于竞争者的冰箱价格；（2）300 元是产品优越的耐用性增收的溢价；（3）200 元是因为产品更省电增收的溢价；（4）200 元是为产品优越的服务增收的溢价；（5）100 元是为产品造型更美观、颜色更漂亮增收的溢价；（6）以上五项合计 3400 元；（7）400 元是给予消费者的折扣；（8）3000 元是最终价格。这张清单实际上是在帮助消费者理解和认知该产品的价值，花 3000 元买到 3400 元的产品，消费者当然是满意的，所以愿意购买。

企业按照认知价值定价法所制定的某种商品价格只是一个初始价格，还应估算在初始价格水平下商品的成本、销售量和盈利目标，最后确定实际价格。

#### 2. 反向定价法

这是根据市场需求、购买力情况及消费者意愿来定价。具体做法是企业先进行市场调研，拟订出可能的销售量和一个适合消费者心理需求的零售价，在此基础上，扣除各中间环节的加成，倒推出厂价。

### （三）竞争导向定价法

竞争导向定价是以市场上同类竞争产品的价格为定价依据，并随竞争状况的变化不断调整价格水平的定价方法。其主要有通行价格定价法、主动竞争定价法和投标定价法三种。

### 1. 通行价格定价法

通行价格定价法，即企业制定的产品价格与竞争产品的平均价格保持一致。这种定价方法的优点是：平均价格水平往往被消费者认为是"合理价格"，定价容易被市场接受；企业与竞争者能和平相处，避免价格竞争，能为企业带来合理的利润。企业一般在下列情形下采用这种定价方法：(1)难以估算成本；(2)企业打算与同行和平相处；(3)如果另行定价，很难了解消费者和竞争者对产品价格的反应。这种定价法主要适用于竞争激烈的同质化产品。

### 2. 主动竞争定价法

与通行价格定价法相反，主动竞争定价法不是追随竞争者的价格水平，而是根据企业产品的特征和其他营销手段，将产品以高于、低于或与竞争者产品价格一致的价格出售。企业首先对本企业产品的性能、质量、功能、款式、成本及营销手段与竞争者的同类产品及营销手段进行比较，分析形成价格差异的原因，然后结合本企业产品的特点及营销手段的优劣确定价格水平。如果企业产品特征及其营销手段占优势，则确定的价格高于通行价格，否则确定的价格低于通行价格或与通行价格保持一致。

### 3. 投标定价法

在建筑工程和政府采购方面，往往采用密封投标交易方式。投标价格是投标者根据竞争者的报价估计而不是按自己的成本费用来确定的。一般来说，投标者的报价高，利润就大，但中标的机会小；相反，投标者的报价低，中标机会就大，但利润也低。因此，报价既要结合竞争状况考虑中标概率，也要考虑企业利润目标。

# 任务三　分析定价策略和技巧

## 一、新产品定价策略

新产品定价是市场营销策略中十分棘手的问题。产品上市之初，定价没有借鉴。定价高了，难以被消费者接受；定价低了，将影响企业的效益。

### (一) 有专利保护的新产品的定价策略

有专利保护的新产品的定价，较普遍地采用撇脂定价策略、渗透定价策略或满意定价策略。

### 1. 撇脂定价

撇脂定价是指新产品上市之初，将新产品的价格定得较高，在短期内获取高额利润，尽快收回投资。这一定价法，就像从牛奶中撇取其中所含的奶油一样，取其精华，所以称为"撇脂定价"策略。高收入阶层对价格的敏感度低，新产品一般从高收入阶层导入市场。只要高价没有引起消费者的反感和抵制，又可维持一段时间，便能获得较丰厚的利润。

采用撇脂定价的优点是：① 新产品的独特性和优越性，使其高价也能为部分消费者接受。在"理解价值"的范围内，利用求新心理、炫耀性心理，高价刺激需求，辅之以高质量，有利于树立名牌产品的形象；② 价格在上市初期定高一点，留有调整价格策略的余地，使企业在市场竞争中居于主动地位；③ 高价格高利润，有利于企业筹集资金，扩大生产规模。

撇脂定价的缺点是：① 定价较高，对消费者不利，也不利于企业的长期发展；② 新产品的市场形象未树立之前，定价过高，可能影响市场开拓；③ 如果高价投放而销路旺盛，厚利易引来激烈的竞争，仿制品大量出现，使价格惨跌。

**2. 渗透定价**

渗透定价是指新产品上市之初将价格定得较低，吸引大量的消费者，利用价廉物美迅速占领市场，取得较高的市场占有率，薄利多销，既能获得较大的利润，又能防止潜在竞争者入市。这种定价策略就是"渗透定价"。采用这一定价方法的前提条件是：① 新产品的需求价格弹性较大；② 新产品技术水平不高，易被仿制。

渗透定价的缺点是：① 入市初期，定价较低，投资回收期长；② 企业在市场竞争中价格回旋余地不大。

**3. 满意定价**

满意定价又称温和定价策略，是指在新产品上市之初，采用买卖双方都有利的温和策略。由于撇脂定价策略定价较高对顾客不利，既容易引起消费者的不满和抵制，又容易引起市场竞争，具有一定的风险。渗透定价策略定价过低，虽然对消费者有利，但企业在新产品上市初期收入甚微，投资回收期长。满意定价策略居于两者之间，既可以避免撇脂定价策略因价高而具有的市场风险，又可以避免渗透定价策略因价低带来的困难，因而既有利于企业自身的利益，又有利于消费者。

## （二）仿制品定价策略

新产品中有一类是仿制品，是企业合法模仿国内外市场上某种畅销产品而制造的新产品。仿制品的上市也面临着定价的问题。在仿制品定价过程中，较多的企业采用降档定价策略，即优质中价、中档低价、低档廉价的定价策略。

**【案例赏析】**

### 华为公司怎么为手机定价？

随着科技的飞速发展，国产手机逐渐崛起，华为、小米等国产手机的质量逐渐得到了用户的认可，苹果和三星也不再是两家独大。尤其是进入到 2018 年以来更是如此，华为发布的华为 P20 系列以及小米公司的周年旗舰小米 8 都迎来了一片好评，尤其是华为 P20 系列，华为 P20 Pro 的徕卡三摄即使是在海外的各大排行榜单上也是名列前茅，国产手机终于迎来了自己的春天。

华为手机确实也是做得足够出色，华为 P20 系列的麒麟 970 处理器也是非常优秀的，华为通过 P20 系列也是摆脱了曾经给用户高价低配的感觉，而华为 P20 Pro 的 4988 元的起步价也被认为是非常良心。不过华为如今的一个月一部新旗舰的策略以及手机市场的竞争压力，使得华为手机的价格也扛不住了。进入 2019 年，华为 P20 Pro 版本的 128GB 配置的价格已经将近跌破 4000 元，对于一款仅发布了不到一年的新旗舰而言，这样的价格确实可以说是"清仓价"。

在华为 P20 Pro 发布了仅半年之后，华为 Mate20 系列也面世了，而且许多国内外手机品牌商也是不断推出新产品，华为 P20 Pro 已经不能说是新旗舰了，所以迎来疯狂大降价自然是情理之中。不过就这款曾经的旗舰手机配置而言，使用个两年显然是不成问题的，难怪很多用户表示后悔买早了。

【思考】

请结合新产品定价内容，分析华为手机的定价策略。

## 二、产品组合定价策略

当某种产品只是产品组合中的一个部分时，企业需制定一系列的价格，从而使整个产品组合取得整体的最大利润。产品组合定价策略主要有以下几种：

### （一）产品线定价

当企业生产的系列产品存在需求的内在关联性时，为了充分发挥这种内在关联性的积极效应，会采用产品线定价策略。在定价时，首先确定某种产品的最低价格，它在产品线中充当领袖价格，吸引消费者购买产品线中的其他产品；其次，确定产品线中某种商品的最高价格，它在产品线中充当品牌质量和收回投资的角色；再次，产品线中的其他产品也分别依据其在产品线中的角色不同而制定不同的价格。

例如，许多网络游戏宣称永久免费，但随着玩家在游戏中等级的提升，必须通过购买商城里的虚拟道具才可能具备进一步提升的能力，在初始阶段的道具比较便宜，吸引玩家养成在游戏中花钱购买的习惯，但往往一些关键性道具的价格就非常昂贵，这正是游戏开发商充分利用了产品线定价策略的结果。

### （二）单一价格定价

企业销售品种较多而成本相差不大的商品时，为了方便顾客挑选和内部管理的需要，企业所销售的全部产品实行单一的价格。比较典型的就是街头常见的 10 元商店，里面的产品全部以 10 元/件的价格进行销售。

## 三、折扣策略

折扣策略是以减少一部分价格来争取客户的定价策略，常见的折扣策略有以下几种：

### （一）现金折扣

对当时或按约定日期付款的顾客给予一定比例的折扣，通过这种方式加速货款回笼，提升资金周转效率。例如，现在比较流行的商品预售模式，即提前交付全额或部分货款，可获得一定比例的现金折扣。

### （二）数量折扣

数量折扣指按购买数量的多少，分别给予不同的折扣，购买数量越多，折扣越大。鼓励消费者或用户大量购买，或集中向本企业购买。数量折扣实质上是将大量购买时所节约费用的一部分返回给购买者。

### （三）功能折扣

功能折扣又称交易折扣，根据各类中间商在市场营销中的作用和功能差异，分别给予不同的折扣。折扣的大小，主要依据中间商所承担的工作量和风险而定。如果中间商承担运输、促销、资金等功能，给予的折扣较大，反之则折扣较小。一般给予批发商的折扣较大，零售商的折扣较小。

### （四）季节性折扣

经营季节性商品的企业，对淡季来采购的买主，给予折扣优惠，鼓励中间商及用户提早购买，减轻企业的仓储压力，加速资金流转，调节淡旺季之间的销售不均衡。

### （五）复合折扣

企业在市场销售过程中，由于竞争加剧而采取将多种折扣同时给予某种商品或某一时期销售的商品。如在销售淡季可以同时使用功能折扣、现金折扣和数量折扣的组合，以较低的实际价格鼓励客户进货。每当碰到市场萧条的情况，不少企业采用复合折扣渡过危机。

### （六）让价

让价也是一种折扣形式，主要分为以下两种：

**1. 促销让价**

当中间商为产品提供各种促销活动时，如刊登地方性广告、设置样品陈列窗等，生产者乐意给予津贴，或降低价格作为补偿，有人称为销售津贴。

**2. 以旧换新让价**

进入成熟期的耐用品，部分企业采用以旧换新的让价策略，刺激消费需求，促进产品的更新换代，扩大新一代产品的销售。

## 四、差别定价策略

### （一）差别定价的形式

差别定价策略是指对于同一种产品，企业可根据不同的消费者、不同的时间、不同的地点、不同的式样，制定不同的价格。

（1）对不同消费者采用不同价格，即根据消费者不同的需求强度，制定不同的价格，如网购平台为了吸引新客户，往往给予新客户比老客户更优惠的价格。

（2）对同一品种不同特点的产品采用不同的价格，如规格和质量相近的产品，旧款可定价稍低；而新款产品，其价格可定得高些。又或许品种相同，具有更多卖点的产品可采用更高的定价。

（3）同一产品在不同的时间采用不同的价格，如旅游景区采取淡旺季不同票价、平日和周末不同票价等。

（4）同一产品在不同空间采用不同的价格，典型的例子如观赏演唱会、球赛等，因座位不同，票价也不同。

### （二）价格歧视

首先要注意的是，价格歧视并不是贬义词，是指同一成本的产品或劳务的提供者对消费者索要不同价格，或不同成本的产品对不同消费者索要相同价格。价格歧视可分为以下三个层次：

（1）一级价格歧视，对每个消费者按其愿意支付的最高价格制定不同的销售价格。这种价格歧视在大数据时代到来之前，在现实生活中几乎没有，因为销售者很难完全掌握每一个客户的全部信息。但随着电子商务时代的到来，人们的消费习惯通过大数据被商家所掌握，现实中出现了许多"杀熟"的商家，例如前面提到的在某些大型网购平台，对同一件商品，新用户的购买价格可能比老用户的更优惠。

（2）二级价格歧视，企业按照销售量定价，购买量越大的客户商品单价越低。

（3）三级价格歧视，是指企业根据某种特定的标准将客户进行分类，明确每位客户属于哪个类别，并针对不同的消费者群体采取不同定价。例如，旅游景区设置老人、小孩优惠票，就是把消费者分成了优惠人群和正常票价人群两类。

【案例赏析】

### 中国高铁客流量巨大，为何却依然亏损

高铁已成为国内最受欢迎的城际出行交通工具，但我国高铁却依然面临运营亏损的局面。2016年京沪、沪宁、宁杭、广深港、沪杭、京津6条高铁账面利润为正，除了京津高铁外，其余线路都在运行5年之内实现扭亏。不过，国内仍然有许多高铁无法打破亏损的局面。据了解，郑西、贵广、兰新、成贵、南广、兰渝等多条中西部高铁线路都在亏损，有的甚至距盈利遥遥无期。

客流量巨大，上座率高，再加上票价也不便宜，为何铁路公司还面临着年年亏损的状况呢？首先，高铁的造价成本非常高，而高铁造好后维护成本也是一大笔支出。其次，我们看到高铁挤满人的情况通常是一些比较热门的高铁，但有一些不是太热门的线路，其高铁客流量少，但因为还是有部分人需要，又不得不继续经营下去。这些线路通常来说也是入不敷出的，只能尽量减小亏损幅度。最后，高铁客流时间分布不均，在春节、国庆黄金周这些热门节假日，几乎绝大部分高铁票都面临着严重供不应求的局面，但许多非热门线路在平日又是冷冷清清。

【思考】

试运用价格歧视的方法分析，如果你是中国高铁的经营顾问，会提出哪些建议提高利润？

## 五、心理定价策略

心理定价策略是指企业在定价时，利用消费者心理因素或心理障碍，有意识地将产品价格定得高些或低些，以扩大市场销售。其主要的策略有以下几方面：

### （一）声望定价

声望定价是指企业利用消费者仰慕名牌商品或名店的声望所产生的某种心理来制定商品价格的定价方法，有时会故意把价格定成整数或高价。质量不易鉴别的商品最适宜采用此法，因为消费者有崇尚名牌的心理，往往以价格判断质量，认为高价代表着高质量。有的名牌商品和时装，降价或低价反而无人购买。此外，艺术品、礼品或某些"炫耀性"商品的定价也必须保持一定的高价，定价太低反而卖不出去。但也不能高得离谱，否则会使产

品的消费群体不能接受。

对知名度较高的产品、名牌优质的高档产品，若生产者担心中间商和零售商削价竞销，损害企业的形象或产品形象，可在供货时就明确规定，中间商和零售商必须按商品目录规定的价格浮动范围销售该商品，这既维护了企业形象和产品形象，又创造了一种相对公平的竞争环境，保护了中小零售商的利益。

### （二）尾数定价

尾数定价是指利用消费者对数字认识的某种心理制定尾数价格。零售商常用 9 作为价格尾数，宁定 99 元而不定 100 元，宁可定 0.99 元，而不定 1 元，这是根据消费者心理，尽可能营造价格较低的感觉。除此之外，国内市场上也常采用 8 作为尾数定价，由于 8 与发财的"发"同音，定价时多用 888 元、168 元、88 元等，在定价心理上，讨发财吉利之意。尾数定价还会使消费者认为商家是经过认真的成本核算才制定的价格，因而对定价产生信任感。

### （三）招徕定价

招徕定价是指零售商利用部分顾客求廉的心理，特意将某几种商品的价格定得较低以吸引顾客。某些商店随机推出降价商品，每天、每时都有一种至两种商品降价出售，吸引顾客经常来采购廉价商品，同时也选购了其他正常价格的商品。有的零售商则利用节假日或换季时机举行"换季大减价""节日大酬宾"等活动，把部分商品降价出售以吸引顾客。

【案例赏析】

#### 聚划算商家低价打造爆品，醉翁之意不在酒

淘宝聚划算是阿里巴巴集团旗下的团购网站。在整个淘系的公司里面，聚划算的平台增长率名列前茅，其平台商品的主要竞争力来源于消费者对聚划算产品物美价廉的认同。

聚划算高管曾表示，关于聚划算用户的三个关键词：勤俭、可靠、有活力。第一，勤俭，让客户整体感觉是这是勤俭持家的平台，平台上爆款商品的价格在同类商品中是极具竞争力的；第二，可靠，聚划算要打造的就是让消费者感受到可靠性，围绕商品和服务产生的可靠性。商品的可靠性涵盖了价格，它是真实的促销；消费者得到的商品和描述的一致性非常高，这是非常重要的两个纬度；同时还有服务的可靠性，在发货周期和服务上可靠性是否得到了保障。在这个可靠性建立了之后，才可以得到平台的可靠性。这个数字和印象在过去一年中，在消费者心目中上升了很多。第三，有活力，作为一个营销品牌要发挥其价值，不单以低价去吸引客户。

【思考】

结合心理定价策略分析，聚划算平台商家为何愿意以极低的价格打造某些爆款商品？

## 六、地区定价策略

企业在制定价格策略时，针对不同地区的顾客，采用不同的价格策略，特别是运费在变动成本中占较大的比例时，更不可忽视。主要的地区定价策略有以下几种：

（1）FOB 原产地定价，意为在某一运输工具上交货。FOB 定价又称为离岸价，即卖主负责将产品送到某一运输工具上交货，并承担此前的风险和费用。交货后的一切风险和运

费由买方承担。此定价方法，适用于所有地区，并且简便易行，但有失去远途顾客的危险，特别是易损品的远方客户。

（2）CIF 定价，又称到岸价定价策略，即由卖方承担商品的出厂价、运费和运输保险费的定价策略。卖主承担交货前的运输风险和费用，易损商品多采用此种定价方法。这一定价策略对远途顾客有一定的吸引力。

（3）基点定价，指卖方选定一些中心城市为定价基点，按基点到客户所在地的距离收取运费。采用这一定价策略对中小客户具有很大的吸引力，能够迅速提高市场占有率，扩大销售。

（4）区域定价，指卖方把销售市场划分为多个区域，不同的区域实行不同的价格，同区域内实行同一价格。

## 七、比较定价策略

在制定商品价格的过程中，营销者往往认识到高价未必就能获得高利润，低价未必就一定少获利。低价、薄利多销，营销者主动以低价刺激需求，扩大销售量，增加总利润；高价、厚利精销，高价虽然限制了部分需求，但单位商品盈利率提高，也能实现利润最大化。两种定价策略各有利弊，究竟采用低价还是高价策略，一般应考虑下列制约因素的影响。两种定价策略在不同制约因素环境下的对比，如表 8 - 1 所示。

表 8 - 1  比较定价

| 制约因素 | 高价 | 低价 | 制约因素 | 高价 | 低价 |
|---|---|---|---|---|---|
| 1. 促销手段 | 很多 | 很少 | 10. 商品用途 | 多方向 | 单一化 |
| 2. 产品特性 | 特殊品 | 日用品 | 11. 需求价格弹性 | 小 | 大 |
| 3. 生产方式 | 定制 | 标准化 | 12. 售后服务 | 多 | 少 |
| 4. 市场规模 | 小 | 大 | 13. 产品生命周期 | 短 | 长 |
| 5. 技术变迁性 | 创新速度快 | 相对稳定 | 14. 生产周期 | 长 | 短 |
| 6. 生产要素 | 技术密集 | 劳动密集 | 15. 商品差异化 | 大 | 小 |
| 7. 市场占有率 | 小 | 大 | 16. 产品声誉 | 优良 | 一般 |
| 8. 市场开发程度 | 导入期 | 成熟期 | 17. 质量 | 优 | 一般 |
| 9. 投资回收期 | 短 | 长 | 18. 供给量 | 小 | 大 |

# 项 目 小 结

（1）定价的影响因素，包括企业内部因素和市场外部因素。

（2）产品定价的步骤和三大方法，包括成本导向定价法、需求导向定价法和竞争导向定价法。

（3）定价策略和技巧，包括新产品定价策略、心理定价策略、折扣定价策略和差别定价策略等。

# 巩 固 与 提 高

**一、单项选择题**

1. 每场足球赛出售的门票均有多种价格，这种价格策略被称为（　　）。

A. 折扣定价策略　　　B. 心理定价策略　　　C. 差别定价策略　　　D. 新产品定价策略

2. 煤气的需求价格弹性是（　　）。

A. $E_d > 1$　　　　　B. $E_d < 1$　　　　　C. $E_d = 1$　　　　　D. $E_d = \infty$

3. 有些消费者在购买商品时，往往会考虑到该商品的品牌历史、消费理念、商品品质等因素。企业针对这一市场现场而采取的相应价格决策方法是（　　）。

A. 通行价格定价法　　　　　　　　B. 成本加成定价法

C. 认知价值定价法　　　　　　　　D. 习惯定价法

4. （　　）是企业把投入期产品的价格定在同类产品的价格水平之下，通过低价销售，阻止竞争者进入市场，从而尽早最大限度地控制市场的定价策略。

A. 撇脂定价法　　　B. 渗透定价法　　　C. 尾数定价法　　　D. 差别定价法

5. （　　）是通过降低几种消费者熟知产品的价格，来诱导消费者产生此处价格低廉的心理，以促使消费者购买其他产品，带来总利润的增加。

A. 尾数定价法　　　B. 声望定价法　　　C. 渗透定价法　　　D. 招徕定价法

**二、多项选择题**

1. 产品定价基本方法有（　　）。

A. 成本导向定价法　　　　　　　　B. 利润导向定价法

C. 竞争导向定价法　　　　　　　　D. 需求导向定价法

2. 影响产品定价的内部因素包括（　　）。

A. 渠道与促销　　　B. 成本　　　C. 定价目标　　　D. 竞争者的价格

3. 常用的新产品定价策略主要有（　　）。

A. 撇脂定价　　　B. 满意定价　　　C. 折扣定价　　　D. 渗透定价

**三、案例分析题**

麦当劳一向采取向消费者发放折扣券的促销策略来对就餐的顾客发放麦当劳产品的宣传品，并在宣传品上印制折扣券，顾客凭券消费可获得较多折扣优惠。

**【分析】**

1. 请问这属于几级价格歧视？

2. 为什么麦当劳不直接将产品的价格降低？

**四、实训项目**

1. 通过查阅资料结合实地走访的方式，以华为、比亚迪、小米几大优质国产品牌为查访对象，结合其今年上市的最新产品，分析以上企业产品的定价策略。

2. 要求以 6～8 人为一组，形成调查分析报告，以 PPT 的形式进行展示和讲解。

# 项目九　设计销售产品的渠道

**【知识目标】**

1. 掌握分销渠道的含义、分类及功能
2. 掌握分销渠道的选择策略
3. 了解中间商的概念、作用与分类
4. 了解影响分销渠道设计的因素

**【能力目标】**

1. 能够对产品分销渠道进行分析
2. 具有对产品分析渠道做出选择的能力
3. 具有对分销渠道管理做出设计的能力

**【导入案例】**

### 零售巨子沃尔玛成功探源

连锁巨头沃尔玛被誉为全美最令人生畏的零售商。自 1993 年以来，沃尔玛一直雄踞世界十大零售商排行榜之首。零售行业是低回报，沃尔玛的成功不能不被世人惊叹为世界零售业的一大奇迹，这一奇迹究竟又是如何发生的呢？

1. 以顾客为导向

沃尔玛坚信，"顾客第一"是其成功的精髓。沃尔玛的营业场所总是醒目地写着其经营信条："第一条：顾客永远是对的；第二条：如有疑问，请参考第一条。"

沃尔玛这种服务顾客的观念并非只停留在标记和口号上，而且深入到经营服务行动。沃尔玛店铺内的通道、灯光设计都为了令顾客更加舒适；店门口的欢迎者较其他同行更主动热情；收银员一律站立工作以示对顾客的尊敬；当任何一位顾客距营业员 3 米的时候，营业员都必须面向顾客，面露微笑，主动打招呼，并问："有什么需要我效劳的吗？"沃尔玛力图让顾客在每一家连锁店都感到"这是他们的商店"，都会得到"热情、诚恳的接待"，以确保"不打折扣地满足顾客需要"。正是这事事以顾客为先的点点滴滴为沃尔玛赢得了顾客的好感和信赖。

2. 天天低价

沃尔玛一直特别注重价格竞争，长期奉行薄利多销的经营方针沃尔玛提出了一个响亮的口号："销售的商品总是最低的价格"。在同类商品中，沃尔玛的价格要比最大的竞争对手之一——凯马特的价格低 5％。然而，维持长期低价并不是一件轻而易举的事，沃尔玛之所以能长期保持价格优势还得益于其有效的成本控制。

（1）争取低廉进价。沃尔玛避开了一切中间环节直接从工厂进货，其雄厚的经济实力使之具有强大的议价能力。更重要的是，沃尔玛并不因自身规模大、实力强而以肆意损害供应商来增加自身利润，而是重视与供应商建立友好融洽的协作关系，保护供应商的利益。沃尔玛给予供应商的优惠远超同行。

（2）完善的物流管理系统。沃尔玛被称为零售配送革命的领袖，其独特的配送体系，大大降低了成本，加速了存货周转，成为"天天低价"的最有力的支持。沃尔玛的补充存货的方法被称为"交叉装卸法"。

这套"不停留送货"的供货系统共包括以下三部分：

第一，高效率的配送中心。沃尔玛的供应商根据各分店的订单将货物送至沃尔玛的配送中心，配送中心则负责完成对商品的筛选、包装和分检工作。沃尔玛的配送中心具有高度现代化的机械设施，送至此处的商品85％都采用机械处理，这就大大减少了人工处理商品的费用。同时，由于购进商品数量庞大，使自动化机械设备得以充分利用，规模优势充分显示。

第二，迅速的运输系统。沃尔玛的机动运输车队是其供货系统的另一无可比拟的优势。相对于其他同业商店平均两周补货一次，沃尔玛可保证分店货架平均一周补两次。快速的送货，使沃尔玛各分店即使只维持极少存货也能保证正常销售，从而大大节省了存储空间和费用。

第三，先进的卫星通信网络。巨资建立的卫星通信网络系统使沃尔玛的供货系统更趋完美。这套系统的应用，使配送中心、供应商及每一分店的每一销售点都能形成连线作业，在短短数小时内便可完成"填妥订单→各分店订单汇总→送出订单"的整个流程，大大提高了营业的高效性和准确性。

（资料来源：金虹．市场营销策划．沈阳：辽宁大学出版社，2018）

【思考】

你认为沃尔玛的最大竞争优势是什么？这种竞争优势对于其他行业的经营有什么启示？

# 任务一　认识分销渠道

## 一、认识分销渠道的含义及实质

### （一）分销渠道的含义

#### 1. 从流通的角度

从流通的角度来说，分销渠道称通路、流通渠道或营销渠道，指产品从生产者向最终消费者或用户流动时所经过的途径或环节，或者说是指企业将产品传递给最终购买者的过程中所使用的各种中间商以及实体分配机构的总和。

#### 2. 从参与者的角度

从参与者的角度，分销渠道指某种产品从生产者向消费者或用户转移过程中所经过的一切取得所有权或帮助所有权转移的商业组织和个人的职能与分类。

#### 3. 菲利普·科特勒的观点

菲利普·科特勒认为，分销渠道是指某种商品和服务从生产者向消费者转移的过程中，取得这种商品和服务的所有权或帮助所有权转移的所有企业和个人，还包括作为分销渠道的起点和终点的生产者和消费者，但是，它不包括供应商、辅助商等。

### （二）分销渠道的实质

渠道是把货铺在消费者的眼前，使消费者能够方便地在任何时间、地点，以任何方式购买到他们想要的产品与服务。

【案例赏析】

#### Altoids 如何超越箭牌成为美国口香糖的第一品牌？

如何能在不到 10 年的时间里，将一个年销售额不足 1000 万美元的不起眼的产品做成具有巨大吸引力且销售额超过 1 亿美元的国际知名品牌？遍布超市、杂货连锁店与大型市场，甚至收银台旁若消费者在任何店铺都能方便地买到 Altoids，那么这种便捷性会使产品具备巨大优势，也可以为企业和商家带来高额利润，自此呈 10 倍增长的销售额验证了卡夫公司"分销战略"的有效性。现在售价 2 美元随处可买到的"Altoids"已成了超强薄荷口香糖的代名词。

【思考】

Altoids 在渠道上如何超越竞争对手？

## 二、理解分销渠道的职能

分销渠道对产品从生产者转移到消费者所必须完成的工作加以组织，其目的是消除产品（或服务）与使用者之间的分离。分销渠道的主要职能有如下几种：

（1）沟通信息：搜集与传递有关营销环境中各种力量和因素的信息，以供规划和促成交易。

（2）促进销售：通过人员推销、广告、公共关系及营业推广等方式达到扩大销售的目的，进行关于所供产品的说服性沟通。

（3）洽谈生意：渠道成员之间达成有关产品的价格、采购条件、进货条件以及售后服务的协议，并提出订单。

（4）实体分配：完成产品实体从生产者到消费者的空间转移，使消费行为成为现实。

（5）融通资金：为补偿分销成本而取得并支付相关资金。

（6）风险承担：承担与渠道工作有关的全部风险，比如市场需求变动、不可抗拒的天灾、运输、储存等过程中的商品破损等。

分销渠道的功能如图 9-1 所示。

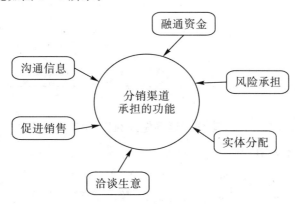

图 9-1　分销渠道的功能

### 三、掌握分销渠道的结构类型

分销渠道的结构是渠道的长度结构和宽度结构的统一体。

**1. 长度结构**

长度结构根据产品在流通过程中经过的流通环节的多少来划分。按这种划分方式，分销渠道可分为直接渠道与间接渠道、短渠道与长渠道等类型。直接渠道是指制造商不通过任何中间商而直接将产品销售给消费者或用户。直接渠道的形式有制造商直接销售产品、派人员上门推销、邮寄、电话销售、电视销售及网上销售等几种。间接销售是指产品从制造商向消费者或用户转移的过程中要经过一个或一个以上的中间商。经过一个以下中间商环节的渠道称为短渠道，经过两个及两个以上中间商环节的渠道称为长渠道。

**2. 宽度结构**

宽度结构根据同一层级使用同类型中间商的多少来划分。使用同类中间商较多，称为宽渠道；反之，则为窄渠道。按宽度结构，一般将分销渠道分为三种，包括密集分销、选择分销和独家分销。

（1）密集分销：又称广泛分销，是指制造商尽用可能多的批发商及零售商推销其产品。消费品中的便利品和产业用品中的供应品，通常采取密集分销，使广大消费者和用户能随时随地买到这些日用品。

（2）选择分销：指制造商在某一地区仅通过少数几个精心挑选的最合适的中间商推销其产品。选择分销适用于所有产品。相对而言，消费品中的选购品和特殊品最宜采取选择分销。

（3）独家分销：指制造商在某一地区仅选择一家中间商推销其产品，通常双方协商签订独家经销合同，规定经销商不得经营竞争者的产品，以便控制经销商的业务经营，调动其经营积极性，占领市场。特殊商品及新产品适合采用独家分销。

密集分销、选择分销及独家分销的区别如表 9-1 所示。

**表 9-1　独家分销、选择分销及密集分销的区别**

| 类型 | 分销商数量 | 市场覆盖面 | 竞争性 | 控制力 | 适应产品 |
|------|-----------|-----------|--------|--------|----------|
| 独家 | 一家 | 小 | 小 | 强 | 特殊品新产品 |
| 选择 | 有限 | 中 | 较高 | 较强 | 选购品 |
| 密集 | 众多 | 广 | 高 | 弱 | 日用品 |

**【知识链接】**

### 这样的公司是在直销吗？

从 20 世纪 90 年代初开始，国内就出现了一些直销机构。许多直销机构本身不是制造性公司，而是专业的销售公司。公司通过"入会"方式发展直销人员，这些直销人员首先要缴纳一笔会员费（比如 800 元），获得"会员"或直销人员资格，然后可以两种方式获得公司的报酬：一是自己掏钱购买公司的产品，推销给其他消费者，由此获得销售佣金；二是介绍别的消费者入会(发展下线队伍),一旦下线队伍建立起来,他们就"自然"上升为"经理",可从公司获得"经理"佣金。这些直销公司的收入来源也分两个部分:一部分是商品销售收入,另一部分则是发展会员的会员费。

"传销"是指组织者或者经营者发展人员,通过对被发展人员以其直接或者间接发展的人员数量或者销售业绩为依据计算和给付报酬,或者要求被发展人员以交纳一定费用为条件取得加入资格等方式牟取非法利益,扰乱经济秩序,影响社会稳定的行为。

直销与传销的区别如表9-2所示。

**表 9-2　直销与传销的区别**

| 推销商品不同 | 传销:质次价高的商品,无品牌<br>直销:著名的品牌 |
|---|---|
| 推销员加入方式不同 | 传销:以购物或资金形式收取"入门费"<br>直销:不收取费用 |
| 营销管理不同 | 传销:管理混乱,报酬并非仅来自商品利润按主要发展传销人员的"人头"计算提成<br>直销:管理比较严格,业绩由公司来考核,利润由公司进行分配 |
| 根本目的不同 | 传销:无限有制地发展下线,通过扩大下线来赚钱<br>直销:最终面对的终端用户是客户,是通过商品销售来赚取利润 |

## 四、区分传统渠道系统与整合渠道系统

构成分销渠道的不同环节的企业和个人,称为渠道成员。按渠道成员结合的紧密程度,分销渠道可以分为传统渠道系统和整合渠道系统两大类型,如图9-2所示。

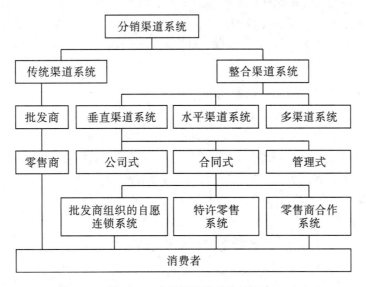

图 9-2　分销渠道的系统结构

### （一）传统渠道系统

传统渠道系统是指由各自独立的生产商、批发商、零售商和消费者组成的分销渠道。传统渠道成员之间的系统结构是松散的，由于这种渠道的每一个成员均是独立的，往往各自为政，各行其是，几乎没有一个成员能完全控制其他成员。随着市场环境的变迁，传统渠道正面临严峻挑战。

### （二）整合渠道系统

整合渠道系统是指渠道成员通过一体化整合形成的分销渠道系统，主要包括以下几种：

**1. 垂直渠道系统**

垂直渠道系统是指由生产者、批发商和零售商纵向整合组成，其成员或属于同一家公司，或为专卖特许权授予成员，或为有足够控制能力的企业左右。该系统有以下三种主要形式：

（1）公司式：由一家公司拥有和管理若干工厂、批发机构和零售机构，控制渠道的若干层次，甚至整个分销渠道，综合经营生产、批发和零售业务。公司式垂直渠道系统又分为两类：一类是由大工业公司拥有和管理的，采取一体化经营方式；另一类是由大型零售公司拥有和管理的，采取工商一体化方式。

（2）管理式：通过渠道中某个有实力的成员来协调整个产销通路的渠道系统，如名牌产品制造商以其品牌、规模和管理经验优势出面协调批发商、零售商经营业务和政策，采取一致的行动。

（3）合同式：不同层次的独立的制造商和中间商，以合同为基础建立的联合渠道系统，如批发商组织的自愿连锁系统、零售商合作系统、特许零售系统等。

**2. 水平渠道系统**

水平渠道系统是由两家或两家以上的公司横向联合，共同开拓新的营销机会的分销渠道系统。这些公司或因资本、人力、生产技术、营销资源不足，无力单独开发市场机会，或因惧怕承担风险，或因与其他公司联合可实现最佳协同效益而组成共生联合的渠道系统。

**3. 多渠道系统**

多渠道系统是指对同一或不同的细分市场，采用多条渠道的分销体系。其大致有两种形式：一种是制造商通过两条以上的竞争性分销渠道销售同一商标的产品；另一种是制造商通过多条分销渠道销售不同商标的差异性产品。此外，还有一些公司根据同一产品在销售过程中的服务内容与方式的差异，通过多条渠道销售以满足不同顾客的需求。多渠道系统为制造商提供了三方面利益：扩大产品的市场覆盖面、降低渠道成本和更好地适应顾客要求。然而，该系统也容易造成渠道之间的冲突，给渠道控制和管理工作带来更大难度。

**【案例赏析】**

**比较空调销售渠道的模式**

1. 美的模式——批发商带动零售商

美的公司几乎在国内每个行政省设立了自己的公司，在地市级城市建立了办事处。在一个区域市场内，美的公司的分公司和办事处一般通过当地的几个批发商来管理为数众多的零售商。批发商可以自由地向区域内的零售商供货。

美的的这种渠道模式的形成，与其较早介入空调行业及市场环境有关，利用这种模式从渠道融资，吸引经销商的淡季预付款，缓解资金压力。

2. 海尔模式——零售商为主导的渠道销售系统

海尔营销渠道模式最大的特点就在于海尔几乎在全国每个省都建立了自己的销售分公司——海尔工贸公司。海尔工贸公司直接向零售商供货并提供相应支持，并且将很多零售商改成了海尔专卖店。当然海尔有一些批发商，但海尔分销网络的重点并不是批发商，而是更希望和零售商直接做生意，构建一个属于自己的零售分销体系。

3. 格力模式——厂商股份合作制

格力渠道模式最大的特点就是格力公司在每个省和当地经销商合资建立销售公司，即所谓的使经销商之间化敌为友，"以控价为主线，坚持区域自治，确保各级经销商合理利润"，由多方参股的区域销售公司形式，各地市级的经销商也成立合资销售公司，由这些合资企业负责格力空调的销售公司工作，厂家以统一价格对各区域销售公司发货，当地所有一级经销商必须从销售公司进货，严禁跨省市窜货。格力总部给产品价格划定一条标准线，各销售公司在批发给下一级经销商时结合当地实际情况"有节制地上下浮动"。

4. 志高模式——区域总代理制

广东志高空调股份有限公司前身只是一家空调维修商，从1998年开始生产空调，虽然不过短短几年，但销售增长迅速，从零起步达到2001年的30万台，远远超过行业平均发展水平，所以其营销渠道模式也被越来越多地关注，尤其一些中小制造商，志高模式可以说是他们效仿的主要对象。志高模式的特点在于对经销商的倚重。志高公司在建立全国营销网络时，一般是在各省寻找一个非常有实力的经销商作为总代理，把全部销售工作交给总代理商。这个总代理商可能是一家公司，也可能由2～3家经销商联合组成，和格力模式不同，志高公司在其中没有利益，双方只是客户关系，总代理商可以发展多家批发商或直接向零售商供货。

5. 苏宁模式——前店后厂

南京苏宁电气集团原本是南京市的一家空调经销商，从1990年到2001年，苏宁公司以超常规的速度迅速发展。从2000年开始，苏宁集团开始走连锁经营道路，在国内各地建立家电连锁经营企业，并在2001年参股上游企业，出资控股合肥飞哥空调公司，开始在其分销网络内销售由合肥飞哥为其定牌生产的苏宁牌空调。

（资料来源：王清，李进武. 空调营销渠道模式研究［J］. 销售与市场，2002. 有修改）

【思考】

1. 比较并分析各企业的分销渠道的异同和特点。

2. 如何设计产品的分销渠道？

# 任务二　选择并管理分销渠道

企业在确定了其渠道策略之后，应加强管理，因为在同一销售渠道中或各种销售渠道之间，经常存在着许多不同程度的合作、冲突和竞争，对这些情况不能听之任之，而应加强管理，据以调整。

## 一、选择、激励与评估渠道成员

### （一）选择渠道成员

中间商的优劣性决定了制造商的选择。制造商在挑选中间商时，需要评估中间商是否有能力推进制造商的营销目标的实现，是否能够进入正确的目标市场；此外，中间商经营时间的长短、成长记录、清偿能力、合作态度、声望、信誉等，也是制造商选择中间商的要考察的项目。企业为了实现自己的营销目标，必须选择合格的中间商来从事其产品的销售活动，同时要研究吸引中间商的措施，如独家经销等。

### （二）激励渠道成员

中间商是制造商的合作伙伴，中间商是独立的，尽管制造商和中间商在签订的合同里已经规定了中间商的责任和义务，但制造商还需要不断地采取必要的措施监督与激励渠道成员，促使其做好工作。激励中间商的方法主要有以下几种：

（1）向中间商提供质优价廉、适销对路的产品，这是对中间商最好的激励。只有为中间商创造良好的销售条件，企业的产品才能比较顺利地进入市场，这要求生产企业要不断改进生产技术，提高产品的质量、档次，降低成本，改善经营管理，以更好地满足中间商的合理要求。

（2）向中间商合理授权和分配利润。企业的定价策略也应该考虑到中间商的利益，并根据实际情况的变动及时加以调整。如果中间商经销的商品利润很少甚至亏损，他们的积极性自然不会高；同时在企业授予某个中间商以独家经销权，可以在广告和其他促销活动方面得到该中间商较大的支持，所以，为鼓励中间商的积极性，通过对中间商进货数量、信誉、财力、管理等方面的考察，视不同情况给予适当的折扣和让利，授予独家经销权或者其他一些特许权。

（3）协调与中间商的关系。制造商要与中间商结成长期的合作伙伴，就要不断地协调关系，了解中间商的经营目标和需要，在必要的时候可以作出一些让步来满足中间商的要求，以鼓励中间商。根据实际情况，将制造商和中间商的需求结合起来，与中间商共同规划销售目标、存货水平、培训人员以及广告宣传等相关内容。把中间商作为渠道系统的一员，稳固制造商与中间商的合作关系。

（4）反馈信息。市场信息是企业开展市场营销活动的重要依据。制造商应及时将自己所掌握和获得的市场信息传递给其渠道成员，使他们心中有数，以便他们及时调整和制订销售措施，为中间商合理安排销售提供依据。

### （三）评估渠道成员

制造商除了选择和激励渠道成员之外，还需核定一定的标准来评估其渠道成员的优劣。评估的内容包括渠道成员的声望、信誉、销售额和利润增长情况、订货和存货水平、对企业促销及训练方案的合作、渠道成员的渠道创新能力、竞争能力、顾客的满意度等。对于达不到标准的，则应考虑造成的原因及补救方法。生产者有时须作出让步，因为若断绝与该中间商关系或用其他中间商取而代之可能造成更严重的后果。但若对该中间商的使用存在其他更为有利方案，生产者就应要求中间商在所规定的时间内达到一定的标准，否则，就要将其从渠道中剔除。

## 二、分析渠道冲突

由于利益蛋糕分配不均、渠道成员权利不明确、区域界限不清、窜货、赊销等原因，常常会引发渠道冲突。例如，IBM由自己的销售人员向客户推销个人电脑，而其特许的经销商也力求销售给大客户，这就产生了渠道冲突。渠道冲突在渠道系统中也颇为常见，通常有三种表现形式，即横向渠道冲突、纵向渠道冲突和多渠道冲突。

### （一）横向渠道冲突

横向渠道冲突是指处于同一渠道模式中，同一层次的各企业之间的冲突。例如，福特汽车公司在芝加哥的一些经销商抱怨该城市的其他福特经销商在其定价和广告方面进攻太甚，夺取了它们的生意。一些意大利比萨饼店的特许专卖联营店抱怨其他特许专营店在制作馅饼时偷工减料，服务质量低劣，从而损害了整个意大利比萨饼店的形象。在此情况下，渠道领袖必须制定明确的和可行的政策，并迅速采取行动控制此类冲突，如图9-3所示。

### （二）纵向渠道冲突

纵向渠道冲突是指在同一渠道模式里不同层次企业之间的冲突，它比横向渠道冲突更为常见。例如，通用汽车公司在一些年份由于力求实行在服务、定价和广告方面的政策，而与其经销商发生冲突。又如可口可乐公司对其装瓶商同意为另一公司装瓶而发生了冲突。某些纵向渠道冲突是不可避免的，问题不在于冲突而应该是更好地处理冲突，如图9-4所示。

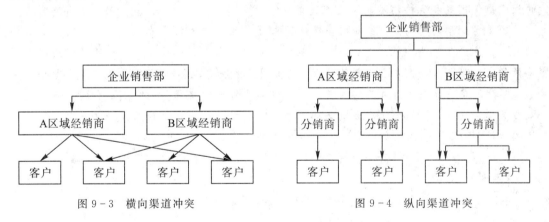

图9-3　横向渠道冲突　　　　　　　　图9-4　纵向渠道冲突

### （三）多渠道冲突

多渠道冲突是指在同一渠道模式，既有同一层次的各企业之间的冲突，也有不同层次企业之间的冲突。例如，某个经销商或代理商，可能抱怨生产企业网上销售抢了他们的客户，如图9-5所示。

如果一个渠道成员取得领导地位并赢得了其他成员的信任，便可能奠定将来减少冲突可能性和更快解决冲突的基础。合理分配利益蛋糕、划分区域界限、协同工作，以及渠道成员经常沟通交流，是减少冲突的有效办法。

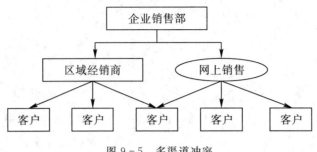

图 9-5　多渠道冲突

**【案例赏析】**

### 格力与国美的战争

格力，一个连续 9 年行业排名第一、2003 年销售额高达 90 多亿的空调龙头；国美，一个拥有 150 多家门店的家电连锁零售业老大。2004 年 2 月，成都国美和成都格力发生争端，原因是国美在没有提前通知厂家的情况下，突然对所售的格力空调大幅度降价。对此，格力表示，国美的价格行为严重损害了格力在当地的既定价格体系，也导致其他众多经销商的强烈不满。

3 月，正是空调行业为备战销售旺季而全面启动的季节，一场来自空调业与流通行业两大巨头的纷争在此引爆，一方是空调行业的巨头格力电器，另一方是家电流通行业的巨头国美连锁。

3 月中旬，国美总部向各地分公司下发了一份"关于清理格力空调库存的紧急通知"，要求其各地分公司把格力空调的库存和业务清理完毕后，暂停销售格力产品，理由是格力的代理销售模式和价格均不能满足国美市场经营要求。

国美对此举的解释是，目前国美销售的家电产品主要以厂商直接供货方式为主，这样做的目的是为了节省中间成本，降低产品价格。但格力空调一直通过各地的销售公司向国美供货，在价格上不能满足国美的要求，国美因此无法实现其提倡的"薄利多销"原则。

显然，国美希望利用自己的渠道优势迫使格力作出价格让步。但格力空调的新闻发言人黄芳华在接受《财经时报》采访时表示，格力空调对待所有经销商都是一视同仁的，不会给国美搞"特殊化"，因为那样做对其他经销商不公平。

（资料来源：金虹．市场营销策划．沈阳：辽宁大学出版社，2018）

**【思考】**

格力是怎样解决与国美冲突的？你如何看待渠道中厂商与大中间商的冲突？

## 三、渠道的调整

市场需求复杂多样，随着市场的变化，分销渠道系统还要定期进行调整，以适应市场的新动态。渠道的调整方法通常有以下三种：

### 1. 增减某个中间商

增加或减去某个中间商，对生产企业来说，通常需要做具体的经济分析。考虑增减某个中间商对企业利润有何影响，调整是否会引起渠道中其他成员的反感。由于某个中间商的经营不善而影响整个企业的效益时，企业可以考虑淘汰某个中间商，调换新的中间商。

一旦决定增减某个中间商，必须要有相应的措施与之配套，以防止一些不必要的矛盾。

### 2. 增减某个销售渠道

这种调整不是增减渠道里的某个中间商，而是增减某一渠道模式。例如，某个销售渠道销售本企业的某种产品，其销售密度一直不够理想，企业可以考虑在某个区域或全部目标市场上，剔除这种渠道模式，而另外再增设一种渠道模式。

### 3. 调整整个销售渠道体系

最困难的决策是改革整个分销体系，这种调整涉及面广、问题多，生产企业应慎重地考虑，并由企业最高管理层决定。它不仅要改变整个已经习惯的销售渠道，而且要调整企业已习惯的市场营销组合，并要制定相应的政策措施。决策若不慎，会使制造商的分销渠道陷于瘫痪。例如，一家空调制造商打算开设公司自己的下属分支机构以取代独立的经销商。这一决策造成渠道成员的极大震动，这不仅改变了渠道体系，还要求改变市场营销组合的其他因素，以期和新的分销系统相适应。

【案例赏析】

#### 重组渠道资源，力拓新兴市场

为最大限度集合两大事业部资源，有效应对市场变化，合力开拓市场，云南白药近日发布公告称透皮事业部将与药品事业部合并，统称为药品事业部，据此公司组织构架做出相应调整。此次两大事业部合并是对第一阶段的组织构架和推进集团内部资源整合工作的深化和继续。目前，公司具体整合的方向已经转变成了以产品为导向，目的之一就是充分利用已有的渠道资源。

据了解，两大事业部的产品销售渠道重合度很高，云南白药的透皮事业部的主要产品为云南白药膏、创可贴和急救包等系列，主要销售渠道为急救中心和OTC渠道；药品事业部的主要产品为云南白药产品系列，主要在医院和OTC渠道销售。两部门合并后，以云南白药生产的终端产品来划分，公司将形成以医药产品为主的药品事业部和以日用品为主的健康产品事业部两大平台。近两年来，公司健康产品事业部快速发展，拳头产品云南白药牙膏2010年实现销售收入10亿元，高端洗发水产品养元青已经在广东市场投放。

2010年，云南白药开展了一系列的公司组织重组，包括丽江、文山、兴中、云健、大理5家子公司的产品销售相继整合进入药品事业部，产品生产纳入集团层面统一规划部署；收购西双版纳制药厂有限公司100％股权，作为透皮产品事业部配套的子公司；金殿制药变更为云南白药集团健康产品有限公司，作为健康产品事业部配套的子公司，专注于牙膏等健康产品的生产经营，下设云南白药楚雄健康品有限公司，专注于健康产品的生产经营。

（资料来源：http://t.hexun.com/16952749/defauh.html，有修改）

【思考】

云南白药为什么要进行重组渠道资源？

# 任务三 设计分销渠道

## 一、选择分销渠道的因素

分销渠道是渠道成员互相选择的结果。每一个企业都要根据特定的目标和现实条件，遵循一定规则，选择或创新分销渠道，作出理想的分销渠道决策。这种决策，在企业创办之初，面对较狭窄的和有限的当地经销商，可能不成为问题。但随着公司规模扩大，开发新市场，甚至进入国际市场，分销渠道的决策与渠道伙伴的选择就会面临困难。下面首先讨论制造商选择分销渠道的一般制约因素。

## （一）产品因素

### 1. 产品的理化性质

对一些易腐易损商品、危险品，应尽量避免多次转手、反复搬运，宜选用较短渠道或专用渠道。一些体积大的笨重商品，如大型设备、煤炭、木材、水泥构件等，也应努力减少中间环节，尽量采用直接渠道。

### 2. 产品单价

一般而言，价格昂贵的工业品、耐用消费品、享受品均应减少流通环节，采用直接渠道或短渠道；单价较低的日用品、一般选购品，则可采用较长较宽的分销渠要。

### 3. 产品式样

式样花色多变、时尚程度较高的产品，如时装、高档玩具、家具等，宜采用较短渠道分销；款式不易变化的产品，分销渠道可长些。一些非标准品及特殊规格、式样的产品通常要由企业销售部门直接向用户销售。

### 4. 产品技术的复杂程度

产品技术越复杂，用户对其安装、调试和维修服务要求越高，采用直接渠道或短渠道的要求越迫切。

## （二）市场因素

### 1. 目标市场范围

市场范围越大，分销渠道相应越长；相反，则可短些。

### 2. 顾客的集中程度

如顾客集中在某一地区，甚至某一地点（如工厂用户），则可采用短渠道或直接渠道；如果顾客分散在广大的地区，则需要更多地发挥中间商作用，采用长而宽的渠道。

### 3. 消费者购买习惯

如消费者对产品购买方便程度的要求，每次购买的数量，购买地点及购买方式的选择等，会影响企业选择不同的分销渠道。

### 4. 销售的季节性

销售季节性较强的产品，一般应充分发挥中间商的调节作用，以便均衡生产，不失销售时机，所以较多采用较长的分销渠道。

### 5. 竞争状况

通常，同类产品应与竞争者采取相同或相似的分销渠道。在竞争特别激烈时，则应伺机寻求有独到之处的销售渠道。

### （三）企业自身因素

**1. 企业的财力、信誉**

财力雄厚，信誉良好的企业，有能力选择较固定的中间商经销产品，甚至建立自己的控制分销系统，或采取短渠道；反之，就要更为依靠中间商。

**2. 企业的管理能力**

有较强的市场营销能力和经验的企业，可以自行销售产品，采用短渠道或组合渠道营销系统。

**3. 企业控制渠道的愿望**

有些企业为了有效控制分销渠道，宁愿花费较高的渠道成本，建立短而宽的渠道。也有一些企业并不希望控制渠道，会根据成本等因素采取较长且宽的分销渠道。

### （四）经济形势及有关法规

**1. 经济形势**

经济景气，发展较快时，企业选择分销渠道的余地较大；当出现经济萧条、衰退时，市场需求下降，企业就必须减少一些中间环节，采用较短的渠道。

**2. 有关法规**

国家法律、政策，如专卖制度、反垄断法规、进出口规定、税法等，也会影响分销渠道选择。在一些实施医药、烟草和酒类专营或专卖制度的国家，这些产品的分销渠道选择就会受到很大的限制。

【知识链接】

#### 电子商务物流配送的特点

电子商务物流配送是指物流配送企业采用网络化的计算机技术和现代化的硬件设备、软件系统及先进的管理手段，针对客户的需求，根据用户的订货要求，进行一系列分类、编码、整理、配货等理货工作，按照约定的时间和地点将确定数量和规格要求的商品传递给用户的活动及过程。这种新型的物流配送模式带来了流通领域的巨大变革，与传统的物流配送相比，电子商务物流配送具有以下特征。

（1）虚拟化。电子商务物流配送的虚拟性来源于网络的虚拟性。通过借助现代计算机技术，配送活动已由过去的实体空间扩展到了虚拟网络空间，实体作业节点可以虚拟信息节点的形式表现出来；实体配送活动的各项职能和功能可在计算机上进行仿真模拟，通过虚拟配送，进行组合优化，最终实现实体配送过程达到效率最高、费用最少、距离最短、时间最少的目标。

（2）实时性。电子商务物流配送不仅能够有助于辅助决策，让决策者获得高效的决策信息支持，还可以实现对配送过程实时管理。配送要素数字化、代码化之后，突破了时空制约，配送业务运营商与客户均可通过共享信息平台获得相应配送信息，从而最大限度地减少各方之间的信息不对称，有效地缩小了配送活动过程中的运作不确定性与环节间的衔接不确定性，打破以往配送途中的"失控"状态，做到全程"监控配送"。

（3）个性化。个性化配送是电子商务配送的重要特性之一。作为"末端运输"的配送服务，所面对的市场需求是"多品种、少批量、多批次、短周期"的，小规模的频繁配送将导致配送企业的成本增加，这就必须寻求新的利润增长点，而个性化配送正是这样一个开采不尽的"利润源泉"。电子商务物流配送的个性化体现为"配"的个性化和"送"的个性化。"配"的个性化主要指通过配送企业在流通节点(配送中心)根据客户的指令对配送对象进行个性化流通加工，从而增加产品的附加价值；"送"的个性化主要是指依据客户要求的配送习惯、喜好的配送方式等为每一位客户制定量体裁衣式的配送方案。

(4) 增值性。除了传统的分拣、备货、加工、包装、送货等作业以外，电子商务物流配送的功能还向上延伸到市场调研与预测、采购及订单处理，向下延伸到物流咨询、物流方案的选择和规划、库存控制决策、物流教育与培训等附加功能，从而为客户提供具有更多增值性的物流服务。

## 二、设计分销渠道决策

企业在设计分销渠道时，必须在理想的渠道和实际可能利用或新建渠道之间作出选择。这一决策过程一般要经过分析消费者需要、确定渠道目标和限制条件、制订可供选择的主要渠道方案以及对评估可供选择的渠道方案等几个阶段。

### (一) 分析目标市场消费者对渠道服务提出的要求

设计市场营销渠道的第一步是要了解目标市场上的消费者要购买什么、在哪里购买和怎样购买，分析消费者的这些购买特点对分销渠道服务水准的要求。这些要求通常表现在以下方面：一次购买批量的大小；交货时间的长短；空间便利性，即分销渠道对消费者购买商品的方便程度；商品多样化，顾客往往要求商家提供多样化产品组合，以方便其挑选；服务支持，企业要有效地设计渠道，不仅要考虑消费者希望的服务内容与水平，而且还必须考虑渠道提供这些服务的能力与费用。

### (二) 确定渠道目标和限制条件

渠道目标是在企业营销目标的总体要求下，所选择的分销渠道应达到的服务产出目标。这种目标一般要求所建立的分销渠道达到总体营销规定的服务水平，同时使整个渠道费用减少到最低(或合理)程度。企业可以根据消费者需要的不同服务要求细分市场，然后决定服务于哪些分市场，并为之选择最佳渠道。

一般情况下，每个制造商都会根据影响分销渠道选择的因素来确定其渠道目标，即根据产品因素、中间商的优缺点以及宏观经济形势来设定渠道框架和目标。

### (三) 制订可供选择的渠道方案

企业在确定了目标市场和期望的服务目标后，必须明确选定几个主要的渠道方案。渠道选择方案涉及三种因素，即中间商类型、中间商的数量和渠道成员的交易条件及责任。

#### 1. 中间商类型

企业首先要明确可以完成其渠道任务的中间商类型。根据目标市场及现有中间商的状况，可以参考同类产品经营者的现有经验，设计自己的分销渠道方案。

如果没有合适的中间商可以利用或企业直接销售能带来更大的经济效益，企业也可以设计直销渠道或直复营销渠道。近年来，直销方式不仅在工业品市场，而且在消费品市场得到快速发展。信息沟通的日益方便及商业渠道费用的普遍上升，使直销渠道具备了良好的发展前景。但是，间接渠道仍然是当代营销渠道的主流，在多数场合，企业仍然要选择中间商为合作伙伴，以发挥其职能，克服在现代社会大生产条件下产销之间在空间、时间、信息、价格及供求数量、花色品种等方面存在的矛盾。因此，辨明适合承担经销业务的中间商类型，仍然是十分重要的。

**2. 中间商的数量**

公司必须决定在每一渠道层次利用中间商的数量，由此形成所选择分销渠道的宽度类型，即密集式分销、选择性分销或独家经销。一般来说，密集式分销较多为日用消费品和通用型工业品厂家采用，选择性分销多为信誉良好的企业和希望以某些承诺来吸引经销商的新企业所采用，独家经销多用于汽车、大型电子产品和有特色品牌产品的分销。

**3. 渠道成员的交易条件及责任**

生产企业必须确定渠道成员的参与条件和应负责任。在交易关系组合中，这种责任条件主要包括：① 价格政策；② 销售条件，指付款条件和制造商承诺；③ 经销商的区域权利，如分销商希望了解制造商将什么地区的特许经营权授予其他分销商；④ 应承担的责任，即通过制定相互服务与责任条款，来明确各方责任。

## （四）评估主要渠道方案

在这一阶段，需要对几种初拟方案进行评估并选出能满足企业长期目标要求的最佳方案。评估方案可以从经济性、可控性和适应性等几个方面进行。

**1. 经济性标准评估**

经济性标准评估主要是比较每个方案可能达到的销售额水平及费用水平。如某公司在评估使用本公司销售人员或通过代理商销售两种方案时，首先会考虑哪一种做法会带来较高的销售额。多数人相信本公司销售人员会销售得更多，因为他们专心推销并且更熟悉本公司的产品、更有积极性，而且顾客也偏爱直接与公司交易。然而，使用销售代理商也可能比前一方案销售更多，因为销售代理商销售人员多，在较高的佣金条件下同样积极，有更广泛的客户关系和销售网等。其次，要考察各个渠道的销售费用。一般来说，使用销售代理商的费用一开始低于公司设立销售机构的费用，但随着销售额的增加，其费用上升速度也较快，因为它收取的佣金较公司推销员要高。如图 9 - 6 所示，在销售额达到 $S_B$ 点时，设立公司销售部直接销售产品是最佳选择；当低于这一销售额时，最好选用销售代理商渠道。正因为如此，销售代理商多为小公司或大公司在较小的分市场中销售产品时所采用。

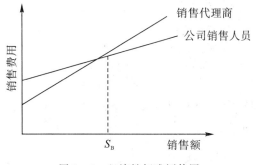

图 9 - 6　经济性标准评估图

**2. 可控性标准评估**

利用独立的中间商或代理商可控程度较低，渠道越长，控制问题就越突出，对此需要进行多方面的利弊比较和综合分析。

**3. 承担一定的义务**

如果市场环境发生变化，这些承诺将降低制造商的适应能力。为此，应考察企业在每一种渠道方案中承担义务与经营灵活性之间的关系，包括承担义务的程度和期限。对一种涉及长期（如5年）承担义务的渠道的选择，只有在经济或控制方面有非常优越的条件时，才能予以考虑。

【案例赏析】

### 小故事，大道理

从前，有两个饥饿的人得到了上帝的恩赐：一根鱼竿、一篓鲜活硕大的鱼。其中一个人选择了一篓鱼，另一个人则拿走鱼竿，然后，他们便分道扬镳了。选择鱼篓的人，就地用干柴生火煮鱼，他狼吞虎咽，还没有品尝出鲜鱼的肉香，就瞬间把鱼吃光了，因此他很快又煮了另一条鱼，继续填饱肚子。令人料想不到的是，短短几日过去后，他被人发现饿死在空空的鱼篓旁。至于拿走鱼竿的人，他忍受着饥饿，一步步向海边走去，只是当他好不容易抵达海边的同时，却连最后的一点力气也都耗尽了，只能带着无尽的遗憾，离开人间。不久之后，又有两个饥饿的人，同样得到上帝恩赐的一根鱼竿和一篓鱼。他们并没有各奔东西，而是商量一起去找寻大海，并且还约定每餐只能煮一条鱼吃，所幸在经过漫长的跋涉后，他们终于顺利抵达了海边。到达海边之后，他们两人开始以捕鱼为生，几年后，他们盖起了房子，不但有了各自的家庭、子女，还有了自己造的渔船，生活可说是十分幸福、平安。

【思考】

从小故事里领悟到哪些道理？

# 任务四　认识中间商

企业在确定了分销渠道策略之后，还必须正确选择中间商，因此，需要掌握各类中间商（主要是批发商、零售商及代理商）的特点与作用，了解现代商业形式的新发展。

## 一、批发商的含义与类型

批发是指一切将物品或服务销售给为了转卖或者商业用途而进行购买的人的活动。我们使用"批发商"这个词来描述那些主要从事批发业务的公司，这个词的内涵排除了制造商和农场主，因为他们主要从事生产，同时也排除了零售商。批发商主要有三种类型，即商人批发商、经纪人和代理商、制造商及零售商的分店和销售办事处。

### （一）商人批发商

商人批发商是指自己进货、取得产品所有权后再批发出售的商业企业，也就是人们通常所说的独立批发商。商人批发商是批发商的最主要的类型。

### （二）经纪人和代理商

经纪人和代理商是从事购买、销售或二者兼备的洽谈磋商工作，但不取得产品所有权的商业单位。与商人批发商不同的是，他们对其经营的产品没有所有权，提供的服务比商人批发商少，其主要职能在于促成产品的交易，借此赚取佣金作为报酬。

### （三）制造商及零售商的分店和销售办事处

销售分店和销售办事处是由生产商自己设立的，为了改进其存货控制、销售和促销业务的一种批发商类型。采购办事处，通常由零售商在大城市设立，这些办事处的作用与经纪人或代理商相似，但却是买方组织的一个组成部分。

## 二、零售商的类型

零售商是直接面向消费者个人或家庭零星销售商品的中间商，也是商品流通的最后一道环节。零售业面对的顾客十分分散，加之经营方式的多样化，因此构成了一个庞大繁杂的行业，主要分为门店零售与无门店零售两大类。

### （一）有门店零售

目前将有门店零售商店分为百货商店、超级市场、便利店、专卖店、仓储式商场和购物中心等。最主要的零售商店类型有以下几种：

#### 1. 百货商店

百货商店是综合各类商品品种的零售商店，其具有规模大、客流量大、品种齐全、购物环境好等特点。由于百货商店之间竞争激烈，还有来自其他零售商，特别是来自折扣商店、专用品连锁商店、仓储零售商店的激烈竞争，加上交通拥挤、停车困难和中心商业区的衰落，百货商店正逐渐失去往日魅力。

#### 2. 超级市场

超级市场指规模巨大、成本低廉、薄利多销、自我服务的经营机构，主要经营各种食品、洗涤剂和家庭日常用品等。超级市场的主要竞争对手是方便食品店、折扣食品店和超级商店。

#### 3. 便利店

便利店通常是指设在居民区附近的小型商店，营业时间长，每周营业七天，销售品种范围有限、周转率高的方便产品。消费者主要利用它们做"填充"式采购，因此其营业价格要高一些。但是，它们满足了消费者一些重要的需求，人们愿意为这些方便产品付高价。

#### 4. 专卖店

专卖店经营的产品线较为狭窄，但产品的花色品种较为齐全。根据产品线的狭窄程度可以将专卖店再分类：一是单一产品线商店，如服装商店；二是有限产品线商店，如男士服装店；三是超级专用品商店，如男士定制衬衫店。在这三类专卖店中，超级专用品商店的发展最为迅速，因为它们可以利用子市场、目标市场和产品专业化的机会将越来越多。

#### 5. 仓储商店

仓储商店是一种以大批量、低成本、低售价和微利多销的方式经营的连锁式零售企业。仓储商店一般具有以下特点：

（1）以工薪阶层和机关团体为主要服务对象，旨在满足一般居民的日常性消费需求，同时满足机关、企业的办公性和福利性消费的需要。

（2）价格低廉。通过从厂家直接进货，省略了中间销售环节，尽可能降低经营成本。

（3）精选正牌畅销产品。从所有产品门类中挑选最畅销的产品大类，然后再从中精选出最畅销的产品品牌，并在经营中不断筛选，根据销售季节等具体情况随时调整，以使仓储式连锁商场内销售的产品有较高的市场占有率，同时保证产品的调整流转。

（4）会员制。仓储式商场注意发展会员和会员服务，加强与会员之间的联谊，以会员制为基本的销售和服务方式。

（5）低经营成本。运用各种可能的手段降低经营成本，如仓库式货架陈设产品，选址在次商业区或居民住宅区，产品以大包装形式供货和销售，不做一般性商业广告，仓店合一。

（6）先进的计算机管理系统。计算机收银系统及时记录分析各店的品种销售情况，不断更新经营品种，既为商场提供现代化管理手段，也减少了雇员的人工费用支出。

（7）产品陈列室推销店。这类商店将产品目录推销和折扣原则用于品种繁多、提成高、周转快和有品牌的产品，这些产品包括珠宝首饰、动力工具、照相机及照相器材。这些商店已经成为零售业最热门的形式之一，甚至对传统的折扣商店形成威胁。产品陈列室推销店散发彩色印刷的目录，每本长达数百页，此外还增发季节性的小型增补版，上面标有每一项产品的定价和折扣价。顾客可用电话订货，由店方送货上门，顾客支付运费；顾客也可开车来商店亲自验货提货。

**6. 购物中心**

购物中心是现代零售业的一种经营类型。它是经过整体规划和开发，实行统一管理，由若干零售商以及相应设施组成的商店群体，通常包括一个或多个大的核心商店，并有许多小的商店环绕其中，有完善的停车场设施，顾客购物来去方便；能容纳众多类型的商店、快餐店、餐饮店及美容、娱乐、健身、休闲场所，功能齐全，是一种超巨型的商业模式。

## （二）无门店零售形式

虽然大多数物品和服务是由商店销售的，但是无门店零售却比商店零售发展得更快。下面介绍无门店零售的五种形式，即上门推销、网上商店、电视和电话销售、邮购及自动售货机。

**1. 上门推销**

上门推销是一种古老的，也是现在市场经济中常用的销售方式，即由销售人员挨门挨户、在用户单位或公众场合，直接向消费者或用户推销商品的销售方式。

**2. 网上商店**

网上商店指通过企业网站或网页，向顾客推荐和介绍商品，利用互联网接受顾客订单，并送货上门的销售方式。

**3. 电视和电话销售**

这种销售方式以电视、电话作为沟通工具，向顾客传递所出售商品或服务的有关信息，顾客根据需要选择所要购买的商品。通过电话直接向卖方订货，卖方按顾客的要求送货上门，整个交易过程简单、迅速、方便顾客，节约时间。

**4. 邮购**

邮购是通过报纸或杂志广告介绍商品或服务，并接受顾客汇款订货和销售的零售商，使顾客在家中也能购物。

**5. 自动售货机**

使用硬币控制的机器自动售货是第二次世界大战后出现的一个主要的发展领域。自动售货已经被用在相当多的产品上，包括经常购买的产品（如香烟、软饮料、糖果、报纸和热饮料等）和其他产品（袜子、化妆品、点心、热汤和食品、书、T 恤、保险和鞋油等）。售货机被广泛安置在工厂、办公室、大型零售商店、加油站、街道等地方。自动售货机向顾客提供 24 小时售货、自我服务和无需搬运产品等便利条件。由于要经常给相当分散的机器补充存货、机器常遭破坏、失窃率高等原因，自动售货的成本很高。因此，其销售产品的价格比一般水平要高 15％～20％。对顾客来说，机器损坏、库存告罄以及无法退货等问题也是非常令人头痛的。自动售货机提供的服务越来越多，如桌上弹珠机、吃角子老虎（一种赌具）、投币式自动电唱机和新型电脑游艺机。银行也广泛地使用自动出纳机这种高度专业化的机器，它可以为银行顾客提供 24 小时开支票、存款、提款和资金转账等项服务。

## 三、经纪人和代理商

经纪人和代理商是从事购买或销售或二者兼备的洽商工作，但不取得产品所有权的商业单位。与商人批发商不同的是，他们对其经营的产品没有所有权，所提供的服务比有限服务商人批发商还少，其主要职能在于促成产品的交易，借此赚取佣金作为报酬。与商人批发商相似的是，他们通常专注于某些产品种类或某些顾客群。

经纪人和代理商主要分为以下几种：

**1. 产品经纪人**

产品经纪人的主要作用是为买卖双方牵线搭桥，协助他们进行谈判，买卖达成后向雇用方收取费用。他们并不持有存货，也不参与融资或风险。

**2. 制造商代表**

制造商代表比其他代理批发商人数更多，他们代表两个或若干个互补的产品线的制造商，分别和每个制造商签订有关定价政策、销售区域、订单处理程序、送货服务和各种保证以及佣金比例等方面的正式书面合同。他们了解每个制造商的产品线，并利用其广泛关系来销售制造商的产品。制造商代表常被用在服饰、家具和电气产品等产品线上。大多数制造商代表都是小型企业，雇用的销售人员虽少，但都极为干练。那些无力为自己雇用外勤销售人员的小公司往往雇用代理商。另外，某些大公司也利用代理商开拓新市场，或者在那些难以雇用专职销售人员的地区雇用代理商作为其代表。

**3. 销售代理商**

销售代理商是在签订合同的基础上，为委托人销售某些特定产品或全部产品的代理商，对价格、条款及其他交易条件可全权处理。这种代理商在纺织、木材、某些金属产品、某些食品、服装等行业中常见，这些行业竞争非常激烈，产品销路对企业的生存至关重要。

**4. 采购代理商**

采购代理商一般与顾客有长期关系，代他们进行采购，往往负责为其收货、验货、储运，并将物品运交买主。例如，服饰市场的常驻采购员为小城市的零售商采购适销的服饰产品，他们消息灵通，可向客户提供有用的市场信息，而且还能以最低价格买到好的物品。

**5. 佣金商**

佣金商又称佣金行，是指对产品实体具有控制力并参与产品销售协商的代理商。大多数佣金商从事农产品的代销业务，农场主将其生产的农产品委托佣金商代销，付给一定佣金。委托人和佣金商的业务一般只包括一个收获和销售季节。例如，菜农与设在某大城市中央批发市场的佣金行签订一个协议，当蔬菜收获和上市时，菜农就随时将蔬菜运送给佣金行委托全权代销。佣金行通常备有仓库，替委托人储存、保管物品。此外，佣金商还执行替委托人发现潜在买主、获得最好价格、分等、再打包、送货、给委托人和购买者以商业信用（即预付货款和赊销）、提供市场信息等职能。佣金商对农场主委托代销的物品通常有较大的经营权力：他收到农场主运来的物品以后，有权不经过委托人同意，以自己的名义，按照当时可能获得的最好价格出售物品。因为，这种佣金商经营的产品是蔬菜、水果等易腐产品，必须因时制宜，尽早脱手。佣金商卖出物品后，扣除佣金和其他费用，即将余款汇给委托人。

# 项 目 小 结

（1）分销渠道是指产品从生产者向消费者或用户转移过程中取得产品所有权或者帮助转移所有权的所有组织及个人。分销渠道的起点是制造商，终点是消费者，中间环节包括买卖中间商和代理中间商。产品交易的复杂性导致了分销渠道模式和类型的多样性，企业应根据需要选择分销渠道。

（2）根据长度结构，分销渠道可分为直接渠道和间接渠道、长渠道和短渠道；按宽度结构，分销渠道可分为宽渠道和窄渠道，具体又可分为独家分销、选择分销及密集分销。选择哪类分销渠道要根据具体情况来决定。

（3）中间商分为批发商零售商及代理商三类型；零售商的类型包括有门店及无门店的零售商。

（4）企业应根据影响分销渠道的产品、市场、企业、中间商、环境等因素来决策分销渠道的长短、宽窄、具体渠道成员等。

# 巩 固 与 提 高

**一、判断题**

1. 品牌是把货铺在消费者的心里，而分销渠道是把货铺在消费者的眼前。　　（　　）

2. 直接分销渠道不经过任何中间商，所以不存在商品所有权的转移。　　　　（　　）

3. 宽渠道是指制造商同时选择两个以上的同类中间商销售商品。　　　　　　（　　）

4. 销售季节性较强的产品，一般应充分发挥中间商的调节作用，以便均衡生产，不失销售时机，所以较多采用较长的分销渠道。　　　　　　　　　　　　　　　　（　　）

5. 产品经纪人的主要作用是为买卖双方牵线搭桥，协助他们进行谈判，买卖达成后向雇用方收取费用。他们并不持有存货，也不参与融资或风险。　　　　　　　　（　·　）

6. 式样花色多变、时尚程度较高的产品，如时装、高档玩具、家具等，宜采用较短渠道分销；款式不易变化的产品，分销渠道可长些。　　　　　　　　　　　　（　　）

7. 一级分销渠道也称为直接分销渠道。　　　　　　　　　　　　　　　　（　　）

8. 饮料、饼干、方便面等商品适合采用选择性分销。　　　　　　　　　　　（　　）

9. 密集型分销渠道适用于价值较高的商品，消费者重视品牌的商品。　　　　（　　）

10. 制造商在选择分销渠道时，必须考虑诸多因素，在分析企业本身的因素时，考虑生产点的集散程度、生产能力、商品组合、企业规模和商誉。　　　　　　　　（　　）

## 二、单项选择题

1. 从事商品流通业务，拥有商品所有权的中间商是（　　）。

A. 零售商　　　　　　B. 代理商　　　　　　C. 寄售商　　　　　　D. 经纪人

2. 没有中间商介入的分销渠道，称为（　　）。

A. 直接分销渠道　　　B. 间接分销渠道　　　C. 一级分销渠道　　　D. 二级分销渠道

3. 下列商品不能采用较长的分销渠道的是（　　）。

A. 花生　　　　　　　B. 自行车　　　　　　C. 鲜鱼　　　　　　　D. 电视机

4. 直接向最终消费者提供商品的中间商是（　　）。

A. 经销商　　　　　　B. 代理商　　　　　　C. 批发商　　　　　　D 零售商

5. 生产者在一定时期内只选择几家批发商和零售商来推销本企业的产品，这是一种（　　）分销策略。

A. 密集型　　　　　　B. 选择性　　　　　　C. 独家　　　　　　　D. 联合

6. 摩托车生产企业在推销商品时，宜选择（　　）分销渠道。

A. 较宽的　　　　　　B. 较窄的　　　　　　C. 较长的　　　　　　D. 集团联合

7. 某分销渠道内，中间环节越多，说明该渠道（　　）。

A. 宽度越广　　　　　B. 数量越多　　　　　C. 长度越长　　　　　D. 同类环节越广

## 三、多项选择题

1. 下列商品宜采用宽渠道来销售的有（　　）。

A. 饼干　　　　　　　B. 家具　　　　　　　C. 啤酒　　　　　　　D. 大型设备

E. 精密仪器

2. 无店铺零售的形式主要有（　　）。

A. 上门推销　　　　　　　　　　　　　B. 自动售货

C. 电话电视订购销售　　　　　　　　　D. 传销

3. 激励中间商的方式有（　　）。

A. 奖励　　　　　　　B. 晋升　　　　　　　C. 提供促销费用　　　D. 年终返利

4. 有门店销售的形式主要有（　　）.

A. 专卖店　　　　　　B. 便利店　　　　　　C. 超市　　　　　　　D. 购物中心

5. 长渠道具有（　　）优点。

A. 有利于开拓市场　　　　　　　　　　B. 分散经营风险

C. 控制性强　　　　　　　　　　　　　D. 控制性弱

6. 某商品未来市场潜量非常可观，制造商一般选择（　　）来销售其商品。

A. 长渠道　　　　　　B. 宽渠道　　　　　　C. 窄渠道　　　　　　D. 短渠道

E. 直接渠道

## 四、案例分析题

### 珀莱雅的发展

珀莱雅创立于 2003 年，仅用了不到 10 年的时间，就实现了销售额从 0 到 40 多亿元的跨越。珀莱雅成功的秘诀何在？

1. 抓住机遇，乘势崛起

2003—2007 年，是珀莱雅的"第一次创业"阶段。

（1）始终紧贴消费者需求。许多企业采用正向思维的方式，先盘点自身拥有的资源，然后实现目标。为了随时洞察一线的脉搏，珀莱雅总是采用倒过来思考的方式，即首先考虑产品如何让消费者喜爱，零售商为什么会喜欢卖珀莱雅的产品，然后再考虑自身的组织和营销如何适应。珀莱雅却始终保持着创业之初对市场的敏感以及快速反应的能力，随时保持对市场的敏感度。正是因为对一线和消费需求的准备把握，珀莱雅对产品质量非常重视。从一开始就高度重视产品的研发投入，从源头保证了产品的优良品质，再加上贴近市场的不同的政策组合，让广大零售商非常愿意销售珀莱雅的产品。

（2）善于做乘法。在创业初期，珀莱雅挖掘出一整套系统的代理商培训方法，通过手把手教代理商这套标准动作实现了营销模式的快速复制，代理商运作市场非常轻松，全国市场做得风生水起，珀莱雅代理商也由此赚到了第一桶金。随后，企业进入全国布局阶段，大规模招商成为珀莱雅所做的第二次乘法。通过独树一帜的企业会议营销，首创行业内的零售商创富大会，珀莱雅受到了零售商的热烈追捧，在中国化妆品行业内引发了争相模仿的热潮，直接造就了后来国内化妆品行业的一批生力军企业。

在注重速度的同时，珀莱雅并未片面追求短期利益，一切都从长远考虑出发。比如，珀莱雅建立健全了日化精品店的终端营销模式，在当时市场生态链还未完全形成时，珀莱雅旗帜鲜明地提出了零售价、经销价和代理商价的全国统一价格，同时采用严格的区域保护政策。这一模式的确立，从根本上提高了珀莱雅的市场竞争力，有利于公司的长远发展。

2. 从渠道驱动到品牌驱动

2008—2011 年，珀莱雅进入第二次创业阶段。

（1）从单一品牌向多品牌发展。为了满足消费者多元化需求，珀莱雅推出珀莱雅、优资莱、韩雅、悠雅、欧兰萱五大品牌共千余种产品。珀莱雅五大品牌定位区分清晰、特色鲜明，珀莱雅定位海洋护肤，优资莱定位植物护肤，韩雅定位韩国高端护肤品牌，悠雅定位动感炫变彩妆，欧兰萱则定位香精油添加型护肤品牌。

（2）从单一渠道向多渠道发展。从单一专卖店渠道进入商超渠道，销售渠道遍布中国大、中、小城市、乡镇市场，珀莱雅对中国市场实现完全渗透，形成横向到边、纵向到底的网络结构，网点更加科学、合理。

（3）整合营销塑造品牌形象。品牌是市场的最终决定力量，为了提升珀莱雅的品牌影响力，一方面，公司先后与陈好、高圆圆、朴恩惠、大 S、马伊琍、佟丽娅、唐嫣、袁珊珊、朴敏英等大牌明星合作；另一方面，通过媒体的作用不断传播品牌的力量。经过长时间的投放，珀莱雅已经确定了一套科学可行的媒体投放方法，央视、湖南卫视、浙江卫视、安徽卫视等电视媒体以及 COSMO 杂志、嘉人、瑞丽、都市丽人等平面媒体进行了广泛的合作。

（4）强化研发能力、广揽人才。珀莱雅与国际一流的化妆品 OEM、ODM 研发机构——韩国科玛强强联手，广泛地在产品研发、设备引进、生产工艺等各层面合作，确保产品品质的稳定性与一流性。同时，在湖州建成占地数百亩、国际一流的花园式化妆品工业城，全力打造品牌发展的基础。为加强团队的建设，珀莱雅吸引并造就了一支数量庞大的销售和培训精英团队。

3. 内外兼修，打造系统竞争力

2012年，珀莱雅的发展又到了一个新的分水岭。完善的管理制度、精益求精的产品质量和差异化的品牌诉求与文化成为推动珀莱雅发展的三驾马车。

(1) 组织系统层面建立珀莱雅企业文化，以此形成强大的凝聚力群体行为层面，完善内部制度，优化组织流程，建立标准化的 ERP(企业资源计划)、EHR(电子人资系统)、CRM(客户关系管理)等系统帮助管理个体行为层面即现代化企业管理。

(2) 在质量方面，珀莱雅建立了技术管理中心、生产管理中心、供应链管理中心等部门，不断强化产品质量基础。

(3) 品牌方面定位差异化，创造品牌的核心价值；产品差异化确保产品在目标市场上的地位、在竞争中处于优势；渠道模式差异化，既有模式的重组，发掘新的空白点；市场策略差异化，以政策市场为导向，创新会议模式，加强促销形式和力度；还有品牌文化差异化，建立独一无二的品牌诉求和文化内涵。

**【思考】**

1. 珀莱雅第一次创业时的营销组合策略与第二次创业的营销策略有何差异？

2. 2012年以来，珀莱雅营销组合策略的核心是什么？你对此有何建议？

**五、实训项目**

北京雪花电冰箱厂生产的电冰箱要销往石家庄，有如下三种销售渠道方案供其选择。

方案一：假设在石家庄开设一个门市部，每月可销售冰箱300台，这种冰箱的生产成本为每台1200元，由北京运往石家庄的运费每台75元，总成本为1275元，在石家庄的零售价为每台1650元，每台利润375元，每月盈利112 500元。如果这个门市部的每月房租45 000元，工作人员的工资和其他费用24 500元。

方案二：假设在北京找一个批发商，通过他把冰箱销往石家庄，每月可销售180台，每台的售价1275元(不包括运费)，每台利润75元。

方案三：假设在石家庄找三家特约经销商，他们在石家庄每月可销售450台，每台的售价1365元(包括运费)，每台利润90元。

模拟决策：根据本章学习的内容，从不同角度，分析选择哪种方案比较合适。

# 项目十　设计促销策略

**【知识目标】**

1. 理解产品促销的含义
2. 了解促销组合过程及相关因素
3. 了解人员推销策略
4. 了解广告策略
5. 掌握主要的公共关系工具

**【能力目标】**

1. 能够为企业产品撰写促销策略方案
2. 具有制订产品广告策略的能力
3. 能够设计推销人员组织与培训方案
4. 能够使用公共关系工具开展促销活动

**【导入案例】**

### 全球化时代快速消费品的广告策略

在复杂多变的全球化环境中，各类产品的广告设计和传播正面临前所未有的挑战。由于快消品具有"同质化程度高""品牌数量多"等明显特征，一种产品要从众多品牌中脱颖而出，其广告策略必须是极具创意且能适应全球化潮流的。在2010年，士力架巧克力启用的以"横扫饥饿，做回自己"（You're not you when you're hungry）为主题的全球性广告策略是值得研究的成功样例，该广告策略帮助它吸引了世界各地的众多消费者，显著提升了士力架的美誉度和影响力。

### 广告理念的全球化：讲好品牌故事

作为广告策略的灵魂或中心，广告理念引领乃至决定着广告的设计和传播。在全球化持续加深和流变的语境下，士力架巧克力广告适时更新广告理念，以通用性、地方化和生动化的叙事方式，演绎出产品的独特性和吸引力。

主人公由于饥饿，引发"言行异常……表现糟糕"乃至"个性缺失"等异己模样，但吃了士力架巧克力以后，其异常行为迅速消解。士力架"横扫饥饿，做回自己"主题广告的叙事脉络是相同的，但由于不同地域间受众文化的差异性，广告设计者邀请当地有代表性的人物扮演因饥饿而行为失控的主人公。在中国士力架广告中，两支男队进行足球比赛，当足球临进球门时，守门员因饥饿而手脚发软，柔弱似林黛玉，但在吃了队友递上的巧克力棒后，"林黛玉"瞬间恢复成健壮的小伙子，继续在球场上奋战。在美国，广告的主人公是步履蹒跚的美国老人Betty White，在日本则是美女演员泽尻绘里香。上述设计迎合了当地受众喜好，拉近了广告与受众的距离，成功实现了跨文化传播。

人类天生喜欢听故事，广告传播不能仅凭单一形式的呆板说教，讲好故事是广告传播的重要法宝。当我们学会为品牌讲故事，就会开启广告创意的洪荒之力。士力架将全球性故事进行地方化演绎，这是由"全球化思维，地方化行动"的理念所导引或决定的。

**广告传播的全球化：新老媒体共同发挥作用**

E·卡茨(Elihu Katz)的使用与满足理论认为，受众出于一定的动机而使用媒介，但不同媒体在本质特点与运行机制上相异，导致受众在心理和行为上的感受和效用也有所不同。因此，对于商家来说，选取合适的媒介平台进行产品广告传播是至关重要的。

在"横扫饥饿，做回自己"的主题广告推行初期，士力架将电视作为主要传播工具。电视是面向大众传播的主要传统媒体，在具有广泛传播功能的同时，也伴生着高成本、低互动和低选择等局限。面对各式各样广告席卷电视屏幕，在经历海量信息"轰炸"后，受众很难形成深刻的品牌印象。加之白领阶层工作繁忙，少有时间观看电视和留意广告，因此，士力架在使用电视的同时，也利用电影、网络媒体等广告平台。

随着网络技术的进步，脸书、推特、微博、微信等社交媒体、自媒体成为网民关注的平台。士力架加大数字媒体的广告投放，各大网站设有士力架的滚动广告，社交媒体平台组织丰富多彩的活动吸引网民的注意。在美国"超级碗"赛事期间，士力架在其脸书官网上举办了"让超级碗更甜"的主题活动。只要发短信"Sweet 50"到 87654 这个号码，观众便有机会免费赢得士力架超级聚会大礼包。该活动引起众多网友的兴趣，网友们在脸书上发表各种评论，相互交流意见，形成良好的网络口碑。报纸、杂志等纸质印刷品是士力架广告传播的补充渠道。报纸、杂志等媒介成本相对较低，在"分众化、小众化"的时代，不同风格或"档次"的报纸、刊物将吸引不同阶层的受众，因而，关于士力架的流行语言以及受众观点被刊登在日本、墨西哥、英国等众多国家的各类刊物上。户外媒体同样发挥着重要作用，士力架开办了多个旗舰主题公园，在街头设立户外广告牌、大屏幕等。这些户外媒体显而易见，容易引起路人注意，硕大的广告标语"横扫饥饿，做回自己"不断出现在人们的视野范围内，持续强化并引发人们的购买欲望和行为。

近年来，一些富有创新性的环境媒体成为新的广告平台。士力架广告出现在地铁列车的扶手、出租车车体、超市手推车甚至公共厕所的墙壁上，这些"令人意想不到"的非主流媒体在传播产品信息的同时，给人耳目一新的感觉。当然，士力架也不忘利用店内零售促销、口头推广等传统而直接的方式传播产品特色。

综上，无论是传统媒体还是新媒体，都与生俱来地具有优点与局限。当商家选用某种广告媒体时，其传播效果先天性地会受到一定减损。为了扬长避短，士力架广告将传统媒体与新媒体结合使用，多方式传播产品信息，进一步广泛影响世界各地的受众或潜在消费者。

（资料来源：张萌，《青年记者》，2018 年 11 月下，有修改）

【思考】

1. 分析士力架巧克力广告策略成功的原因。
2. 探讨营销者如果衡量广告策略的效果。

# 任务一　掌握促销与促销组合

促销是企业市场营销组合中的一个重要内容，营销活动能否成功，产品是基础和核心，价格是协调工具，分销是通道，促销是推进器，服务是保障。当今时代，货架上的商品琳琅满目，消费者可能根本无法注意到企业产品的存在。酒香也怕巷子深，促销的作用日渐突出，企业常用的促销方式主要有人员推销、广告、营业推广和公共关系。

由于市场竞争日益激烈，企业越来越多地运用一些促进销售手段来刺激中间商和消费者的购买行为，以达到带动销售的目的，要搞好促进销售，需要先了解促销的实质、促销的功能、促销的方式及促销策略等。

## 一、促销的概念

促销是企业综合运用人员推销、广告、营业推广和公共关系等手段，向消费者传递信息，引发、刺激消费者的购买欲望和兴趣，促使其产生购买行为的一系列活动。促销包含以下几层含义：

### （一）促销的核心是沟通信息

信息是一种资源，消费者不会主动去购买自己不了解的商品，若企业未将自己生产或经营的产品和劳务等有关信息传递给消费者，那么，消费者对此则一无所知，自然谈不上购买，所以企业要通过各种手段向消费者传递企业和产品的信息，引起消费者注意，让消费者了解企业，缩短消费者与企业的距离，有可能引发消费者的购买欲望。随着经济的发展，人们生活水平的提高，促销已不仅是一种单纯促成交易的商业活动，而且是发现需求、传播信息和知识、教育消费者、更新观念、创造需求的过程，所以促销实质上不仅是推销，更是双向信息沟通。

### （二）促销的目的是刺激消费者产生购买行为

促销是为促成销售的实现而不断告知和说服消费者的过程。在消费者可支配收入既定的条件下，消费者是否产生购买行为主要取决于消费者的购买欲望，而消费者购买欲望又常受外界影响。促销正是针对这一特点，通过各种传播方式把产品或劳务等有关信息传递给消费者，反复刺激，以激发其购买欲望，使其产生购买行为。

### （三）促销的方式有人员促销和非人员促销两类

人员促销也称直接促销，是一种传统的促销方式，是企业运用推销人员直接向消费者推销商品或劳务的一种促销活动，它主要适合于消费者数量少、比较集中的情况下进行促销，保险企业常用这种方式进行促销。非人员促销又称间接促销，是企业通过一定的媒体传递产品或劳务等有关信息，以促使消费者产生购买欲望、发生购买行为的一系列促销活动，包括广告、公关和营业推广等。它的影响面较宽，适合于消费者数量多、比较分散的情况下进行促销。企业在促销活动中一般将人员促销和非人员促销方式结合起来综合运用。

## 二、促销的作用

### （一）沟通信息

促销的实质就是信息沟通，信息沟通是产品顺利销售的保证。一方面，企业或中间商通过宣传介绍有关企业现状、产品特点、价格及服务方式和内容等信息，来诱导消费者对产品或劳务产生需求欲望并采取购买行为；另一方面，消费者或用户反馈对产品价格、质量和服务内容、方式是否满意等有关信息。通过信息在渠道系统的各个环节层层传递，使买卖双方加深了解，有利于企业更好地满足消费者的需求，促进销售，提高企业经济效益和社会整体效益。

## （二）突出特色

目前，市场竞争异常剧烈，产品呈现同质化趋势，大多数企业短时间内无法依靠技术创新实现核心产品的差异化，更多的是依靠形式产品和附加产品的差异化，个别产品的细微差别，消费者往往不易分辨。企业通过促销活动，宣传、说明本企业产品与其他同类竞争产品的不同之处，突出个性特色，激发消费者的需求欲望，变潜在需求为现实需求，促使消费者乐于认购本企业产品。

## （三）扩大销售

在促销活动中，营销者的推销活动，在一定程度上对消费者起到了教育指导作用，从而有利于激发消费者的需求欲望，变潜在需求为现实需求，实现销售。特别是在激烈的市场竞争中，企业运用适当的促销方式，开展促销活动，刺激市场需求，甚至创造需求，扩大销售。

【案例赏析】

### 刚刚，我被"饿了么"占了便宜

刚才，我居然被"饿了么"占了便宜。

到了午饭时间，我打开"饿了么"，点完准备付钱时，发现再加25元又能多减35元。我毫不犹豫又加了一份炒面，心里美滋滋。等到外卖小哥把餐送来，我才恍然意识到，自己被饿了么占了便宜！为了凑到满减价，我硬点的炒面根本吃不下。

"饿了么"为了诱导我过度消费，用了一种很高级的促销套路——隐性打折。所谓隐性打折，就是在促销的文案里，你压根看不见"折"这个字，而是换个说法，用各种心理错觉或正当理由等方式去变样打折，让你感觉占到了便宜。

我们来看一个有趣的实验，假如我们在一家餐厅吃饭，商家推出了两种促销方式（同样是8折）：（1）直接打折，消费满200元，打8折；（2）隐性打折，消费满200元，立减40元。

你觉得哪种比较划算？

经过验证，大部分人的第一反应都是觉得第二种比较划算。但冷静一想，咦？不对！其实两种方式的折扣优惠是一样的，消费满200元，立减40元，$160/200 = 0.8$，同样是8折！那么，同样是打折，并且同样的折扣力度，为什么我们第一反应觉得隐性打折更加划算？直接打折让你感觉产品便宜了，而隐性打折让你感觉占了便宜。便宜和占便宜一字之差，效果相差很大，占便宜更能让用户购买，因为"顾客要的不是便宜，而是感觉占到了便宜"。

隐性打折恰恰就是抓住了这一点：顾客爱占便宜。通过利用这点，隐性打折的销量也是蹭蹭地涨。

（资料来源：http：shichangbu.com，有修改）

【思考】

1. 直接打折与隐性打折的区别是什么？
2. 隐性打折是如何"占消费者便宜"的？

## 三、促销组合及其影响因素

### （一）促销组合

所谓促销组合，就是企业根据产品的特点和营销目标，将人员推销、广告、营业推广和公共关系四种手段有机结合与综合运用。这四种促销方法各有不同特点，在企业实现营销目标中所起的作用不同。因此，企业在实际促销活动中，往往要对这四种促销方法组合运用，如图10-1所示。

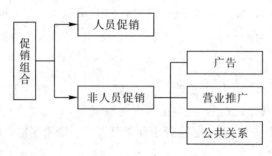

图10-1　促销组合示意

### （二）影响促销组合的因素

在促销组合中，以哪一种促销方法为主，哪一种促销方法为辅，需要考虑多方面的因素，一般在促销组合决策的制订中，主要应考虑以下几个因素：

#### 1. 促销目标

促销目标是影响促销组合决策的首要因素，它是企业从事促销活动所要达到的目的。企业在营销的不同阶段，有不同的促销目标。每种促销工具都有其特性和成本，促销组合决策的制订，要符合企业的促销目标，根据不同的促销目标，采用不同的促销组合策略。如追求长期占领市场的目标，要选择公共关系这一手段来实现目的；追求短期快速获利的目标，应选择人员推销、广告和营业推广的方式。

#### 2. 产品因素

（1）产品的性质。由于产品性质的不同，消费者及用户具有不同的购买行为和购买习惯，因而企业所采取的促销组合也会有所差异。一般来说，在消费品市场，因市场范围广而更多地采用拉式策略，尤其以广告和营业推广形式促销为多；在工业品市场，因用户购买批量较大，市场相对集中，则以人员推销为主要形式。

（2）产品的市场生命周期。产品生命周期的不同阶段，促销目标不同，促销组合也不同。以消费品为例，在导入期广告为主要促销形式，以营业推广和人员推销为辅助形式；在成长期，仍需广告宣传，辅之以公关手段；在成熟期，利用广告突出自身产品与竞争产品的差异和特色，配合适当的营业推广方式；在衰退期，采用提示性广告，并辅之以营业推广和公关手段。

（3）产品价格。产品价格不同，促销也有所不同。高价消费品运用广告外，辅之以人员推销；低价消费品多用广告，少用人员推销。高价工业品宜用人员推销，低价工业品采用人员推销时，适当使用广告。

### 3. 市场条件

市场特点也是影响促销组合决策的重要因素。受不同地区的文化、风俗习惯、经济政治环境等的影响，促销工具在不同类型的市场上所起作用是不同的。从市场地理范围看，若促销对象是小规模的本地市场，应以人员推销为主；而对全国甚至世界市场进行促销，则多采用广告形式。从市场类型看，消费品市场因消费者多而分散，多数靠广告等非人员推销形式；而对用户较少、批量购买、成交额较大的工业品市场，则主要采用人员推销形式。总之，市场条件不同，促销组合与促销策略也有所不同，企业应综合考虑市场和促销工具的特点，选择合适的促销工具，使它们相匹配，以达到最佳促销效果。

### 4. 促销预算

企业开展促销活动，必然要支付一定的费用。费用是企业经营十分关心的问题，并且企业能够用于促销活动的费用总是有限的。因此，在满足促销目标的前提下，要做到效果好且费用省。企业确定的促销预算额应该是企业有能力负担的，并且是能够适应竞争需要的。为了避免盲目性，在确定促销预算额时，除了考虑营业额的多少外，还应考虑到促销目标的要求、产品市场生命周期等其他影响促销的因素。

### 5. 各种促销方法的特点

人员推销、广告、公共关系宣传和销售促进四种促销方法各有其长处、短处和适用条件，可归结如表10-1所示。

**表10-1　不同促销方法的优点和缺点**

| 促销方法 | 优　　点 | 缺　　点 |
|---|---|---|
| 人员推销 | 方法灵活，容易与买方交流、针对性强、效果显著 | 费用比较高、影响面小、人才难觅 |
| 广告 | 传播范围广泛、渗透性强、影响力大、适用范围广泛 | 单向传播、说服力小、成交效果差 |
| 公共关系宣传 | 可以取信于社会公众、影响力大、作用持久 | 企业不容易控制、见效比较慢 |
| 销售促进 | 吸引力大，能收到立竿见影的效果，易于促成交易 | 时效短、使用频繁则会失效、只能作辅助工具 |

通过分析和比较各种促销方法的特点，可以使营销人员根据需要有侧重地选择不同的促销方法，实现各种促销方法的整体协调，达到预期的目的，在此基础上，综合考虑以上及其他因素。

影响促销组合的因素是复杂的，除上述因素外，企业的营销风格、销售人员素质、整体发展战略、社会和竞争环境等不同程度地影响着促销组合的决策。营销人员应审时度势，全面考虑才能制订出有效的促销组合决策。

## 任务二　掌握人员推销策略

罗伯特·路易斯·斯蒂文森曾经说过，"每个人都要靠卖些什么东西而活着"。企业使用销售团队将产品和服务销售给其他企业顾客或者最终消费者。但是销售团队也存在于一些其他类型的组织中，比如学校、政府、文化和艺术组织等。人员推销是销售组合的人际方式。企业的销售队伍通过亲自与顾客互动并建立顾客关系创造并传达顾客价值。

# 一、人员推销的含义及其形式

## （一）人员推销的含义

### 1. 广义的人员推销

人员推销是指人们在社会生活中，通过一定的手段和方法向既定对象传递信息，使自己的意愿、观念和要求得到他人接受的活动。当今的社会是一个充满推销的社会，无时无处不存在着推销。

### 2. 狭义的人员推销

人员推销是指商品或劳务推销，是企业利用人员，在一定的环境下，运用一定的技术和手段，说服消费者接受产品或劳务，实现满足顾客需求又促进产品销售双重目的的活动。

（1）推销主体。推销主体不再只是指专门从事产品推销的推销人员，而是所有参与影响顾客购买的人员。企业的所有人员都可能是推销人员，包括专职推销人员、送货人员、寻找和接受订单的人员、宣传人员、服务人员、接待人员等。

（2）推销职能。推销的职能不再只是推销产品，扩大销售，而且还要了解市场，开拓市场，与顾客建立和谐的关系，树立个人和企业的良好形象，这就要求推销人员有很高的业务素质。

（3）推销出发点。推销的出发点不再只是企业生产出的现有产品，而是市场上消费者的需求和未能被满足的需求以及消费者没有认识到的需求。

（4）推销目的。推销的目的不再只是把产品销售出去，而是让顾客满意，以谋取企业长期合理的利益。

## （二）人员推销的形式

### 1. 上门推销

上门推销是最常见的人员推销形式，即推销人员携带推销用品直接上门与顾客面对面地针对顾客的需求进行双向沟通的推销方式。

### 2. 柜台推销

柜台推销又称为门市销售，是指推销人员（营业员）在固定的门市接待来客并向顾客推销产品。它能满足顾客多方面的需求，是顾客较容易接受的推销方式。

### 3. 会议推销

会议推销是指推销人员利用各种会议向顾客介绍、宣传和推销商品，它能集中向多个顾客推销，成交金额大，效果比较好。

### 4. 电话推销

电话推销是推销人员利用电话等通信手段向顾客传递销售信息进行的推销。

**5. 互联网推销**

互联网推销是推销人员利用互联网手段向顾客传递销售信息进行的推销。

## 二、人员推销的任务及其特点

### (一) 人员推销的任务

(1) 收集市场情报,服务企业营销决策。推销员要了解市场供求情况,了解竞争对手的营销策略,为本企业制订正确的营销策略提供依据。

(2) 传播和沟通信息。把推销信息有效地传给顾客,同时把顾客的意见及时反馈给企业。

(3) 发现市场。不断地寻找既有购买意愿又有购买能力的准顾客,不断地变换推销条件来开拓新的市场和顾客。

(4) 推销产品。这是推销员最根本的任务,推销员要努力说服顾客,促成交易的实现。

(5) 收取货款。这也是推销员的一项重要职责,商品出售出去以后,若不能足额地收回货款,则是推销工作的最大失败。推销员一定要千方百计、及时足额地收回货款。

(6) 建立良好的人际关系和企业形象。推销工作,没有良好的人际关系就寸步难行,推销成功的前提是推销员要能给顾客一个好的印象,良好的人际关系和良好的企业形象易于取得顾客的信任和理解。

(7) 为推销对象提供最佳服务。服务是整体产品的一个重要组成部分,它是树立企业形象的一种重要手段,是取得顾客信任的基础,是推销成功的一大法宝。

(8) 为推销对象提供产品知识。向顾客提供产品的购买、使用和维护知识,是现代推销的一个基本特征。推销产品知识,可以使顾客的无需求变为有需求,潜在需求变为现实需求,负需求变为正需求。

### (二) 人员推销的特点

(1) 推销员与顾客可以进行面对面的交流。通过面对面的交流,可以根据顾客的心理变化调整推销的方法和技巧,增强工作的针对性,减少无效劳动。

(2) 便于推销员与顾客培养良好的人际关系和友谊;代表着企业和顾客利益的推销人员可以通过公平、公正地交易和诚实的态度与顾客建立起友谊,有利于发展长期合作关系。

(3) 推销员反映及时,便于提高推销效率。推销是一种双向沟通,对于顾客的意见和不满,推销员可及时地做出反映,有针对性地解除顾客的疑惑和偏见,从而提高推销的效率。

(4) 费用开支较大。人员推销的费用比其他促销方式的费用都大,它一般要占销售额的 $8\%\sim15\%$。

(5) 对推销人员的素质要求较高。推销人员的素质直接影响着顾客对企业和产品的印象,并且不同的顾客对推销人员的评价又不一致,若推销员无较强的素质,就不可能使顾客产生信任。

(6) 宜于进行专业性强、性能复杂的工业用品的推销。

（7）须用广告等非人员推销（间接推销）加以配合。

人员推销不是万能的，不能单兵独进，需要非人员推销方式加以配合。

# 三、推销人员队伍的建设与管理

## （一）推销人员的选聘、分工和培训

### 1. 推销员的选聘

要拥有优秀的推销员，必须做好选聘工作，一是向社会招聘，二是从企业内部筛选。从社会招聘，主要是从学校、竞争对手和其他社会人员中招聘。

### 2. 推销人员规模的确定

推销员的数量往往决定着推销的力量，而推销力量往往又决定着企业的销售额，但是，推销人员的增加又会增加推销费用。所以，要确定适宜的推销员规模，一般是采用工作负荷量法来确定，其计算公式为

$$S = \frac{(C_1 \times V_1 \times L_1) + (C_2 \times V_2 \times L_2)}{T}$$

式中：$C_1$ 表示企业现有顾客数量，$V_1$ 表示每年现有顾客平均访问次数，$L_1$ 表示现有顾客每次访问时间；$C_2$ 表示潜在顾客数量，$V_2$ 表示潜在顾客每年访问次数，$L_2$ 表示潜在顾客每次访问时间；$T$ 表示每个推销员的全年有效访问时间，大约占推销员全年工作量的 70%。

### 3. 推销员的分工

为提高推销的效率，要对推销员的工作进行合理的分工。分工的方法一般有以下三种：

（1）按区域分工：根据推销员的工作能力、能推动多少顾客和能负荷多大的地区工作量，分配其所管辖的地域。这是一种常用的方法，用这种方法可以使推销员与顾客建立深厚的联系，巩固好已开发的市场。对于产品类别较少的企业，可以采用这种方法。

（2）按产品类别分工：按照企业的不同产品，让推销员从事不同产品的推销。这种方法便于推销员熟练地针对某种产品采用特殊的推销技巧。对于生产多种产品，并且产品在技术上有较大差别的企业可以采用这种方法。

（3）按用户类型分工。按照产品使用者的不同来分工。这种方法便于推销员根据顾客的特点进行有针对性的推销。对于生产某一种类型的产品，而用户类型不同的企业可以采用这种方法。

### 4. 推销员的培训

推销员是专门从事推销工作的人员，在市场经济条件下，推销人员是企业极为重要的工作人员，其重要性取决于推销工作的重要性。在激烈的市场竞争中，企业对推销员的素质要求越来越高，因此，必须对推销员进行培养和训练，使其更多地胜任推销工作。推销员的培训分为企业培训和自我培训。

（1）企业培训。由企业根据推销员的特点和工作中存在的问题，制订培训目标、培训项目、培训内容、培训步骤和培训计划，采用一定的方法对推销员进行系统的培训。

（2）自我培训。这是推销员要经常使用的方法。推销人员要掌握正确的学习方法，要

提高自己的意志力和自控力，要正确理解推销工作的意义和价值，树立正确的工作态度。

### （二）推销人员的评价与激励

#### 1. 推销人员的评价

推销人员的评价包括以下三种：

（1）绩效评定：评价推销计划的执行和完成情况、新增顾客的数目。

（2）绩效比较：对推销员的过去与现在的绩效进行比较，对推销员之间的工作绩效进行比较。

（3）素养评估：评估推销员对产品、企业、顾客、竞争对手和职责的了解程度，也包括对推销员的风度、气质、言谈、仪表进行评估。

#### 2. 推销人员的激励

推销人员的激励主要包括以下两种：

（1）奖励。对推销员进行物质和精神两个方面的奖励。物质奖励是对推销工作圆满完成者给予相应的经济报酬。精神奖励是给予表扬、晋升、荣誉或放权压责。

（2）监督。通过严格的规章制度、推销计划和推销员工作报告等对推销员进行及时有效的监督和控制。

# 任务三　掌握广告策略

广告具有悠久的历史，自从人类社会出现商品交换和市场以来，就产生了广告。罗马人在墙上绘画，宣布角斗士的搏斗；在希腊的黄金时期，街头公告员会宣布牛、手工艺品甚至化妆品的出售。现代广告则比这些早期的广告的花费多，世界最大的广告主宝洁公司2013年在美国的广告支出大约为50亿美元，其全球广告支出超过112亿美元。

## 一、广告的概念

广告的定义随着时代的发展而变迁。早期，人们通常把凡是以说服方式（包括口头方式和文字、图面等）进行的、有助于商品和劳务销售的公开宣传，都称为广告。这是所谓广义的广告。随着时代的发展，人们逐步把广告的概念进一步界定，形成狭义的广告或营销活动中的广告。在营销活动中，广告也称商业广告，是指由特定的广告主有偿使用一定的媒体，传播商品和劳务信息给目标顾客的促销行为。

第一，广告的对象是广大消费者，是大众传播，不是人员推销的个人传播行为。

第二，广告内容是传播商品或劳务方面的经济信息。

第三，广告手段是通过特定的媒体来进行的，对租用媒体要支付一定的费用，它有利于新闻传播。

第四，广告的目的是促进商品或劳务的销售，取得利润。

## 二、广告策略及广告媒体的选择

### （一）广告策略

广告策略是企业在广告活动中为取得更显著的经济效果而采取的行动方案和对策。在制订广告策略时,一般应考虑广告的传播对象、内容、时间、地点和媒体这五大要素。

(1) 对象。在广告五大要素中,传播对象最为重要。企业应明确的是,从广告对象的心理活动出发了解广告对象想什么,要求什么,最能满足他们需要的是什么。广告的通病是注意物而不注意人,因此,对象的确定,首先要把可能的消费者按性别、年龄和职业等进行细分,然后确定主要对象和次要对象,针对主要对象开展广告宣传。

(2) 内容。要向广告对象传播哪些信息,这就是广告内容的范畴。要明确向消费者做出什么承诺与保证。消费者视听广告关心的重点是广告宣传的产品或劳务能给他带来什么好处,能满足他什么需要,因此,广告内容除对产品的一般介绍外,还要突出承诺与保证这两方面的宣传。

(3) 时间。广告发布的时间应为广告目标服务,不同目标要求不同的时间安排。一般分为集中时间、均衡时间、季节性时间、节假日时间,企业要根据自己的主营商品的特点,选择最佳广告时机。

(4) 地点。地点选择也是广告策略要素之一。确定广告地点,首先要考虑该地区对产品需求量的大小;其次要考虑对本企业产品的需求量;还要考虑开拓新的重点市场,重点放在争取新顾客、新市场上。

(5) 媒体。不同的广告媒体,有不同的传达性、吸引性和适应性,因而不同的广告策略应慎重选取广告目标传递信息的媒介物,把媒体与广告目标、广告对象、广告表现形式以及广告费用结合起来考虑。

## (二) 广告媒体的选择

广告所发出的各种信息,必须通过或加载到一定媒体上才能传达给消费者。广告媒体是在广告主与广告接受者之间起媒介作用的载体,是广告者用来进行广告活动的物质技术手段。报纸、杂志、电视和广播是广泛使用的广告四大媒体。

广告媒体有多种类型,按媒介物可分为:① 电波媒介,如电视、广播、电影、灯箱和显示终端等;② 印刷媒介,如报纸、杂志、图片、商标、说明书和包装装潢等;③ 场所媒介,如户外广告模型、陈列、造型、橱窗、路牌、交通工具等。

由于不同的广告媒体有不同的特点,起着不同的作用,各有利弊,选择时应着重考虑产品的性质、消费者的媒体习性、媒体的流通性、影响力及成本等因素。常见媒体的差异如表 10-2 所示。

表 10-2　常用媒体差异对照表

| 媒体 | 影响范围 | 表现力 | 时效性 | 成本 | 针对性 |
| --- | --- | --- | --- | --- | --- |
| 报纸 | 较广泛 | 弱 | 较强 | 较高 | 较弱 |
| 杂志 | 较狭窄 | 较强 | 弱 | 较高 | 强 |
| 广播 | 广泛 | 较弱 | 强 | 较低 | 弱 |
| 电视 | 广泛 | 强 | 较强 | 高 | 弱 |

## 三、广告创作应注意的问题

为使广告活动取得预期效果,除认真研究各种主客观因素,选择广告媒体,拟订广告预算外，还必须精心设计和制作广告。创作良好的广告脚本应注意以下几个问题：

### 1. 引起注意

只有引起消费者的注意，才能达到广告宣传的目的，因此，制作广告首先要使消费者对宣传的事物产生注意力，通过各种方式吸引消费者。从心理学上讲，注意分为无意注意和有意注意。前者指无目的的、由外部刺激所引起的注意；后者指自觉的、由本身发生的刺激所引起的注意。现实生活中大部分注意都是无意注意，而广告制作就是要力求使顾客由无意注意转为有意注意。

### 2. 把握兴趣

在引起注意的基础上，要进一步诱发顾客的兴趣。强调产品利益，可以引起顾客的关注和好奇心，这是把握兴趣的关键。此外，由于消费者的文化、职业和年龄的不同，兴趣各异，应针对具体情况，从广告语言、氛围、造型等方面适应消费者的不同需要。

### 3. 形成愿望

在拟订广告脚本时，应运用心理学或社会学的技巧，以理智和情感的因素，触动消费者对某一产品产生需求，触发其购买动机。

### 4. 诱导行为

必须使消费者深信企业的产品确实可满足其需要，并使其态度倾向于广告提示。由于消费者需求不同，故应区别异质产品，区分潜在市场，并分别做提示，建立商标印象，促进诱导工作的完成。

# 任务四　懂得营业推广策略

营业推广的例子随处可见。比如：本地超市过道尽头的货架上堆满一打一打的可口可乐降价促销；购物网站食品买满199减100；凭借你钟爱的杂志里的家具产品广告，购买将会获得8折优惠；购买新款三星笔记本电脑将免费获赠内存升级；等等。营业推广包括一系列用来刺激更早的或者更强的市场反应的促销工具。如果说广告和人员销售是让人们"购买"，那么营业推广就是让人们"马上购买"。

## 一、营业推广的含义及其特点

营业推广也称为销售促进，是指在目标市场中为刺激顾客的近期需求而采取的能够对目标顾客快速产生激励作用，以快速促进营业额提高的促销措施。

营业推广的特点有以下三点：

第一，促销效果显著。它能在短时间内提高营业额，有立竿见影的促销效果。

第二，起促销的辅助作用。人员推销、公共关系和广告宣传是常用的促销方式，其作用是长期的，而营业推广是短期的，只能作为辅助的促销形式。

第三，会影响商品和企业形象。频繁使用或不正确使用营业推广，会使顾客对产品质量和价格产生怀疑，贬低产品的价值，影响企业形象。

## 二、营业推广的策略

### (一) 影响企业营业推广策略的因素

企业在制订和实施营业推广方案时，一般应考虑如下因素，以确保取得良好的推广效果。

**1. 推广目标**

营业推广的目标是制订营业推广方案的首先应考虑的因素。一般有以下目标：重复购买、大量购买、开拓新市场、抵制竞争对手、建立零售商品牌忠诚度、促销商品、鼓励推销员推销。

**2. 推广费用**

从促销费用中抽出一定的比例用于营业推广，费用多时可多搞一些活动，规模可以大一些。

**3. 对象**

应鼓励现实和可能的顾客加入，限制不会成为企业长期顾客的人加入。

**4. 媒体工具**

要根据推广的目标和目标特点选择适宜的顾客喜爱或能接受的媒体和工具，力求取得最好的效果。

**5. 时机与期限**

时机要选择在销售不景气、与竞争对手处于僵持阶段或企业有喜庆时。时间不宜太长或太短，太长无异于长期降价，太短难以达到预期的效果，一般以顾客平均购买周期为最佳。

### (二) 营业推广策略

**1. 确定推广目标、对象、规模和费用**

根据企业自身的情况，从众多推广目标中选择一种或几种。根据目标确定营业推广的对象，可以是消费者、中间商或推销人员，也可以通过限制条件只对一部分消费者进行推广。推广费用根据推广的目标和规模来确定。

**2. 确定营业推广的方式和工具**

根据市场类型、促销目标、竞争环境、各种推广方式的费用和效益、政策法令、道德准则、产品特性、消费者的心理和消费习惯等，选择适宜的方式和工具。

**3. 确定最佳的推广途径**

不同的推广方式、工具要通过不同的途径才能达到理想的效果。例如，采用折价券可以通过四种途径：一是放在包装内；二是向来往的顾客散发；三是邮寄出去；四是附在广告媒体上。不同的途径针对的人群不同，促销的效果也会有所不同。

**4. 确定推广的地点、时机与时间**

要根据推广的对象和心理，选择适宜的地点、时机和时间。

**5. 实施营业推广活动**

在实施活动前，要进行小范围的可行性和合理性的测试，要注意与宣传相结合，要严格认真，兑现承诺，严格控制费用预算和用途。

**6. 营业推广效果评价**

活动结束后，要对营业推广的效果进行评价，评价的内容和方法主要有：对目标消费者进行调查，了解顾客的反应和态度；对活动前后的销售额或销售量进行比较；分析活动结果与计划相比的差异程度等。通过评价总结经验教训，改进以后的营业推广策略。

【案例赏析】

### 促销的真相：用户焦虑了，转化率就上升了

在一份精心设计的高质量促销方案里，价格绝对只是表面上的主角，背后其实隐藏着真正的主角。先思考一个问题，也是电商人恒久关心的：如何提高产品转化率？这道题其实没那么好回答，因为话题比较大。那么，我们换个角度，思考一个简单的问题：为什么促销期间的转化率一般都会比平时高？估计很多人马上想到：因为降价带来了实惠。嗯，价格是一个因素，不过也不一定是真的降价了。很多运营常常会陷入一个误区：促销＝降价；设计促销活动＝要跟老板申请低价。

不过，价格实惠就一定能带来高转化率吗？

很显然，这里面是有问题的。那么，到底为何促销常常能提高转化率呢？促销的真相：用户焦虑了，转化率就上去了！在一份精心设计的高质量促销方案里，价格绝对只是表面上的主角，背后隐藏的真正主角其实是：如何设计出用户的焦虑感。这份焦虑感会不停地催促着用户赶紧下单：再不买就要等到明年"双11"了！满200减100的优惠券还不赶紧抢？还剩1分钟活动就要结束，来不及了！超低价的iPhone快被抢完了，库存告急……

以上这些情景，都是我们非常熟悉的。不断出现的催促，不断积累的焦虑，不断上升的转化率，这才是促销的真相。

找对了切入口，才能看到问题的本质。

每做完一场促销活动，运营一般都要做分析和总结。只是这些分析报告中，常常写的是数据好不好、海报漂不漂亮、推广渠道用了多少、谁的价格更低等。但是，如果我们从焦虑感的角度来重新分析，是否能看出些不同呢？就以京东"618"的活动页面为例：主色调选择了代表着亢奋与冲动的红色；使用"狂欢""疯抢"以及"大额返现"这样的煽动字眼；三个模特都是一副焦躁且充满感染力的夸张表情……发现了没，换个角度后，我们才算是从海报中看出一点真正的门道：用多元素组合出一张暗藏着焦虑感的促销页面。

（资料来源：市场部 shichangbu.com，有修改）

【思考】

促销（营业推广）的真相是什么？试举例分析。

## 任务五　掌握公共关系策略

作为促销组合的一部分，公共关系的含义是指这样一种管理职能：评估社会公众的态度，确认与公众利益相符合的个人或组织的政策与程序，拟订并执行各种行动方案以优化组织内部和外部环境，塑造组织良好的社会形象，争取社会公众的理解与接受，努力增强组织的竞争与发展能力。公共关系的主体可以是组织，也可以是个人。当前公共关系发展的一个显著特点就是企业组织、非营利组织和政府已构成了当代公共关系的三大主体。公

共关系客体(对象公众)也很广泛,既包括组织内部公众,如股东、员工等,也包括外部公众,如消费者、新闻媒体、金融机构、政府、业务伙伴、竞争者等。

## 一、公共关系的含义

公共关系(public relations)是指某一组织为改善与社会公众的关系,促进公众对组织的认识、理解及支持,达到树立良好的组织形象、实现组织与公众的共同利益与目标的管理活动与职能。它的本意是企业或其他组织必须与其周围的各种内部、外部公众建立良好的关系。它是一种状态,任何一个企业或个人都处于某种公共关系状态之中。它又是一种活动,当一个组织或个人有意识地、自觉地采取措施去改善自己的公共关系状态时,就是在从事公共关系活动。

对于一个企业而言,企业的公共关系形象包括产品形象、服务形象、员工素质形象、环境保护形象和社会成员形象等。良好的公共关系形象无疑是企业的无形资产,可有效促进企业与顾客及合作伙伴的沟通,增强企业产品的市场吸引力。

**【案例赏析】**

### 250 定律

美国著名汽车推销员乔·吉拉德,连续 12 年平均每天销售 6 辆汽车,此"吉尼斯"世界纪录至今无人能破。乔·吉拉德的成功与他总结出并始终遵循的"250 定律"有很大关系。乔·吉拉德认为,每一位顾客身后都大约站着 250 个人,这些人是他比较亲近的同事、邻居、亲戚、朋友。如果一个推销员赢得了一位顾客的好感,就意味着赢得了 250 个人的好感。反之亦然,如果一个推销员在年初的一个星期里见到 50 个人,其中只要有 2 人对他的态度感到不愉快,到了年底,就可能有 500 个人不愿意和这个推销员打交道。乔·吉拉德在推销时,总是恪守"顾客就是上帝"的铁律,不论在什么情况下,都把顾客放在第一位,尽力赢得每一个顾客的好感,从而使得他的推销工作得心应手、屡创佳绩。

谁能赢得顾客的好感和信任,谁就能吸引住顾客,就能在竞争中立于不败之地。而让顾客相信自己、选择自己的前提,就是要以"诚信"为本,不让顾客"吃亏上当"。营销者必须认真对待身边的每一个人,因为每一个人的身后,都有一个相对稳定的、数量不小的群体。善待一个人,就像拨亮一盏灯,照亮一大片。

(资料来源:百度百科,有修改)

**【思考】**

试解释"250 定律:不得罪一个顾客"。

## 二、公共关系的职能

一般说来,企业公共关系的目标是促使公众了解企业形象,通过企业与公众的双向沟通,改善或转变公众态度。公共关系作为一门经营管理的艺术,其职能主要表现在信息监测、舆论宣传、沟通协调、危机处理等四个方面。

### (一)信息监测

公共关系所需监测的信息范围很广,归纳起来主要有两大类,即产品形象信息与企业形象信息。产品形象信息包括公众特别是用户对于产品价格、质量、性能、用途等方面的反映，对于该产品优点、缺点的评价以及如何改进等方面的建议。企业形象信息则包括公众对本企业组织机构的评价，如机构是否健全、办事效率如何等；公众对企业管理水平的评价，如对经营决策和营销管理的评价等；公众对企业人员素质的评价，如对决策者的战略眼光、决策能力、创新精神及员工的专业化水准及敬业精神等方面的评价；公众对企业服务质量的评价，如对服务态度、服务质量及责任感等方面的评价。根据上述动态信息的监测结果，企业公共关系人员应及时就相关问题进行评估和分析，并将信息反馈到决策层，以便进行相应的协调和控制，从而改进产品质量或管理水平。

### （二）舆论宣传

企业应重视通过广播、电视、报纸杂志等大众传媒的宣传，或通过策划相关的公共关系活动，来增进公众对企业或产品的正面了解，形成正面的评价。公关宣传相对广告而言，更加真实可信，更易为公众所接受，能给公众留下难忘的印象，但费用却微乎其微。

### （三）沟通协调

对内而言，借助情感沟通和心理认同，增强企业的凝聚力；对外而言，要积极争取公众对企业的理解和信任。一旦出现矛盾和纠纷，应设法及时进行有效的沟通，防止矛盾扩大，消除不良后果。

### （四）危机处理

企业环境监测是公共关系部门的重要职能之一。信息监测工作的一个重要任务，就是通过合理的工作机制进行危机预警管理。当企业遇到风险或危机事件有可能使企业形象受到损害时，公关人员应该及时应变，妥善处理危机。在查清事情原因的前提下，区别对待。这里有两种可能的情形：一是对公众的误解或他人的蓄意陷害。对此要利用大众传媒进行必要的、充分的解释。公关人员不应该采取与公众对立的粗暴态度，而应以事实说话，帮助公众认清事实，必要时可借助行政或法律手段来保护企业形象和利益。二是确因企业自身过失危害了公众利益。对此公关人员应实事求是，主动承担责任，并应尽早将处理结果和改进措施公之于众，以显示企业的诚意，获得公众的谅解，使恶劣影响减小到最低限度，帮助企业重振声誉。

【案例赏析】

#### 危机公关，究竟该如何应对？

D&G危机事件，涉嫌辱华的品牌广告，潜藏着品牌危机，网友和D&G的设计师的争执，D&G的设计师的粗暴回应，使得危机逐渐爆发。D&G事件更多的是因文化冲突引发的危机公关，因为为不同文化差异，D&G对待中国及中国消费者缺乏足够尊重，缺少认同，成了典型的反面教材。同样是文化冲突引发的危机，丰田公司"霸道"广告的危机公关处理，却可圈可点。

丰田也曾因"霸道"广告危机事件而闹得满城风雨。丰田公司在"霸道"车广告宣传页上，两只石狮蹲在路的两侧，其中一只挺身伸出右爪向"霸道"车作行礼状，该广告的文案设计为：霸道，你不得不尊敬。传统观念认为，石狮是我国民族传统文化的象征。有消费者认为丰田公司选择这样的画面为其做广告有辱民族尊严。《解放日报》以"日本丰田汽车霸道广告有辱民族尊严"为题，报道了该危机事件的详细情况。在当天，几大门户网站及相当多的媒体也进行了转载，这件事引起了国人极大的关注。一时间，触动了中国人敏感的民族情绪，引起轩然大波，群情激昂，以至于声讨不断。

然而，丰田公司在危机事件汹涌而来的时候，其管理者却表现得不慌不忙，使出了五记杀手锏，有章有法，可圈可点，终于有效地化解了危机事件。许多媒体对此事件进行报道之后，丰田公司立即召开由公司多位高层参加的媒体座谈会，并在当天发布了道歉书。从而使关注此次事件的读者和媒体在最短时间内了解了丰田公司的态度，平息了事件的进一步发展。在丰田公司的致歉信中，丰田管理者没有为这次危机事件寻找任何开脱的理由，而是对此致以诚挚的歉意。而在谈及创作广告的乙方公司时，一汽丰田汽车销售有限公司总经理这样回答：出现这样的事情，完全是我们自己的责任，应该由我们来承担。

丰田公司通过在座媒体向中国消费者是这样道歉的：虽然我们在投放广告之前没有任何恶意，可由于我们表达得不妥帖，在中国消费者中引发了不愉快、不好的情绪，对此我们表示十分遗憾。丰田公司在危机事件发生后首先停发了这两则广告，并在一些媒体发布致歉信，同时也在丰田网站上登出。为了防止类似的危机事件的发生，企业正在采取相应措施，以坚决杜绝类似事件的发生，我们希望在最短时间内取得消费者的谅解和信任。在座谈会上，丰田公司还说明这两则广告其实都是中国人设计的。"但是，我们是广告主，我们要负责任。"

企业在发生危机事件时，用恰当的语言和恰当的方式向公众说明事实真相是十分必要的。尽管丰田公司的广告是广告公司制作的，也是由中国人创意，但是并没有以此来推脱，而是真诚地表达歉意并表示愿意承担责任，使媒体和公众在心理上不反感的前提下认可了该危机事件发生的缘由，最终得到了谅解和信任。

后来，丰田这款霸道已改名为普拉多。

（资料来源：市场部 shichangbu.com，有修改）

**【思考】**

1. 丰田公司的危机公关是如何化险为夷的？
2. 危机公关处理应该注意哪些问题？

## 三、公共关系活动

公共关系的目标和功能是通过有计划的、具体的公共关系活动来实现的。然而与其他沟通和促销手段相比，公共关系一般难以起到立竿见影的效果，它往往立足于企业的长远目标，通过长期的努力来影响或引导公众的认知和态度。通常，企业所采用的公共关系活动主要有以下几种。

### （一）调研活动

企业通过民意调查、传媒监测等多种方式来收集企业内部与外部环境的变化信息，以了解公众对企业及其产品的态度、意见和建议，了解竞争者的动向及其给本企业可能造成的影响。公关调研有助于企业及时掌握公众的态度和要求，通过相应的努力保持企业与公众之间良好的沟通关系。

### （二）专题活动

企业可通过举办或参加一些专题活动来加强与有关公众的信息沟通和情感联络。如遇有重大事件或纪念日，公关人员应策划、组织相关的新闻发布会、庆典纪念会等，并以此为契机传播企业的形象及相关动态信息。此外，企业还可通过组织与参加产品展销会、博览会等活动，更加直接地介绍、推荐本企业的产品。

### （三）媒体传播

公关人员的一个主要任务就是发掘或创造对企业或其产品有利的新闻。新闻的编写要善于构想出故事的概念，以争取传媒采用。公关人员必须尽可能多地结识新闻编辑人员和记者，以获得较多较好的有关本企业的新闻报道。

### （四）事件策划

企业公关人员应利用或策划一些可能有助于提高企业知名度与美誉度的事件，经过富有创意的设计和渲染来吸引公众的关注，特别是要吸引并方便传播的报道，如举办研讨会、运动会、公益赞助、征文等。

### （五）外联协调

企业应设法与政府、银行、传媒、行会等有关各界建立并保持稳定的联系和良好的沟通，经常并主动地向这些公众介绍本企业的动态信息，听取其意见或建议，争取其理解与支持，这将有助于企业营造有利于自身发展的良好的外部环境。

### （六）其他日常活动

公关人员的日常工作还包括企业宣传材料的编写、制作；礼宾接待；企业内部的沟通；为企业发展献计献策以及一些临时性活动的组织与安排等。

# 项 目 小 结

（1）促销是企业综合运用人员推销、广告、营业推广和公共关系等手段，向消费者传递信息，引发、刺激消费者的购买欲望和兴趣，促使其产生购买行为的一系列活动。促销包含以下三层含义：促销的核心是沟通信息；促销的目的是刺激消费者产生购买行为；促销的方式有人员促销和非人员促销。

（2）人员推销是销售组合的人际方式。企业的销售队伍通过亲自与顾客互动并建立顾客关系创造并传达顾客价值。

（3）在营销活动中，广告也称商业广告，是指由特定的广告主有偿使用一定的媒体，传播商品和劳务信息给目标顾客的促销行为。

（4）营业推广也称为销售促进，是指在目标市场中为刺激顾客的近期需求而采取的能够对目标顾客快速产生激励作用，以快速促进营业额提高的促销措施。营业推广包括一系列用来刺激更早的或者更强的市场反应的促销工具。如果说广告和人员销售是让人们"购买"，那么营业推广就是让人们"马上购买"。

（5）作为促销组合的一部分，公共关系的含义是指这样一种管理职能：评估社会公众的态度，确认与公众利益相符合的个人或组织的政策与程序，拟订并执行各种行动方案以优化组织内部和外部环境，塑造组织良好的社会形象，争取社会公众的理解与接受，努力增强组织的竞争与发展能力。

# 巩 固 与 提 高

## 一、判断题

1. 人员促销的双重目的是互相联系，相辅相成的。　　　　　　　　　　（　　）

2. 公益广告是用来宣传公益事业或公共道德的广告，所以它与企业的商业目标无关。
　　　　　　　　　　　　　　　　　　　　　　　　　　　　　　　　（　　）

3. 促销目的是与顾客建立良好的关系。　　　　　　　　　　　　　　　（　　）

4. 广告的生命在于真实。　　　　　　　　　　　　　　　　　　　　　（　　）

5. 人员推销的缺点在于支出较大、成本较高，同时对推销人员的要求较高，培养较困难。　　　　　　　　　　　　　　　　　　　　　　　　　　　　　　　　（　　）

## 二、单选题

1. 促销工作的核心是（　　）。

A. 出售商品　　　　　　　　　　　　B. 沟通信息

C. 建立良好关系　　　　　　　　　　D. 寻找顾客

2. 公共关系是一项（　　）的促销方式。

A. 一次性　　　　B. 偶然　　　　C. 短期　　　　D. 长期

3. 营业推广是一种（　　）的促销方式。

A. 常规性　　　　B. 辅助性　　　　C. 经常性　　　　D. 连续性

4. 人员推销的缺点主要表现为（　　）。

A. 成本低，顾客量大　　　　　　　　B. 成本高，顾客量大

C. 成本低，顾客有限　　　　　　　　D. 成本高顾客有限

5. 在产品生命周期的投入期，消费品的促销目标主要是宣传介绍产品，刺激购买欲望的产生，因而主要应采用（　　）的促销方式。

A. 广告　　　　B. 人员推销　　　　C. 价格折扣　　　　D. 营业推广

## 三、多项选择题

1. 促销的具体方式包括（　　）。

A. 市场细分　　　B. 人员推销　　　C. 广告　　　D. 公共关系

E. 营业推广

2. 人员推销的基本形式包括（　　）。

A. 上门推销　　　B. 柜台推销　　　C. 会议推销　　　D. 洽谈推销

E. 约见推销

3. 广告最常见的媒体包括（　　）。

A. 报纸　　　B. 杂志　　　C. 广播　　　D. 电影

E. 电视

4. 广告的设计原则包括（　　）。

A. 真实性　　　B. 社会性　　　C. 针对性　　　D. 艺术性

E. 广泛性

## 四、简答题

1. 开发广告项目过程中的主要决策有哪些？
2. 企业销售人员在创造顾客价值与建立顾客关系中的作用有哪些？
3. 营业推广是怎样制订并加以实施的？
4. 企业是如何利用公共关系与公众进行沟通的？

## 五、案例分析题

### 手机行业新品促销——新产品发布会

2007年1月9日，乔布斯在旧金山马士孔尼会展中心的苹果公司全球软件开发者年会上进行第一代iPhone发布。在这次大会上，苹果公司首席执行官史蒂夫·乔布斯为众多参会人员展示了一款全新设计的手机，这款手机采用了全触摸操作方式，屏幕支持多点触控技术，全新的操作方式以及全新的用户界面震惊了当时的参会人员，待到2007年6月29日iPhone正式发布的这天，iPhone手机受到了用户的热烈追捧。

那一次发布会号称"苹果改变历史的一刻"。之后每一次iPhone新产品推向市场都由"乔帮主"（在帮主"走"之前）在新产品发布会上进行促销第一战。

到了今天，手机行业没有新产品推向市场，各大品牌厂商除了在配置、价格、性能等环节上进行对比宣传外，具有较强互联网思维的厂商都把"新品发布会"这一模式运用得越来越炉火纯青。

2015年4月14日，北京万事达中心、乐视公司以打造"生态链"的经营理念推出智能手机"乐视超级手机"，为做好产品宣传与促销，采用的也是"乐视超级手机发布会"，邀请了许多人参与，新产品推广效果很好。

2015年4月15日，华为最新手机P8发布会正式在英国伦敦上演。2015年4月22日，在中国上海举行P8中国发布会。这两场新品发布会也拉开了P8的促销宣传之旅。

**【思考】**

苹果、乐视、华为这类手机企业为什么选择通过"新品发布会"来推广新产品？

## 六、实训项目

设计一个以新生为受众、帮助他们了解大学生活、培养他们热爱所就读大学文化为目标的校园文化活动。

（一）实训目标

灵活运用恰当的促销的相关方式（广告、人员推销、公共关系和营业推广），达到项目要求的效果。

（二）实训要求

（1）每组设计一个校园文化活动项目。

（2）教师指导学生对项目促销策略所必须的条件调查，并进行可行性分析。

（3）每组学生完成各自项目活动方案。

（三）实训步骤

（1）学生分六组，分组后，确定活动项目主题与内容。

（2）分组进行根据项目要求进行调查，收集并整理分析数据。

（3）分组进行促销策略的可行性分析。

（4）分组完成项目设计，并进行PPT汇报。

# 项目十一　了解国际市场营销

【知识目标】
1. 掌握国际市场营销基本概念
2. 理解国际贸易体系、经济、政治、法律和文化环境对国际市场营销的影响
3. 掌握国际市场中的营销战略和营销组合

【能力目标】
1. 能识别国际贸易体系、经济、政治、法律和文化环境影响企业的国际市场营销决策
2. 能识别进入国际市场的主要方法
3. 懂得运用营销组合解决问题

【导入案例】

## 吉利的国际化之路

2010 年 8 月 2 日，浙江吉利控股集团与福特公司正式交割沃尔沃轿车公司 100% 股权。吉利也由此成为中国汽车行业第一家真正意义上的跨国公司。从一家年轻的民营企业，成长为中国汽车工业十强，继而成为世界高端品牌沃尔沃的新东家，吉利集团书写了一份中国汽车企业国际化的新样本。

## 从贸易转向营销

"造老百姓买得起的好车，让吉利汽车走遍全世界。"这是吉利集团董事长李书福在 1997 年进入造车领域的一个梦想。然而梦想并不能立即照进现实。最初的吉利轿车以"低档低价"走进市场，这种定位虽然使吉利迅速找到了细分市场的缝隙，但要"让吉利汽车走遍世界"，并非易事。好在经过五年的打拼，吉利在国内逐渐站稳脚跟。2003 年 8 月首批吉利轿车出口海外，吉利终于鼓足勇气迈出了国际化的第一步。

当年吉利为自己在国际市场的开拓划分了三个阶段。第一阶段是将吉利汽车销往中东、北非和中南美洲等地的发展中国家，意在熟悉市场、锻炼队伍，为吉利在国际市场的发展打好基础。吉利的第二阶段是迈向东欧、俄罗斯、东南亚等国家和地区。除进行海外销售之外，吉利还将进行 CKD 组装的尝试。第三阶段就是向汽车的发源地欧洲和美国进军，这两个市场既是全球最大的汽车市场，也是汽车工业发展水平最高、竞争最激烈的地区。

"卖汽车不是单纯卖衣服，售后服务至关重要。"吉利集团发言人杨学良说，事实上从 2005 年开始，吉利在海外市场的战略开始从贸易转向营销，其标志便是完善的服务的介入。最初，吉利在叙利亚的经销商那里建立自己的配件库，并派出常驻工程师，而从 2007 年开始，吉利则在主要市场都建立了自己的配件库，并以配件库为管理中心，进行海外市场的营销管理和服务。2007 年，吉利相继在印度尼西亚、乌克兰和俄罗斯建立了 CKD 工厂和装配基地，开始以本地企业和经销商的姿态参与市场竞争，以期得到当地政府和产业

同行的认可，同时减少贸易摩擦。吉利通过与海外公司的合资、合作以及独资等模式，先后在多个国家建立起自己的组装生产基地、销售渠道、经销网络等，其中海外销售网点近300个，包括数十家4S店。

## 向全球提升品牌形象

2005年，吉利汽车先后亮相第61届德国法兰克福车展和底特律车展，实现了近百年来中国汽车自主品牌参加世界顶级车展历史性突破。"参加世界顶级车展，不仅展示了我们吉利的技术、产品，也受到了欧洲、北美乃至全球的关注，极大地提升了吉利在世界的知名度。"李书福说。

但李书福也深知，由于当初采取低价战略，吉利几乎成了廉价汽车的代名词，要完全改变这样的形象，不是一两个车展就能解决的，而是要进行包括科技创新、质量提升、标识设计、文化积累等在内的系统工程建设。

为一改吉利汽车低端、低价经济型轿车的形象，2007年面向全球征集新车标"全球鹰"，后来又有"帝豪"和"英伦"品牌的加入，3个全新的品牌最终成为代表吉利走向世界的新形象。此外，吉利通过在香港上市，迅速建立了与国际接轨的经营模式和管理体系，并与越来越多的国际跨国金融机构、战略投资财团建立了密切联系，为日后海外一系列并购打下了坚实的基础。

## 海外并购：站在巨人的肩膀上

尽管吉利在品牌形象的提升上付出了巨大努力，但效果并不十分明显。2007年吉利毅然决定从"造老百姓买得起的好车"转向"造最安全、最环保、最节能的好车"。2010年3月28日，以18亿美元获得福特旗下沃尔沃轿车100%股权，其中包括品牌及相关的知识产权，创造了中国车企收购海外整车资产最高金额纪录。

吉利收购沃尔沃轿车得到了非常宝贵的资产，包括沃尔沃商标的全球所有权和使用权、10个可持续发展的产品及产品平台、4个整车厂、1家发动机公司、3家零部件公司、由3800名高素质研发人才组成的研发体系、分布于100多个国家2000多个网点的销售、服务体系及1万多项专利和专用知识产权等。

## 设计和品质国际化

吉利汽车近年来在全球倾力招揽设计人才。2011年、2012年先后邀请沃尔沃汽车原设计总监彼得·霍布里和著名汽车设计师马征鲲加盟吉利集团；同时，吉利在上海设立造型设计中心，组建了包括中国、瑞典、德国、韩国等国设计师在内的30多人组成的设计师团队。上海国际车展前夕，吉利举办了一个颇具"国际范儿"的发布会，吉利全球首发了基于最新中大型车辆平台的KC概念车。这是吉利国际化设计团队精心打造的首款概念车型。

在经济全球化的今天，吉利人知道，任何一个国家的制造商都不可能独自完成汽车产业链而且具有独立竞争优势。为寻找更多的国际合作伙伴，吉利始终是积极开放，并坚持多赢原则。在寻找资本时，很多世界级金融机构成了吉利的好伙伴；在寻找市场时，很多国际汽车销售集团成了吉利的好搭档；在汽车设计、研发、试验、认证等方面，吉利在英国、美国等国家也结交了很多朋友。特别是金融危机爆发之后，全球汽车产业格局发生重大变化，这为吉利提供了不可多得的机遇。

（资料来源：[1]网易汽车频道．吉利集团：书写国际化新样本．2012－08－07．
[2]王超．"从品质吉利"到"国际化吉利"．中国青年报（T07版）．2013－04－25．）

（资料来源：闫丽霞．市场营销理论与实务．北京：中国纺织出版社，2016）

**【思考】**

1．中国企业跨国并购的动因是什么，可以采用的进入国际市场的方式有哪些？
2．中国国际市场营销企业在开展国际市场营销活动时需要注意哪些因素？
3．中国跨国市场营销企业可以采取的国际市场营销策略有哪些？

# 任务一　认识国际市场营销

国际市场营销的全球环境正在发生前所未有的深刻变化，经济全球化使世界各国之间往来关系的制约因素逐步弱化和消除；网络经济时代的到来从技术层面解决了世界各国时空差异化的限制；新兴市场的发展为世界各国企业的国际化经营提供了新的机遇。全球环境的这些变化无疑是企业进行国际市场营销所必须熟悉的内容。

米其林，法国知名轮胎制造商，目前36%的业务来自北美地区；强生，美国日用品制造商的典范，出售强生婴儿洗浴用品和创可贴等产品，目前有56%的业务在海外市场。随着国际贸易的发展，全球竞争也日益激烈。中国加入WTO以后，国内市场就是国际市场的组成部分，各国企业与国际经济和国际市场营销的发展都密切相关，企业生产的产品不仅要满足国内市场的需要，还要满足国际市场的需要，这样为企业争取到了更多的市场空间，为企业获取更加丰厚的利润创造了条件。同时，我们也要清楚，这也同时扩大了企业参与市场竞争的市场边界，企业处于更加激烈的市场竞争之中了，对企业来说是一个很大的挑战。现在基本没有哪个行业能免于国外竞争，企业需要进入国外市场，但其风险也越来越高，可能面临着政府的不稳定性和频繁变动的汇率，严格的政府管制和较高的贸易壁垒等。

在企业迈进企业的国际市场营销需要企业或行业合作吗？应怎样去经营、选择什么样的营销组合呢？跨国经营的营销理念实质上是全球营销，采用合作、双赢、共赢、特色营销等策略和机制是国际营销的经验总结；面对国际市场竞争与策略的激烈变化，企业应建立市场预警机制。

## 一、国际市场营销概念

市场营销学中的"市场"和经济学中的"市场"是不一样的。企业进行国际市场营销活动首先应了解国际市场的基本概念。现代市场营销学认为，市场是指对某种产品有需要和购买能力的人们。国际市场就是跨国企业的产品和服务在境外的消费者或用户的总和。国际市场比国内市场更加复杂。

各企业在经营方式和范围上，一般来说有很大的区别，有的企业仅在国内经营，有的企业根本没有明显的国别特点，从事几乎都是国际性的业务，当然也有的企业既有国内的业务，也有国际的业务。因此，从企业管理的角度出发，将国际活动划分为四个阶段：（1）其经营活动立足于国内，国际活动仅局限于间接甚至被动性质的出口；（2）其经营活动在积极主动地从事某种商品和服务的出口，但此时还应以国内业务为基础；（3）其企业在积极主动地寻求出口、外派营销机构和市场调研与销售人员的同时，开始在国外直接生产商品及提供服务；（4）企业的国内业务与国际业务同样重要，变成了一个跨国企业。无论企业处于国际经营的哪个阶段，企业商品或服务的流动都是至少跨越一个以上的国界。

因此，我们定义国际市场营销学是一门研究一国以上国家的消费者或用户的需求，并开展国际市场营销活动的国际企业经营销售管理的科学。而国际市场营销是指企业通过满足国际市场需要，以实现自己的战略目标而进行的多国性市场营销活动。具体来说，研究企业如何从国内外顾客需求出发，对那些自身不可控的环境因素，诸如国际政治法律环境、国际社会文化环境、国际经济环境、国际金融环境、国际科学技术环境、国际自然环境等因素进行适应的同时，运用自身可控的产品、价格、促销和分销等因素，进行国际市场营销分析，制订执行和控制国际市场营销计划，实现国际市场营销的利润目标。

## 二、国际市场营销的特点

跨越国界进行营销，很显然增加了企业的不可控的范围，又由于不可控因素的特殊性，决定了国际市场营销与国内市场营销的差异，进而表现为自身的特点。

### （一）国际市场营销面对的市场营销环境更加复杂

国内市场营销在本国范围内进行，企业对国内的政治、经济、法律、文化、科学技术和自然条件等环境是比较熟悉的。国际市场营销是在国与国之间展开的，世界上各国政治、经济、法律、文化、科学技术和自然条件等宏观环境及同行业竞争对手等微观环境各不相同，千差万别，从事国际市场营销时，企业必须要针对所选定市场的政治、经济、资源等环境开展境外营销活动。面对如此多层次、复杂的环境结构，企业在进入国际市场之前应慎之又慎。境外经营的企业或机构，不仅要遵守国内的有关政治、法律规定与境外企业开展竞争；同时更要遵守相关国家的政治、法律、经济、社会文化等规定，以及所归属的区域组织或经济同盟的经济协定从事经营活动。

因此，国际市场营销面对的市场环境比国内市场营销要复杂得多，从事国际市场营销具有更大的困难性。

### （二）国际市场营销的不确定性和风险性

国际市场面对多层次的、复杂的环境结构，而且环境因素变化是绝对的，在有些国家甚至是多变的，这就使得国际市场营销相对国内市场营销会面对更多的不确定因素。（1）产品总需求量的不确定性。国际市场对企业产品的总需求量与国内市场相比，难以调查和预测，不容易确定。（2）消费者需求特性的不确定性。企业对国际市场上的购买者一般只能通过中间商间接地了解，很难保证得到及时的、不失真的信息。（3）竞争者采取的竞争策略的不确定性。国际市场竞争者众多，竞争更加激烈，竞争者的竞争策略各具特色，而企业很难知道竞争对手采取什么样的竞争策略。（4）产品价格的不确定性。在国际经济学中有个说法叫作"先入为主"，即产品进入目标市场国市场时，由于市场上产品众多，竞争激烈，消费者可能对先期进入市场的竞争对手的产品产生消费偏好，因此，后进来的企业要制定消费者愿意接受且使企业有利可图的价格，一时很难确定，需要企业进行广泛和深入的市场调查才能确定。（5）促销媒介的不确定性。由于各国经济、政策法律环境、社会文化环境各不相同，使企业很难选择比较恰当的促销媒介。（6）分销渠道的不确定性。由于各国具有不同的分销结构及消费者购买习惯，对分销渠道限制的法律规定和政策规定，很难对分销渠道进行正确的选择。这些不确定因素，都大大增加了国际营销过程的风险。

### （三）国际市场营销方案选择各具多样性

国际市场是由各国市场组成的，各国市场营销环境的差异就使得国际上开展营销活动不可能采取统一的营销方案，必须针对不同国家和地区，分别制订不同的营销方案，以迎合不同目标市场消费者的需求。比如，中国纺织品企业向美国、欧盟、日本和中东地区分别营销自己的产品，就必须针对不同市场制订不同的产品策略、价格策略、分销策略和促销策略。不仅如此，尤其是国际政治局势、各国经济政策和法律文化、各国国民收入水平等的变化很难预测，这些对开展国际营销的企业提出了更高的要求，要求企业在制订国际营销计划和规划时，必须制订多种营销方案可供选择，以应对各种不测。

### （四）国际市场营销的难度更大

相比国内市场营销，国际市场营销的难度更大，主要表现在三个方面：（1）国际营销具有更大的风险。（2）国际市场竞争更激烈，在国际市场上竞争者众多，竞相采用更高明的竞争策略，诸如价格竞争策略、非价格竞争策略，能使用什么策略就使用什么策略，不一而足，企图突破目标市场国种种贸易保护措施。必须指出的是，在当今国际市场上，采用以优取胜、以信誉取胜、以服务取胜、以方便取胜，以顾客满意取胜的策略为国际市场营销策略的发展趋势。（3）国际市场营销方面的人才缺乏，开展国际市场营销对人员要求更高更严格，不但要具有营销方面的专业知识和熟练运用的能力，对外语水平也有很高的要求，应该能用外语与交易对方谈判等，至少也要精通英语。所有这些，都增加了开展国际营销的难度。

### （五）开拓市场需要更多的时间成本和货币成本

开展国际市场营销，面对的是具有差异性的甚至全新的市场环境，因而，市场调研和市场分析的过程和时间更长；由于与目标市场的空间距离可能会很长，使得进行实地调研及关系协调需要更多的路途和时间；由于想进入东道国获取更大的利润，因而有时需要主动地作出某些让步或提供一些补偿，因而市场开拓成本更高等，这都使进行国际营销的企业付出比国内营销更多的时间成本、货币成本和其他各种代价。

### （六）营销过程更具规范性和约束性

目前，从全球经济到区域经济都建立了相应的国际组织，并对国际市场的经营行为制订了一系列严格的规定，如对企业的倾销行为、政府的补贴行为等的规定，违反规定必定受到国际市场的惩罚，因此国际市场营销活动被限定在一定的范围内。

对国际市场营销活动具有重要影响的公约主要有以下几种：1924年在布鲁塞尔签订，于1931年生效，就统一提单的若干法律规则的国际公约《海牙规则》；1966年生效，有100多个国家签字的《解决国家与他国国民之间投资争议公约》，我国于1993年加入；1978年78个国家代表和15个国际组织参加并签订的关于海上货运的《汉堡规则》；我国1986年加入的有32个国家参加的《联合国国际货物销售合同公约》。

# 任务二　决定如何进入国际市场营销

在进入国外市场之前，企业必须确定自己的营销目标和策略；企业还要选择进行营销活动的国家数量和决定准备进入国家的类型；在列出可能进入的国际市场后，企业必须对每个市场进行仔细评估。一旦企业决定进入国外市场，它必须确定最佳的进入方式，即产品出口、合资经营和直接投资。

## 一、产品出口

产品出口是企业进入国外市场的第一种方式。把现有产品的一部分运到国外市场销售，生产设施仍然留在国内，不用增加多少投资，因此风险不大。销售到国外市场的产品可以不加任何修改，也可以做部分修改以增强对国外购买者的适应性。不论是否修改产品，采用产品出口的方式，对企业的产品结构、投资以及企业总体经营目标等所带来的变动都是最小的。

### 【案例赏析】

#### 小玩具如何打开全球市场

位于美国犹他州的玩具公司 Zoobies 在 2007 年的玩具节上以 10 多种样品亮相。现在 Zoobies 的宠物系列产品在大约 30 个国家的 1000 多家商店有售。在第一年里，公司销售额超过了 100 万美元，现有员工 10 人，2008 年有望实现销售的显著增长。

见到弟妹们往车里塞满了动物、枕头和毯子，29 岁的雷德(Reid)和 26 岁的斯穆特(JC Smoot)兄弟俩发明了 Zoobies 的宠物系列产品。由于看到了综合这些项目优势的机会，他们和公司的第三个创始人——26 岁的瑞安·特雷弗特(Ryan Treft)一起开办了公司。

Zoobies 公司是如何在全球范围迅速发展并获得成功的？

(1) 聪明的产品。Zoobies 的产品是高品质的，面向学龄前儿童的豪华三合一抱抱玩具，能当作安抚枕。产品包括了大尺寸可洗的抓绒毯，里面还折叠了拉链。

(2) 参加贸易展。2007 年玩具展对于 Zoobies 来说起了很大的作用，帮助他们连通了国际市场以及像 FAO Schwartz 这样的高端零售商。参与这次贸易展给公司带来了几个国际分销商的订单，这些订单来自 100 多家商店，现在该公司及其分销商每年还要参加大约十个贸易展。

(3) 病毒式营销。瞄准有影响力的博客(通过 Google 搜索)、杂志和报纸。这一策略正在给公司带来积极作用，积极热烈的评论吸引了国际分销商和顾客。"展示他们如何工作和让产品进入有影响力的人们之手比购买广告要有效得多"，公司的营销经理特雷弗特说，"本地新闻报道也带来了国际销售。"

(4) 高端零售商。Zoobies 的产品在 FAO Schwartz 和 Harrods 这样的高端零售店销售，绝不会在小铺子或折扣店里出现，因为这会冲淡品质的概念。特雷弗特说："和这些商店合作是由分销商们协助的。"一种高品质产品和聪明的病毒式营销活动，Zoobies 的这些策略为其赢得了很多有钱的母亲们。

(5) 供应链。分销商一般以集装箱为单位来购买 Zoobies 产品，这会保证很大的订单，因此要有一些关系良好的分销商伙伴。

（6）恒定的品质。当 Zoobies 公司确定要从其他国家进口原料后，雷德来到了中国上海，然后他待在那里开始建立自己的公司。"我觉得有必要亲自监督产品的研发和质量控制"，雷德说。他在小错误进入生产程序之前就发现它们，这样就节省了时间和金钱。他接着说："通过从原料环节消除中间人，让我们有能力在制造源头拥有自己的办公室。"只要 Zoobies 的生产基地还在中国，雷德就计划待在那里。

（7）关注安全。"我们意识到，确保产品安全、保持信任是我们自己的责任。"特雷弗特强调说。只要 Zoobies 产品销售到的地方，Zoobies 公司都严格遵守所有的玩具安全规定，并通过认证安全实验室进行金属和铅含量的测试。

（资料来源：创业邦，http：//magazine.cyzone.cn/article/197254.html）

【思考】

从国际市场营销角度分析 Zoobies 公司是如何获得成功的？

## （一）间接出口

间接出口是指企业利用独立中间商进行产品出口。间接出口是企业开始走向国际市场最常用的方法，它不需要大量投资，也不必发展自己的国外市场营销人员，因此承担的成本风险较小。由经验丰富的中间商负责市场营销活动，企业可避免犯大的错误。间接出口包括国内出口商、国内出口代理商和合作组织三种形式。

## （二）直接出口

直接出口是指企业建立自己的国外分支机构，负责国外市场的市场营销活动。如果企业的产品有外国买主前来洽谈，则常常采取直接出口方式，不再经过他人（即不经过中间商），从而节省佣金或服务费。如果企业的外销数额已达到相当高的水平，或外销市场正在快速增长之中，就可以考虑直接出口方式，自己进行各种市场营销活动。在这种情况下，大量投资所冒的风险较大，但是赚得的利润也较高。直接出口包括建立出口外销部门、建立海外市场营销分公司、派遣巡回推销员、建立海外经销商或代理商机构。

# 二、合资经营

合资经营是进入国外市场的第二种方式，与国外企业合作生产或营销产品或服务。合资经营的主要形式有以下四种：

## （一）许可证贸易

许可证贸易又称技术授权，是一种相当简单的走向国外市场的方法。借助合作协议，发证人（即许可方）一般不必大量投资即可进入国外市场，风险甚小；同样，受证人或被许可方一般不必从头做起，即可使用发证人的商标、专利、技术以及其他有价值的东西，迅速获得生产知识和信誉，在市场上销售产品。受证人（即被许可方）必须付给发证人特许酬金。特许酬金可以一次性支付，也可以以销售收入的一定百分比或利润的一定百分比的形式分次支付。

## （二）合同制造

企业通过与国外的制造商签订合约来生产产品或提供服务。西尔斯在墨西哥和西班牙开设百货商店时就采用了这种方法,由合格的当地制造商生产许多店内销售的产品。合同制造的缺点是对制造过程控制较少,并且企业无法赚取制造过程中的潜在利润。其优点是风险较小就能很快进入国外市场,并且以后有机会与当地制造商形成稳固的伙伴关系或者直接收购当地生产厂家。

## (三)管理合同

管理合同是国内企业提供管理实践知识、国外企业提供资本的合资方式。换句话说,国内企业出口的是管理服务而不是产品。希尔顿就是用这种方法来管理其全球的连锁酒店的。酒店所有权归属本地企业,但希尔顿则利用其全球知名的酒店管理经验来管理这些酒店。管理合同是风险较小的进入国外市场的方法,并且从一开始就可以获得收益。

## (四)共同所有权

共同所有权是指企业与国外市场的投资者联合在当地进行商业活动的投资方式,双方对此具有共同的拥有权和控制权。企业可以收购当地企业的股份,或者双方共同出资成立一个新的企业。通常,共同所有权的企业会在开发国际营销机遇过程中寻求优势互补。例如,克莱斯勒的母公司菲亚特公司与中国国有的广州汽车集团成立了股份五五分成的合资公司,合作在中国生产吉普汽车。

【案例赏析】

### 消费企业接力中国海外并购

随着中国在世界经济板块内日益强大,中国企业正在加速走出国门。中国企业过去较多关注国外的矿产、制造等行业,现在消费行业似乎成为中国企业出海并购的又一热点领域。

2012年11月,光明食品集团对英国维多麦公司的并购正式完成交割。2013年5月,史密斯菲尔德食品公司宣布,同意接受中国肉类加工商双汇国际控股有限公司以71亿美元成本收购其已发行的所有股份。

普华永道会计师事务所统计显示,2008年中国企业海外并购交易额仅103亿美元,2012年已达到652亿美元,数额增加了5倍,这一增速无疑惊人。然而,海外并购并非只赚不赔的生意,商务部、国家统计局、国家外汇管理局2012年发布的数据显示,央企在海外设立的近2000家企业中,72.7%盈利或持平,27.3%处于亏损。尤其是在矿产等传统行业,似乎并不乏"失意者"。

花旗集团总经理朱勇成曾表示,中国海外投资也逐步由单纯购买资源、销售产品扩大到购买技术、品牌,并向产业链高端进化。消费和文化产业海外收购已成为热点,未来发展潜力巨大。

(资料来源:http://news.163.com/13/1108/15/9D5V48DM00014JB5.html,有修改)

【思考】

阐述光明食品集团国际市场营销的进入方式和效果。

## 三、直接投资

进入国外市场的参与度最高的策略是直接投资。如果企业从出口中获得足够的经验并且国外的市场足够大，在国外直接投资设厂将有许多优势。企业可以通过更廉价的劳动力和原材料、国外政府的鼓励投资及运费的节省来获取更低成本。企业还可以通过提供就业机会在当地建立较佳的企业形象。最后，企业能够全权控制其国外投资，按其长期的国际目标制订生产政策和市场营销政策。

# 任务三　制定国际市场营销策略

企业在多个国家市场经营必须决定如何调整其营销策略来适应当地情况。一个极端是采用标准化全球营销策略，该策略是指在世界范围内使用相同的营销策略和营销组合。另一个极端是适应性全球营销策略，在这种情况下，厂商根据每个目标市场调整其营销策略和组合要素，该策略虽然会提高成本，但也有望带来更大的市场份额和回报。但是，全球化标准并非一个要么全盘实施或是全盘否定的选择，而是一个程度的问题。大多数国际营销者认为企业应该"全球思考，本土运作"，即它们应该在标准化和适应性之间寻求平衡。

## 一、国际市场营销产品策略

在制定国际市场营销产品策略时，必须考虑究竟以什么样的产品形式进入国际市场；在国际市场上是销售与国内市场完全相同的产品，还是部分改造现有产品以适应国际市场的需要，或是制造一种全新的产品推向国际市场。

### （一）产品和信息直接延伸策略

当产品的效用和使用方式在国内外市场完全相同时，可以直接将产品出口，在国际市场上采用相同的产品信息传递策略，树立相同的产品形象。例如，可口可乐饮料、麦当劳快餐等名牌产品就是采用这一国际市场营销产品策略，获得了巨大的成功。这一策略的特点是能节约产品开发成本，树立产品的国际市场统一形象，产品的市场信誉较高。

### （二）产品和信息改造策略

根据国际市场的区域性偏好或条件改造产品和产品传递的信息，以适应区域消费需求。产品和信息改造主要采用以下几种组合策略：

（1）产品直接延伸，信息传递改变策略。在产品效用相同而用途发生差异时，产品可保持不变，信息传递策略则需修改。例如，自行车在发达国家主要是作为运动器材或儿童用具，在发展中国家则是大多数人的交通工具，但自行车所提供的效用是相同的，因此，自行车在进入不同国家市场时，必须采用不同的产品信息传递方式。

（2）产品修改，信息传递直接延伸策略。当产品的效用和用途一致，而使用的条件不同时，可将产品作适当的修改，而信息传递则直接延伸至国际市场。例如，由于各国的电力供应采用不同的电压，进入国际市场的家用电器必须采用不同的电源输入系统，有110伏或220伏等，而信息传递则可以直接延伸至国际市场，以相同的产品形象来影响消费者。

（3）产品和信息传递双调整策略。当产品的效用和使用条件都不同时，应对产品和信息传递两者都进行调整。导致产品和信息传递改造的原因是多方面的，例如，不同的气候条件、收入水平、技术水平、技术标准以及各种困难等。

### （三）全新产品策略

为了适应国外目标市场的需要和偏好，企业开发全新的产品占领市场，这是一种风险和回报都很高的国际市场营销产品策略。例如，市场研究表明，至今仍有相当数量的人在用手洗衣服，根据这种情况，某跨国公司开发了一种廉价的全塑型不用电的半自动洗衣机，打入发展中国家市场，取得了一定的经济效益。

## 二、国际市场营销渠道策略

选择和建立分销渠道是国际市场营销中极其重要也是十分困难的环节之一。一般来说，分销渠道是所处的特定环境所形成的。由于各国环境差异很大，各自的产品分销渠道相差甚远。在不同的国度，应针对市场特点采用不同的渠道策略。

### （一）窄渠道策略

窄渠道策略指出口商在国际市场上给予客商或代理商在一定时期内独家销售特定产品或服务权利的渠道策略。买卖双方的利益、权利和义务由协议明确规定。这一策略包括独家包销和独家代理两种形式。独家包销是双方在互惠的前提下，把专卖权与专买权作为交易条件明文规定，产品的所有权发生实质性转移，即产品买断，包销商自负盈亏。独家代理是卖方把产品交给代理商代销，双方是委托与被委托的关系，代理商只收取佣金而不承担国际市场风险。窄渠道策略有利于鼓励中间商开拓国际市场，并依据市场需求订货和控制销售价格，但独家经营容易使中间商垄断市场。

### （二）宽渠道策略

宽渠道策略指出口商在国际市场各个层次的环节中尽可能多地选择中间商来推销其产品的渠道策略。这一策略的特点是中间商之间形成强有力的竞争，有利于产品进入更广阔的国际市场，但是中间商一般都不愿承担广告费用，而且产品的最终市场销售价格不易控制，部分中间商削价竞销，会损害产品在国际市场上的形象。

### （三）长渠道策略

长渠道策略指出口商在国际市场上选用两个或两个以上环节的中间商为其推销产品的渠道策略。国际市场营销由于受到国际政治、经济、社会文化和地理等因素的影响，其分销渠道较国内市场分销渠道长。这一策略的特点是产品能进入更广阔的市场地理空间和不同层次的消费者群，但是容易形成产品较大的市场存量，并增加销售成本，导致最终售价上升。

### （四）短渠道策略

短渠道策略指出口商在国际市场上直接与零售商或产品用户从事交易的渠道策略。这一策略包括两种形式：① 出口商越过中间环节，直接与物资经销商、大百货公司、超级市场、大型连锁商店等从事交易，降低产品成本，让利于零售商和消费者；② 出口商直接在世界各地建立自己的直销网络，让利于消费者，以低价策略开拓国际市场，出口商自营直销网络常常受企业的人、财、物的规模限制，只有少数跨国大企业采用这一策略。

### 三、国际市场营销定价策略

国际市场营销活动中，价格竞争与非价格竞争的复杂性和多变性使制定国际市场营销的产品价格十分困难。这里主要讨论国际市场营销中制定产品价格的特殊性。

#### （一）国际市场的产品价格构成

由于产品进入国际市场，产生了产品分销渠道延长、关税、运输和保险费用、汇率差价等一系列问题，同一产品的国际市场价格与国内市场价格有较大的差异。一般来说，国际产品价格较国内产品价格增加了以下几项构成：

（1）关税。进出口关税及其附加税费是国际产品价格的重要构成。关税税率的高低、最惠国待遇、关税减免等直接影响国际产品的价格。例如，世界贸易组织成员与非成员，分别享受不同的关税税率，决定了其国际产品的价格不同。

（2）国际中间商成本。产品分销渠道的延长必然导致增加中间产品成本。分销渠道的长短和市场营销方式因国别或地区而异，进入国际市场可采用多种方式，没有统一的国际中间商加成标准，这使得出口商无法控制其产品在国际市场上的最终售价。

（3）运输和保险费。出口需要把产品运至异国，这势必导致运输成本增加，诸如运费、保险费、装卸费等项费用，而且许多国家的进口关税是按到岸价计征。

（4）汇率变动。国际贸易合同中的计价货币是可以自由选择的，但在实行自由浮动汇率的今天，谁都难以预测一种货币的未来实际价值。如果在长期合同中不考虑币种的选择和汇率的变化，企业可能会在不知不觉中遭受10%～20%的损失或获得同等的意外收入。

#### （二）正确选择计价货币

国际市场营销活动中使用多种计价货币。国际贸易的每笔交易周期较长，外币汇率波动较大，正确选择计价货币是国际市场营销的重要定价策略。在选择计价货币时，应注意以下几个问题：

（1）出口国与进口国是否签订了贸易支付协定，是否规定使用某种计价货币。

（2）如果两国间没有签订计价货币的协议，一般选用可兑换货币。可兑换货币指那些可以在国际外汇市场上自由进行交易的货币，如美元、日元、英镑等。

（3）出收"硬"、进取"软"的计价策略，指在出口产品时争取用硬货币计价，而在进口产品时争取用软货币计价。硬货币指一国外汇收支顺差、外汇存底较大、币值呈上升趋势、对外信用好的货币；软货币指一国外汇收支逆差较大、外汇储备较少、在国际外汇市场上是抛售对象、可能贬值的货币。

（4）如因各种条件限制，只能以软货币计价时，可以根据货币币值疲软趋势适当加价，也可在交易合同中订立保值条款，规定该货币贬值时，按贬值率加价。

#### （三）国际转移定价

国际转移定价是指跨国公司的母公司与各国的子公司之间，或各国的子公司之间转移产品和服务时采用的国际定价方法。许多跨国企业都把国际转移价格作为国际市场营销的重要定价策略，实际上都把国际转移价格定得偏离正常的国际市场价格，以实现利润的最大化。常用方法如下：

（1）当产品需要从 A 国向 B 国转移时，如果 B 国采用从价税，且关税较高，则会采用较低的国际转移价格，以减少应纳关税。

（2）当某国的所得税较高时，如果向该国转移产品，则把转移价格定得较低，降低跨国企业在该国的利润，在该国少纳所得税。

（3）当某国出现较高的通货膨胀率时，如果向该国子公司转移产品，可采用高进低出的转移价格，避免资金在该国大量沉淀。

（4）在实行外汇管制的国家，跨国公司转移产品进去时采用高定价，转移产品出来时则采用低定价，降低在该国的利润，这样既可避免利润汇出的麻烦，又可少纳所得税。

跨国公司人为操纵国际转移价格，虽然有利于其整体利益的最大化，却损害了某些国家的民族利益。

## 四、国际市场营销促销策略

### （一）广告策略

#### 1. 广告的标准化或个性化策略

国际广告活动究竟是采取有差异的个性广告，还是无差异的标准化广告，应根据产品或服务的性质、各国市场的同质或异质性、各国政府的限制和社会文化差异的大小等来决定，绝对的标准化广告策略或绝对的个性化广告策略都是不正确的。标准化广告策略是指把同样的广告信息和宣传主题传递给各国市场，这种策略要求撇开各国市场的差异性，突出基本需求的一致性。其特点是可节约广告费用，有利于保持企业和产品在国际市场上的统一性。随着经济国际化的发展，越来越多的广告信息趋于标准化。个性化广告策略是指同一产品在不同的国家和地区传递不同的广告信息，突出各国市场的差异性，其依据是不同的国家和地区在政治制度、法律、自然地理、经济发展状况及社会文化等方面存在着巨大的差异，广告信息的传递应针对这些差异作出调整。这一策略的特点是广告成本高，但是针对性强，广告促销效果较强。

#### 2. 广告媒体选择策略

国际广告媒体种类繁多，如印刷媒体、电视、广播、电影广告、直邮及户外广告等，各有特点和效果。国际市场营销应根据产品的性质和各国市场的特殊性，选择不同的广告媒体传递产品信息。

#### 3. 国际广告控制策略

随着广告费用的增加，对国外分销商或子公司的广告活动进行评估和控制在广告促销中日趋重要。国际广告的控制策略要采用三种方法：（1）高度集中管理国际广告，控制市场营销成本；（2）分散管理广告，国外分销商或子公司按销售额的一定比例提取广告费，开展个性化广告促销；（3）按广告职能的不同，分别采取分散或集中的国际广告管理。

### （二）推销策略

在国际市场营销中，推销特别受到目标市场国家的社会、文化和语言等因素的制约。推销在缺乏广告媒体的外国市场或工资水平较低的发展中国家作用较大，特别是在生产资料的销售中。

**1. 销售人才来源策略**

首先，选择目标市场国家中能驾驭两国语言的当地人，特别是那些具有销售经验的人才，既可利用他们在当地的社会关系资源，又能减弱国际企业在当地的外来形象。其次，选择母公司东道国移居到目标市场的人才，他们懂得两国的语言和文化，只需学习推销技术和公司的政策就可能成为优秀的销售人员。再次，选择母公司东道国具有外语基础，并愿意到国外工作和生活者，他们最好具有销售技能并了解目标市场国家的社会文化、政治、法律等环境因素，这类人才易与母公司沟通，忠诚度较高，会在新市场上加强公司的外来形象。

**2. 销售人员培训策略**

企业在招聘不到理想的销售人才时，必须在母公司和东道国选择基本素质较好的人员进行培训，如社会文化和语言培训，或者市场营销技能培训。各跨国公司成功开拓国际市场的经验表明，培训效益十分明显。

**3. 销售人员激励策略**

这是促销管理的重要环节。常用的激励方法有三种：（1）固定薪金加奖励。推销人员实行固定酬金，完成任务较好则发给一定的奖金，其优点是有利于企业控制推销人员的活动，缺点是不利于调动推销人员的积极性。（2）佣金制。根据推销人员完成的销售额或利润额的大小支付一定比例的报酬。国际上一般规定，完成基本任务可按 5％提取佣金，超额部分按 7％计酬，其优点是最大限度地刺激推销员的积极性，缺点是企业不易控制推销员的活动。（3）薪金与佣金混合制。对推销员实行部分固定工资，另一部分酬金则按完成销售任务的业绩提取佣金。此法虽好，但难以确定薪金与佣金的最佳比例。

## （三）公共关系策略

在国际市场营销中，公共关系策略的地位越来越重要。现代跨国企业为进入目标市场国家，特别是进入一些封闭性较强的市场，应运用各种公关策略，如与政府官员、当地名人、工会、社团、教育界人士等交往，为其产品进入市场做好准备，并开展各种公关活动，在东道国树立良好形象。公共关系部门的活动主要有以下方式。

（1）尊重和支持当地政府目标，与当地政府保持良好的关系，使当地政府认识到国际企业的经营活动有利于当地经济的发展。

（2）利用各种宣传媒体，以第三者身份正面宣传企业的经营活动和社会活动，使当地人对国际企业产生好感。

（3）听取和收集各种不同层次的公民对企业的各种意见，迅速消除相互间的误解和矛盾。

（4）与国际企业业务活动有关的各重要部门和关键人物保持良好的关系。

（5）积极参加东道国的各种社交活动，对当地教育事业、文化活动、慈善机构等定期捐助，并积极组织国际教育和文化交流。

（6）协调企业内部的劳资关系，尊重当地雇员的社会文化偏好、习惯和宗教信仰，调动当地雇员的积极性。

### （四）国际促销的特殊形式

（1）争取政府支持，开拓国际市场。许多国家的政府都帮助本国企业在国际市场开展促销活动，各国驻外使馆一般都为本国企业提供一般性的当地市场信息。企业要积极参加政府组织的贸易代表团，参加并赞助有关的国际研讨会，参与组建海外贸易中心或出口开发办事处等，积极争取政府制订有利于本国企业开拓国际市场的外交和外贸政策。

（2）积极参加与本企业有关的综合性和专业性国际博览会。国际博览会是一种很好的促销方式，它的主要作用是把产品介绍给国际市场，宣传和树立企业和产品的良好国际形象；利用各种机会，就地开展交易活动。

（3）积极参加或主办国际巡回展览，向目标市场国家的消费者介绍企业的情况和产品信息，这是当今跨国公司常用的促销策略之一。

# 项 目 小 结

（1）国际市场就是跨国企业的产品和服务在境外的消费者或用户的总和。国际市场营销的特点共有六点：国际市场营销面对的市场营销环境更加复杂；国际市场营销具有不确定性和风险性；国际市场营销方案选择各具多样性；国际市场营销的难度更大；开拓市场需要更多的时间成本和货币成本；营销过程更具规范性和约束性。

（2）企业进入国外市场的三种主要方式分别是产品出口、合资和直接投资。

（3）国际市场营销策略应该"全球思考，本土运作"，即它们应该在标准化和适应性之间寻求平衡。市场营销策略分别是产品策略、渠道策略、定价策略和促销策略。

# 巩 固 与 提 高

#### 一、判断题

1. 在国内出口中间商中不拥有产品所有权的是出口代理商。（　　）
2. 产品出入导入期和成长初期时，应采取的广告策略是说服性广告策略。（　　）
3. 进入国际市场营销的方式只有产品出口。（　　）
4. 合资经营方法有许可经营和合同制造两种。（　　）
5. 标准化全球营销策略是最好的国际市场营销策略。（　　）

#### 二、单项选择题

1. 在下列各国国际营销活动过程中可能遇到的不属于正式风险的是（　　）。

A. 汇率风险　　　　　　　　　　B. 进口限制

C. 外汇管制　　　　　　　　　　D. 政府没收

2. 差异性营销策略的优点是（　　）。

A. 实现规模经济，降低生产和营销成本

B. 增加企业竞争能力，扩大销售额

C. 集中力量向某一特定子市场提供最好的服务

D. 使用资源比较有限的企业

3. 在商品价格构成要素中，最基本、最主要的因素是（　　）。

A. 成本　　　　　　B. 需求　　　　　　C. 供给　　　　　　D. 购买力

4. 以自己的名义在本国市场上购买商品，再卖给国外买主的贸易商，统称为（　　）。

A. 出口代理商　　　　　　　　　B. 出口佣金商

C. 出口商　　　　　　　　　　　D. 企业自设出口机构

5. 通货膨胀对国际营销决策影响最大的是（　　）

A. 产品决策　　　　B. 定价决策　　　　C. 渠道决策　　　　D. 促销决策

## 三、简答题

1. 阐述国际市场营销的特点。

2. 进入国际市场的主要方式有哪些？

3. 企业在国际市场中如何调整营销策略和营销组合？

## 四、案例分析题

### 联想的海外布局

2014 年 1 月 23 日，联想集团与 IBM 公司共同宣布，联想计划收购 IBM 公司的 X86 服务器业务，交易总额约为 23 亿美元，20 亿美元以现金支付，余额以联想股票支付。1 月 30 日，联想集团宣布收购谷歌旗下的摩托罗拉移动智能手机业务，收购价约 29 亿美元，收购完成时支付 14.1 亿美元，包括 6.6 亿美元现金以及 7.5 亿美元的联想普通股支付，余下 15 亿美元将以 3 年期本票支付。

仅 7 天内就提出总计 52 亿美元的并购计划，对联想来说，这么大的布局，显然不是匆忙之举。2013 年 12 月，联想移动互联（武汉）产业基地正式落成，该基地主要生产手机、平板电脑等，最高设计产能达 1 亿台。这一系列收购应早在联想的谋划当中。

业内普遍认为，联想的此番并购清晰地展现了其转型的意图。

杨元庆对媒体透露，并购 IBM 服务器业务之后，联想集团在中国服务器市场将排名第一，市场份额约为 25%；全球服务器市场排名第三，市场份额约为 14%。而在并购摩托罗拉后，联想智能手机业务同样名列全球第三。同时，联想在智能手机领域与服务器领域将向两个维度发展，一是智能手机与服务器业务国际化，二是获得更多市场份额，成为服务器、智能手机领域的全球第一。

据 Gartner 和 IDC 相继发布报告称，2013 年全球智能手机出现货量超过 10 亿部，2014 年，这个市场将继续扩大。对联想而言，在中南亚市场取得阶段性胜利之后，进入美国等成熟市场已经是迫在眉睫，而拥有一个成熟的品牌尤其重要，这也是一直以来联想欲收购国际手机品牌传闻不断的原因。

在杨元庆看来，选择收购摩托罗拉的目的是更看重摩托罗拉带来的能力和未来成长的潜力，以及与联想的优势互补。杨元庆认为，选择收购摩托罗拉并对未来充满信心有五大原因：首先是使联想能快速、有力地进入关键市场，交易完成后，在摩托罗拉移动业务表现为最为强劲的北美和拉丁美洲市场，联想将立即成为拥有显著地位的厂商。这对于联想在全球智能手机市场，尤其是成熟市场拓展业务至关重要。其次是摩托罗拉强大的品牌影响力。这与 2005 年联想收购 IBM 个人电脑业务时，联想面对 Think 品牌的机遇与今天十分相似。如今，收购摩托罗拉品牌是又一个机遇。除此之外，根据协议，这次收购完成后，摩托罗拉 3500 名员工、2000 项专利、品牌和商标以及全球 50 多家运营商的合作关系都归入联想移动业务集团，并由此次职位晋升的刘军执掌。由此，联想与谷歌的合作也将随着本次收购和持续深入的各项合作得到进一步的加强。通过此次交易，联想将拥有超过 2000 项专利，在双方创新引擎的联合推动下，创新能力将如虎添翼。

外界有声音认为，摩托罗拉的核心价值已经不是品牌，而是专利。谷歌把空壳的"品牌"卖给联想，这笔交易有点不值。自 2011 年，谷歌收购摩托罗拉移动后，对其进行了大规模的重组，但摩托罗拉并未"止血"。两年半的时间，摩托罗拉累计亏损超过 10 亿美元，并且盈利预期无望。

但杨元庆不这么认为，"我们这次的收购恰是联想想要的东西，而且花的价格也是非常值的。不但帮我们打开成熟市场的大门，而且在这个市场里边经营由于有相应的专利授权以及专利的组合，再加上谷歌在专利方面的这些保护。有了这些以后，将使我们在智能手机业务在美国、在成熟市场更具有竞争力，在成本上面更具有竞争力。这是我们觉得用 29 亿美元买这样的业务相当值的，当然谷歌也得到他所要的、需要保留的这些专利。我觉得各取所需，对双方来说这是双赢的交易，这是我的看法。"

据 IDC 全球智能终端市场数据显示，联想、苹果、三星分别占据了 PC、平板、智能手机市场的全球第一位置。但由于移动智能终端占比日益扩大，联想在全球智能终端市场的地位并不巩固。因此，并购摩托罗拉业务，可以确保联想在智能手机市场第三的位置，同时也缩短与三星、苹果在整体智能终端市场的份额差距。

**【思考】**

1. 试分析联想集团的国际市场营销战略。

2. 联想集团进军国际市场的风险有哪些？

**五、实训项目**

选择一家跨国企业，针对企业产品本土化策略进行调查，完成策略分析报告。分析其优缺点，并提出自己的解决方案。

（一）实训目标

了解和运用国际市场营销策略和组合。

（二）实训要求

（1）教师帮助学生理解和把握产品本土化策略及其调查重点和分析难点。

（2）教师指导学生收集和数据分析，并提出解决方案。

（3）每组学生完成各自策略分析报告。

（三）实训步骤

（1）学生分六组后，选择要调查的企业。

（2）分组进行资料的收集、整理、制作分析报告和汇报 PPT。

（3）分组演示汇报 PPT。

# 参 考 文 献

［1］　金虹．市场营销策划．第二辑．沈阳：辽宁大学出版社，2018．

［2］　孙晓燕．市场营销．北京：高等教育出版社，2015．

［3］　孟韬．营销策划：方法、技巧及文案．北京：机械工业出版社，2015．

［4］　吴勇．市场营销．4版．北京：高等教育出版社，2016．

［5］　孙天福．市场营销基础．3版．上海：华东师范大学出版社，2012．

［6］　蒲冰．市场营销实务（上册）．成都：四川大学出版社，2016．

［7］　林海．移动商务文案写作．北京：国家开放大学出版社，2017．

［8］　加里·阿姆斯特朗，菲利普·科特勒．市场营销学．北京：机械工业出版社，2016．